Die höchsten Berge der Welt

Erlebnisse der Erstbesteiger

Luis Trenker / Helmut Dumler

Die höchsten Berge der Welt

Erlebnisse der Erstbesteiger

Mit 60 Abbildungen,
davon 21 in Farbe

Bruckmann München

Einband-Titel:
Die Westflanke der Nanda Devi.

Einband-Rückseite:
Hochlager im Nike-Col (5600 m) auf der Nordostseite des Manaslu.
Über diese Seite erfolgte auch die Erstbesteigung.

CIP-Titelaufnahme der Deutschen Bibliothek

Die höchsten Berge der Welt : Erlebnisse der Erstbesteiger /
Luis Trenker ; Helmut Dumler. – 3., veränd. und überarb. Aufl.
– München : Bruckmann, 1991
ISBN 3-7654-2339-4
NE: Trenker, Luis (Hrsg.)

3., veränderte und überarbeitete Auflage 1991

© 1975 F. Bruckmann KG, München
Alle Rechte vorbehalten
Herstellung: Bruckmann München
Printed in Germany
ISBN 3-7654-2339-4
(ISBN 3-7654-1564-2, 2. Auflage)

Inhalt

Geleitwort

Wie glücklich ist der Bergsteiger, der in selbstauferlegter Askese auf einen Gipfel gestiegen ist, auf dem er sich der Ruhe und Rast hingeben kann, und wie reich fühlt er sich, wenn er im Licht der abendlichen Sonne zufrieden ins Tal zurückkehrt. Das Gefühl, einen Augenblick Gott näher gewesen zu sein, prägt sich unauslöschlich in sein Gemüt.

Der erste Mensch, von dem wir sichere Kunde haben, daß er aus ureigenem Antrieb den Berg nur des Berges willen gesucht und erstiegen hat, war einer der bedeutendsten Dichter der Menschheit: Der »Poeta Laureatus« Francesco Petrarca. Das Studium der Schriften des heiligen Augustinus war ihm zum Lebensinhalt geworden und der Bibelsatz »Hebet eure Augen auf zu den Bergen, von denen euch Hilfe kommt« sein Leitmotiv. Vor seinen Augen stand der Mont Ventoux, der Berg des Windes, herausfordernd und unmittelbar aus dem Tal der Rhone aufragend. Am 27. April 1336 schrieb der Dichter an seinen Freund Kardinal Collonna einen Brief, in dem es unter anderem heißt: »Den höchsten Berg unserer Gegend, der nicht umsonst der Windige heißt, habe ich gestern bestiegen, lediglich aus dem Wunsch heraus, einmal auf dieser überragenden Höhe zu stehen... Auf seinem Scheitel stand ich wie ein Staunender, die Wolken lagerten zu meinen Füßen, starr, schneeüberdeckt und ganz nahe schienen mir die Alpen... Wie oft habe ich an diesem Tag talabwärts steigend und rückwärts blickend den Gipfel meines Berges betrachtet. Aber seine Höhe schien mir kaum mehr die Höhe meiner Stube zu sein, verglichen mit der Höhe innerer Erhebung, die über den Dunst der Menschlichkeit hinausstrebt. Die Seligkeit steht auf erhabener Höhe. Der Gipfel aber ist Ende und Ziel unseres Lebens.«

Mit diesen Worten hat der begnadete Dichter alles gesagt, was dreihundert Jahre später Horace Benedict de Saussure nach seiner Ersteigung des Montblanc, was fünfhundert Jahre später Alexander von Humboldt nach seinem Höhenrekord am Chimborazzo und was der Neuseeländer E. P. Hillary empfunden haben wird, als er mit dem Sherpa Tenzing am 29. Mai 1953 glücklich und gesund vom 8882 m hohen Gipfel des Mount Everest zurückgekehrt war.

Es ist kaum zu glauben, daß man noch in den ersten Jahrzehnten des 18. Jahrhunderts annahm, der Gotthardsberg und spä-

ter der 3200 m hohe Titlis sei die höchste Erhebung der Erde, und erst nach Erfindung des Barometers dem Montblanc seinen rechten Platz in der Rangliste der Alpen zuerkannte.

Aber wie sah es in der Welt aus? Alexander von Humboldts Höhenrekord von 5881 m am Chimborazzo blieb von 1802 bis 1850 in Kraft. Der »Alte vom Berge« wie er sich gern nennen ließ, wollte Klarheit, machte die Engländer mit den Münchner Naturwissenschaftlern Hermann, Adolf und Robert Schlagintweit bekannt, die sich die Erkundung der unbekannten Berge Indiens zum Ziel gesetzt hatten. Schon Anfang 1855 konnten die drei mit der »ersten internationalen englisch-deutschen Himalaya-Expedition« nach Nepal reisen. Adolf erkundete die Karakorumkette und den 65 km langen Baltorogletscher im Gebiet des K 2. Messend und zeichnend stellten die drei Forscher fest, daß der Karakorum die Fortsetzung des Himalaya und zugleich die Wasserscheide zwischen Indien, Tibet und Turkestan bildet.

Am Abi Gamin im Punjab-Himalaya erreichten sie eine Höhe von 6500 m und behielten diesen Rekord bis zur Expedition des Herzogs der Abruzzen am Broad Peak, der 1909 eine Höhe von 7600 m erreichte.

Hermann und Robert kehrten nach Europa zurück, Adolf wagte allein und als erster Europäer die geheimnisvoll umwitterte, chinesische Provinz Sinkiang zu betreten, wo er als Spion verdächtigt, gefangen und, ohne angehört zu werden, enthauptet wurde.

Von den Brüdern Schlagintweit, die in ihrem abenteuerlichen und entbehrungsreichen Leben gemeinsam mit Alexander von Humboldt die ersten Grundlagen für weitere Himalaya-Forschungen gelegt haben, weiß die Jugend unserer Zeit kaum noch etwas.

England, damals Herr über Indien, übernahm die Führung. Damit begann das Ringen um die Achttausender des Himalaya, jene glanzvollste Epoche des Bergsteigertums der Welt. Indische Vermessungsbeamte des Survey of India hatten inzwischen begonnen, die Himalaya-Gipfel zu vermessen. Von sechs verschiedenen Punkten aus wurde ein Berg mit der unglaublichen Höhe von 8842 m festgestellt und vom Survey of India unter Gipfel XV als der höchste bisher bekannte Punkt der Erde eingetragen. In der Schule lernten wir um 1900 noch die irrtümliche Auffassung der Brüder Schlagintweit, der Gaurisankar sei das Nonplusultra. Tatsächlich ist der Gaurisankar aber nur 7145 m hoch. »Gau-ri-sankar«, wie schön das klang! Die Engländer kannten für den Gipfel XV die tibetanische Bezeichnung Chomolungma (deutsch »Allgütige Mutter des Landes«) noch nicht und gaben ihm in Anerkennung der großen Verdienste Sir George Everests, dem Chef des indischen Vermessungsamtes, den Namen Mount Everest.

Der Kampf um die Wunderriesen, die in den Jahren zwischen 1950 und 1965 erstiegen wurden, ist das großartigste und erregendste Kapitel des Bergsteigens überhaupt, groß an Leistungen und Erfolgen, aber auch groß an Niederlagen, Enttäuschungen und Opfern. Alle Nationen unserer Erde, denen die Berge etwas gelten, waren an diesem Wettstreit beteiligt.

Es mag viele Gebirge in der Welt geben, aber es gibt keines von solch märchenhafter Schönheit wie das des Himalaya, keines, das so erhaben über den Ebenen Indiens und seinen Bewohnern, den Bauern, Maharadschas, Heiligen und Bettlern thront. Seine Ausdehnung ist mit 2400 km doppelt so lang wie der Bogen unserer Alpen, der Everest doppelt so hoch wie das Matterhorn. Vierzehn Erhebungen unserer Erde sind über 8000 m hoch, zehn davon im Himalaya und vier im benachbarten Karakorum. Außer diesen soll es im Himalaya noch an dreihundert Siebentausender geben.

1920 gibt Tibet den Weg zum Everest frei. 1921 erfolgt die erste Erkundungsfahrt der Engländer, 1922 der erste Angriff, 1924 der legendäre, fast zum Gipfel führende Ersteigungsversuch von Norden her, bei welchem Mallory und Irvine von ihrem Freund Odell in etwa 8572 m Höhe zum letzten Mal gesehen wurden. Erst die achte britische Expedition 1953 von Nepal aus brachte Hillary und Tenzing auf der von den Schweizern 1952 vorgezeichneten Route den Gipfelsieg.

In dem vorliegenden Buch wird die Ersteigungsgeschichte von fünfundzwanzig der höchsten Berge der Welt beschrieben. Die einzelnen Erlebnisberichte sind in ihrer lapidaren Einfachheit und Dramatik einmalig und unwiederholbar. An die Wirklichkeit jener überdimensionalen Welt können Worte und Bilder kaum reichen, wohl aber werden Schilderungen wie die des

Franzosen Maurice Herzog über die unter unmenschlichen Strapazen erfolgte erste Ersteigung des 8091 m hohen Annapurna im Jahre 1950 den Leser begeistern und erschüttern zugleich. Da steht einer für den anderen, ein Drama von antiker Größe rollt bis zur glücklichen Rettung der Helden vor uns ab.

Die von furchtbaren Tragödien heimgesuchten acht Ersteigungsversuche der Deutschen am Nanga Parbat von 1932 bis 1937 stempelten diesen Eisriesen, an dem 1895 auch der ausgezeichnete Alpinist F. A. Mummery starb, zum deutschen Schicksalsberg.

Erst 1953 gelang die Ersteigung dem Tiroler Hermann Buhl in einem grandiosen Alleingang. Buhls Biwak in 8000 m Höhe, das er allein und ohne den notwendigen Kälteschutz durchstand, ist mit goldenen Lettern in den Annalen der alpinen Geschichte vermerkt.

Zu den aufsehenerregendsten ersten Besteigungen, die neben der am Everest, Annapurna und Nanga Parbat in der ganzen Welt begeisterte Anerkennung fanden, gehört auch die Eroberung des K 2, von den Eingeborenen Cho Ogu genannt, durch die Italiener unter der Leitung von Professor Ardito Desio.

Die Nachfolger des Herzogs der Abruzzen glaubten, berechtigten Anspruch auf diesen Berg zu haben. Mit 30 Bergsteigern, 600 Trägern und 16000 kg modernster Ausrüstung gelang es 1954 den Bergführern Achille Compagnoni aus Cervinia und Lino Lacedelli aus Cortina, ihren Fuß auf den zweithöchsten Gipfel der Welt zu setzen.

Durch äußerst sparsame Ausrüstung zeichnete sich die erfolgreiche österreichische Unternehmung am Cho Oyu aus. Im Gegensatz zur italienischen und zu anderen Expeditionen kam Herbert Tichy mit seinen beiden Begleitern Sepp Jöchler und Dr. Helmut Heuberger sowie dem Sherpa Pasang mit 800 kg Gepäck aus. Den Broad Peak bewältigten vier Österreicher im sparsamen Stil einer Westalpen-Tour ohne Träger!

Japaner eroberten nach mehreren Rückschlägen den heiligen Manaslu, Chinesen standen 1964 auf dem Shisha Pangma.

Meist werden, wenn ein Himalayariese bezwungen wird, nur die Frauen und Männer, die den Gipfel erreicht haben, als Helden gefeiert, die übrigen Expeditionsmitglieder werden von der Öffentlichkeit kaum beachtet, obwohl jeder Gipfelsieg genau so gut dem Funktionieren des Nachschubs, den opferwilligen Gefährten und tapferen Trägern zu danken ist.

Die Bergsteiger selbst aber wissen um die Größe und Gewalt der Schöpfung und um ihre eigene Unzulänglichkeit. Aus diesem guten Gefühl, das die fremden Bergsteiger mit den Bergbauern Nepals verbindet, entwickelte sich die in so vielen entscheidenden Fällen bewiesene, wunderbare Kameradschaft zwischen Sahibs und Sherpas, die in den Berichten immer wieder zwischen den Zeilen anklingt. Zusammen mit dem hervorragenden, ausgewählten Bildmaterial ergeben die Berichte ein wahrhaft nobles Buch, ein Zeugnis echter großer Bergverbundenheit, das uns über die Männer Aufschluß gibt, welche als erste die höchsten und schönsten Berge der Welt erstiegen haben, die Zeugnis ablegen von jenem asketischen Geist, der heute noch Quelle und Kern unerhörter Leistungen abseits allem platten Materialismus unserer Zeit ist. Ein Buch der Hoffnung, des Mutes und der Treue.

Luis Trenker

Die Neuauflage

An der primären Eroberungsgeschichte der höchsten Gipfel hat sich natürlich nichts geändert, indes erlebte dort das Bergsteigen einen Wandel, wie vor bald 150 Jahren im alpinen Raum. Dem Südtiroler Reinhold Messner war es nach vierzehnjährigem Eifer 1986 gelungen, alle 14 Achttausender zu erklimmen, zum Schluß im Wettlauf, dicht gefolgt 1987 von seinem Gegenspieler Jerzy Kukuczka, einem Polen aus Kattowitz, dessen Leistung allerdings höher zu bewerten ist, da er mit Ausnahme des Lhotse, sämtliche weiteren Achttausender auf neuen Routen beziehungsweise im Winter (Dhaulagiri, Cho Oyu, Kangchenjunga, Anapurna) und als Alleingänger (Makalu) erreichte, und dafür nur die Hälfte der Jahre von Messner benötigte. Während Messners »Premiere« spektakulär über die Bühne ging, genoß Kukuczka eher im Stillen – bestätigt durch ein Telegramm Messners: »Du bist nicht Zweiter. Du bist großartig!«

Kukuczka war einer von denen, die den erwähnten Wandel drängend gestalteten und an den Bergen der Welt nach neuer Entfaltung trachteten, sogar in extremen Schwierigkeitsbereichen. »Jurek«, wie ihn seine Freunde riefen, stürzte am 24. Oktober 1989 in der unbezwungenen Lhotse-Südwand, genau 216 Meter vor dem Gipfel, in den Tod – durch Seilriß. Sein Schicksal erinnert an das des Alpenpioniers Emil Zsigmondy, dem ein Jahrhundert vorher auf gleiche Weise die Meije-Südwand zum Verhängnis geworden war.

Schon sind die Führen an den höchsten Bergen der Welt, durch ihre Wände, über Grate, Pfeiler und Kanten, mit einem Blick nicht mehr erfaßbar. Der K 2 beispielsweise hatte Anfang 1991 bereits die 71. Ersteigung. Was gilt noch der »Normalweg«? Das Menschenmögliche wird im sogenannten »Alpinstil« vorangetrieben – mit wesentlich geringerem Aufwand als früher und weitgehend ohne künstlichen Sauerstoff – durch gründlichere Vorbereitung nach modernsten Gesichtspunkten des Spitzensportes, höhenphysiologische Erkenntnisse, zweckmäßigere Ausrüstung, effektive Ernährung und medizinische Assistenz. Außerdem bewundern Tausende Jahr für Jahr im Rahmen von organisierten Trekkingtouren als Pauschaltouristen die Giganten auf Distanz. Ihre Erstbesteigungen sind Geschichte und trotzdem heute so spannend und aktuell wie eh und je.

Frühjahr 1991

Helmut Dumler

Mount Everest   8848 m

Der dritte Pol der Erdkugel

Der »dritte Pol der Erdkugel«, wie Marcel Kurz 1933 den höchsten Berg der Welt nannte, wurde 1852 entdeckt und vier Jahre später nach dem Leiter der indischen Landesvermessung von 1823–1845, Sir George Everest, benannt. Erst zu Beginn unseres Jahrhunderts wurde der einheimische Name des Berges bekannt: Chomo-Lungma, was den Tibetern soviel wie »Göttin-Mutter des Landes« bedeutet. Das Gebirge, in dem er aufragt, das mächtigste der Erde, heißt »Heimat des Schnees« — Himalaya. Sein äußerer Wall, der Große Himalaya, erstreckt sich 2400 km in weitem Bogen vom Indusdurchbruch im Westen bis zur Schleife des Brahmaputra im Osten. Er scheidet die trockenen Hochländer Innerasiens vom indischen Monsungebiet. Die Schneegrenze liegt auf der Südseite bei etwa 4500–4800 m, auf der Nordseite bei 5500–6600 m. In der kälteren Jahreshälfte werden die Hochregionen von schweren Weststürmen heimgesucht. Die Täler sind wüstenhaft trocken, während die Vorberge der Südseite angenehme Sommerresidenzen tragen, zum Beispiel Darjeeling.

Entstanden ist das Himalaya-Gebirge durch gigantische Erdfaltungen: altes, auch kristallines Gestein und die Ablagerungen im Ozean Tethys, der vom Gebiet des heutigen Mittelmeeres bis nach Asien hinein reichte — das war das Material, das von gewaltigen Deckenschüben aus Nordasien auf das Gondwanaland, ein paläozoisches Festland aus Teilen Indiens und Afrikas, zu geschoben wurde und sich an dessen Widerstand zu dem jüngsten der riesigen Gebirgszüge der Welt auffaltete. Auch heute noch sind die Himalaya-Vorgebirge eine Erdbebenzone, und es ist nicht ausgeschlossen, daß die Hauptachse des Großen Himalaya sich noch weiter hebt.

Bergsteigerisch nähert man sich dem Mount Everest, seit den zwanziger Jahren, zunächst von Tibet her. Britische Expeditionen versuchen vom Rongphu-Gletscher über den 6985 m hohen Nordsattel Chang La auf dem Nordgrat zum Everest-Südostgipfel (8398 m) vorzudringen. Nach einer Kundfahrt 1921 wird 1922 der Angriff unternommen. George Mallory, E. F. Norton und T. H. Somervell gelangen bis in eine Höhe von 8169 m, George Ingle Finch und Geoffrey Bruce, ein Neffe des Expeditionsleiters General Bruce, schieben den Höhenrekord anderntags auf 8326 m. Dann muß die Expedition abgebrochen werden.

Zwei Jahre später wird ein Sturmlager (Camp VI) in 8145 m aufgestellt. Von dort brechen am 4. Juni 1924 E. F. Norton und T. H. Somervell auf. Somervell muß in 8540 m aufgeben; Norton geht allein weiter — ohne Sauerstoffgerät bis in eine Höhe von 8580 m. Der unbeugsame Mallory nimmt die Herausforderung erneut an, diesmal jedoch mit Sauerstoff. Als Begleiter wählt er Andrew Irvine. Zu ihrer Unterstützung kommt M. E. Odell ins Lager V nach, er sieht die beiden Bergsteiger ein letztes Mal von ferne in ca. 8600 m Höhe. Seit diesem 8. Juni 1924 sind Mallory und Irvine verschollen. Die aufopfernde Suche Odells nach den beiden Kameraden ist vergeblich. Man nimmt an, daß sie bei der Rückkehr ins Lager VI in etwa 8450 m verunglückt sind, denn dort wurde von Teilnehmern der Expedition 1933 ein Eispickel gefunden.

Im Herbst 1951 macht eine britische Kundfahrt unter Eric Shipton, dem großen Mann des Himalaya-Bergsteigens, eine gangbare Route vom Westkar her über den Südsattel zum Everestgipfelgrat aus. Dem Vorschlag folgt die von Edouard Wyß-Dunant geleitete Schweizer Expedition 1952. Von der nepalischen Hauptstadt Kathmandu marschiert man über Namche Bazar zum Khumbu-Gletscher und dringt, was Shipton von einer riesigen Querspalte verwehrt worden war, durch den Khumbu-Eisfall in das urwilde, völlig vergletscherte Westbecken zwischen Nuptse, Mount Everest und Lhotse ein. Von dort gelangen die Schweizer in den zwischen Lhotse und Everest-Südostgrat eingelagerten Südsattel (7986 m). Am Südostgrat, der im unteren Teil technisch nicht schwierig ist, erreichen Tensing Norkay und der Genfer Raymond Lambert schließlich eine Höhe von etwa 8500 m.

Im Jahr darauf tauchen wieder Briten am Mount Everest auf. Die Expedition 1953 wird von John Hunt, Oberst im Generalstab, geführt. Die Teilnehmer sind George Band, 24, Tom Bourdillon, 29, Charles Evans, 34, Alfred Gregory, 40, die Neuseeländer Edmund P. Hillary, 34, und George Lowe, 29,

James Morris als Korrespondent der »Times«, Wilfried Noyce, 35, der Physiologe Griffith Pugh, Tom Stobart als Kameramann, der Arzt Michael Ward, 28, Michael Westmacott, 27, und Charles Wylie. Hunt war davon ausgegangen, »daß die höheren Berge des Himalaya — von 7500 m und darüber — an jüngere Menschen unter 25 zu hohe Ansprüche stellen, weil sie eine ganz besondere Ausdauer und ungewöhnliche Geduld erfordern«.

Für die Transporte zum Basislager, das am 17. April unter dem Khumbu-Eisfall errichtet wird, werden 300 Träger eingesetzt. Für bergsteigerische Aufgaben wählt Hunt die 34 besten Sherpas aus. Der Eisfall wird mit zusammengesteckten Leitern, Strickleitern und anderen Hilfsmitteln gangbar gemacht. John Hunt, obwohl schon über 40, schafft Lasten bis in 8300 m Höhe. Ein vorbildlicher Expeditionsleiter. Am 26. Mai stehen Tom Bourdillon und Charles Evans auf dem Everest-Südgipfel (8760 m). Nun sollte es an die Bezwingung des Hauptgipfels gehen.

Im Laufe der Zeit hat sich ein Mann als außergewöhnlich leistungsfähig erwiesen: Edmund (»Ed«) Percival Hillary, ein Bienenzüchter aus der Umgebung Aucklands. John Hunt schreibt über diesen großen, asketisch aussehenden Mann: »Obwohl seine alpinistische Erfahrung erst aus der Zeit unmittelbar nach dem Krieg datiert, war er unter den Bergsteigern seiner Heimat rasch in die ersten Reihen aufgerückt. Seine Bewährung im Himalaya ließ erkennen, daß er ein erstklassiger Mann nicht nur für den Everest überhaupt, sondern gegebenenfalls auch für ein Gipfelteam war. Ich erinnere mich noch sehr gut, daß Shipton dies prophezeite, als ich ihn im vergangenen Herbst traf — und er sollte recht behalten! Außerordentlich kräftig und von rastloser Energie überströmend, von einem Draufgängertum besessen, das alle Hindernisse überwand . . .« Hillary selbst berichtet:

Am Morgen des 27. Mai erwachte ich früh aus einem unruhigen Schlaf. Es war mir kalt, und ich fühlte mich sehr elend. Wir waren auf dem Südsattel des Everest. Meine Gefährten in unserem Pyramidenzelt, Lowe, Gregory und Tenzing, drehten und wendeten sich hin und her in dem erfolglosen Bemühen, sich der bitteren Kälte zu erwehren. Der unbarmherzige Wind blies mit voller Wut, und sein unaufhörliches lautes Trommeln an der Zeltwand ließ uns kein Auge schließen. Widerstrebend zog ich die Hand aus dem Schlafsack und sah auf die Uhr. Es war 4 Uhr morgens. Im flackernden Licht eines Streichholzes zeigte das Thermometer, das an der Zeltwand lehnte, —25 Grad Celsius.

Wir hatten gehofft, wir würden an jenem Tag hoch oben auf dem Südostgrat ein Lager errichten können, doch augenscheinlich machte das Toben des Windes einen Start unmöglich. Immerhin aber mußten wir marschbereit sein für den Fall, daß der Sturm sich legen sollte. Ich stieß den geduldigen Tenzing mit dem Ellbogen an, murmelte etwas von Essen und Trinken und schlüpfte dann herzlos wieder in meinen Schlafsack. Bald riefen uns das Summen des Primus und die allgemeine Erwärmung der Atmosphäre wieder ins Leben zurück, und während wir Keks kauten und heißes Wasser mit Zitronenpulver und Unmengen von Zucker tranken, besprachen Lowe, Gregory und ich ziemlich pessimistisch unsere Pläne für den Tag.

Um 9 Uhr blies der Wind noch heftig, ich kroch, mit meiner ganzen Garderobe bekleidet, aus dem Zelt und kreuzte zu dem kleinen Meadezelt hinüber, das John Hunt, Charles Evans und Tom Bourdillon beherbergte. Hunt war auch der Meinung, daß ein Start unter solchen Umständen unmöglich sei. Ang Temba war krank geworden, und es war klar, daß er weder weitersteigen noch tragen konnte. So beschlossen wir, ihn mit Evans und Bourdillon hinunterzuschicken, als diese gegen Mittag zum Lager VII abstiegen. Hunt entschied sich im letzten Augenblick, die Gruppe wegen Bourdillons Zustand zu begleiten, und George Lowe und ich assistierten einer sehr müden Viererseilschaft beim Erklimmen der Hänge über dem Lager, und dann sahen wir zu, wie sie ihren langsamen, erschöpfenden Abstieg zum Lager VII antraten.

Den ganzen Tag blies der Wind wütend; in ziemlich hoffnungsloser Stimmung stellten wir die Traglasten für die Errichtung des Gratlagers am folgenden Tag zusammen. Jede

Verzögerung unseres Aufbruches vom Südsattel konnte nur zu gesteigertem Kräfteverfall und daraus folgender Schwäche führen. Der starke Wind störte uns noch eine zweite Nacht lang, doch wir atmeten alle Sauerstoff zu einem Liter in der Minute, das ermöglichte uns, sieben oder acht Stunden unruhig zu schlummern.

Am frühen Morgen tobte der Wind immer noch heftig, doch gegen 8 Uhr ließ er beträchtlich nach, und wir entschlossen uns aufzubrechen. Indessen hatte uns ein anderes Mißgeschick getroffen — Pemba war die ganze Nacht sehr krank gewesen, es war nicht daran zu denken, daß er mitkäme. Von den ursprünglich ausersehenen drei Trägern war also nur ein einziger Sherpa, Ang Nyima, startfähig. Es blieb uns daher keine andere Wahl, als das Lager selbst zu tragen, denn den Angriff aufzugeben war undenkbar. Wir packten die Ladungen um, ließen alles nicht Lebensnotwendige weg und verringerten, durch den Entfall an Tragkraft gezwungen, auch die lebenswichtigen Sauerstoffvorräte.

Um 8.45 Uhr verließen Lowe, Gregory und Ang Nyima das Lager. Jeder trug über 20 kg und atmete vier Liter Sauerstoff in der Minute. Tenzing und ich sollten später aufbrechen, um in den Stufen, die die andere Gruppe gemacht hatte, schnell folgen zu können und so Kraft und Sauerstoff zu sparen. Wir luden unseren ganzen Besitz an Kleidern, die Schlafsäcke, Luftmatratzen und etwas Proviant auf, dazu unsere Sauerstoffgeräte und starteten um 10 Uhr vormittags, jeder mit einer Last von fast 25 kg.

Langsam stiegen wir die weiten Hänge bis zum Fuß des großen Couloirs hinan und kletterten dort über eine richtige Treppe empor, die Lowe in den festen, steilen Schnee des Couloirs gehauen hatte. Während wir die Stufen langsam hinaufstiegen, wurden wir von einem ununterbrochenen Strom von Eissplittern bombardiert, die von hoch oben herabfielen, von dort, wo Lowe und Gregory den Südostgrat entlang Stufen hackten. Wir erreichten den Grat zu Mittag und trafen die andere Gruppe in der Nähe der zerfetzten Ruine des Schweizer Zeltes vom vergangenen Frühling; sie verlieh dem markanten Aussichtspunkt ein Gepräge von Trostlosigkeit und Öde. Von hier aus hatten Lambert und Tenzing

nach einer ohne Schlafsäcke verbrachten Nacht ihren mutigen Vorstoß gegen den Gipfel versucht.

Es war ein wunderbarer Fleck mit beängstigenden Blicken nach allen Seiten hin, und wir schwelgten in einer Orgie des Photographierens. Wir fühlten uns alle außerordentlich wohl und waren voller Zuversicht, es werde uns gelingen, unser Lager hoch oben auf dem Südostgrat zu errichten. Dann nahmen wir unsere Lasten wieder auf und stiegen den Kamm hinan bis zu dem Depot, das Hunt vor zwei Tagen 50 m höher oben angelegt hatte. Der Grat war ganz steil, doch wir fanden an den ansteigenden Felsen recht gute Halte, und die technischen Schwierigkeiten beim Klettern waren nicht groß, obwohl wir wegen des lockeren Schnees vorsichtig sein mußten. Das Depot lag auf 8285 m Höhe, doch wir meinten, das sei bei weitem nicht hoch genug für ein letztes Gipfellager; so nahmen wir mit einigem Widerstreben diese Sachen zu unseren an sich schon großen Traglasten dazu. Gregory nahm noch Sauerstoff, Lowe Proviant und Brennstoff und ich ein Zelt. Außer Ang Nyima, der über 20 kg trug, hatte ein jeder von uns zwischen 25 und 30 kg zu tragen. In etwas vermindertem Tempo stiegen wir wieder weiter, den Grat hinauf. Trotz der schweren Lasten kletterten wir ununterbrochen, wenn auch sehr langsam. Der Grat stieg nun steil zu einem Hang mit festem Schnee empor. Lowe schnitt 15 m hoch Stufen. Gegen 2 Uhr nachmittags begannen wir zu ermüden und fingen an, uns nach einer geeigneten Stelle für ein Lager umzusehen. Der Grat schien überhaupt eine Gelegenheit dazu zu bieten, er stieg in einer einzigen ununterbrochenen Kurve empor. Wir stapften langsam weiter und spähten erfolglos nach einem ebenen Fleck aus. Immer wieder arbeiteten wir uns zu einer Stelle hin, die uns geeignet schien, nur um zu sehen, daß auch sie einen Neigungswinkel von 45 Grad hatte. Wir begannen die Hoffnung allmählich zu verlieren, bis Tenzing, der das Terrain vom vergangenen Jahr her kannte, eine Querung der Steilhänge zur Linken vorschlug. So landeten wir denn wirklich bei einem verhältnismäßig ebenen Platz unter einem Felsblock. Es war 2.30 Uhr, und wir beschlossen, das Lager hier zu errichten. Den ganzen Tag lang hatte die herrliche Pyramide des Lhotse unsere Blicke gebieterisch auf sich gezogen, doch nun lag ihr Gipfel schon unter uns. Wir schätzten unsere Höhe auf über 8500 m. Lowe, Gregory und Ang Nyima warfen erleichtert ihre Lasten ab. Sie waren ermüdet, aber sehr befriedigt von der erreichten Höhe. Daß die Besteigung am nächsten Tag gelang, ist zum großen Teil ihnen zu verdanken. Ohne Zeit zu verlieren, eilten sie zum Südsattel zurück.

Mit einem gewissen Gefühl der Vereinsamung sahen wir unseren fröhlichen Gefährten nach, wie sie langsam den Grat hinabstiegen, doch wir hatten viel zu tun. Wir legten die Sauerstoffapparate ab, um unsere Vorräte zu schonen, und begannen die winzige Plattform mit den Eispickeln auszuputzen. Wir kratzten den ganzen Schnee ab und legten den ungefähr 30 Grad geneigten Felshang bloß. Die Felsen waren fest gefroren, doch nach zwei Stunden tüchtiger Arbeit hatten wir genügend Steine losgehackt, um zwei ein Meter breite und zwei Meter lange Streifen Grundes einzuebnen. Allerdings lag der eine um ungefähr 30 cm höher. Obwohl wir keinen Sauerstoff atmeten, konnten wir fest zupacken, doch wir ruhten ungefähr alle zehn Minuten, um Atem und neue Kraft zu schöpfen.

Auf diesen beiden Plattformen stellten wir nun unser Zelt auf und verankerten es, so gut wir konnten. Die Felsen ringsherum waren für die Befestigung der Spannseile nicht geeignet und der Schnee viel zu weich, um Aluminium-Zeltpflöcke zu halten. Wir versenkten einige unserer Sauerstoffbehälter in den weichen Schnee und banden die Spannseile daran wie an einen etwas unverläßlichen Anker. Dann machte ich, während Tenzing Wasser für Suppe zu wärmen begann, einen Überschlag über unsere begrenzten Sauerstoffvorräte. Sie waren viel geringer, als wir angenommen hatten. Für den Angriff kamen auf jeden von uns nur ein und ein Zweidrittel-Behälter. Es lag auf der Hand, daß wir, wenn wir genügend lang damit reichen wollten, nicht vier Liter in der Minute verbrauchen durften, wie wir ursprünglich geplant hatten, aber ich schätzte, daß wir immer noch Chancen hätten, wenn wir die Dosierung auf drei Liter in der Minute herabsetzten. Ich bereitete die Geräte vor und stellte sie dem-

entsprechend ein. Zu unserem Glück hatten Evans und Bourdillon zwei noch zu einem Drittel volle Sauerstoffbehälter ein Stück über unserem Lager zurückgelassen. Auf diesen Sauerstoff bauten wir und hofften, er würde uns zum Südsattel zurückbringen.

Als die Sonne unterging, krochen wir endlich in unser Zelt, zogen alle warmen Kleider an und schlüpften in die Schlafsäcke. Wir tranken wüste Mengen und hielten ein großartiges Mahl: Sardinen auf Zwieback, eingelegte Aprikosen, Datteln und Keks mit Jam und Honig. Die Aprikosen waren ein Hochgenuß, doch wir mußten sie zuerst über unserem summenden Primus aus ihrem gefrorenen Zustand auftauen. Trotz der großen Höhe war unsere Atmung beinahe normal, wenn uns nicht eine plötzliche Anstrengung ein wenig schnaufen ließ. Tenzing breitete seine Luftmatratze auf der unteren Plattform aus, die zur Hälfte über den steilen Hang hinausragte, und legte sich ruhig nieder. Ich machte es mir auf der oberen Plattform so bequem wie möglich; halb saß ich, halb lehnte ich, und meine Füße hatte ich auf der unteren Plattform. Wenn diese Stellung auch nicht gerade besonders bequem war, bot sie doch entschiedene Vorteile. Alle zehn Minuten kamen nämlich äußerst heftige Windstöße, und sobald sich eine solche Bö durch ein schrilles Heulen hoch oben am Grat ankündigte, konnte ich Füße und Schultern anstemmen und unseren dürftigen Ankern helfen, das Zelt festzuhalten, wenn es mitunter in beängstigender Weise wankte und bebte. Unser Sauerstoff reichte für vier Stunden Schlaf bei einem Liter in der Minute. Ich beschloß, ihn auf zweistündige Schlafperioden aufzuteilen, von 9 bis 11 Uhr vor und von 1 bis 3 Uhr nach Mitternacht. Solange wir die Sauerstoffmasken aufhatten, schlummerten wir und fühlten uns verhältnismäßig wohl, doch sobald der Vorrat aus war, begann uns kalt zu werden und wir fühlten uns elend. Während der Nacht zeigte das Thermometer —27 Grad Celsius; glücklicherweise aber hatte sich der Wind beinahe vollkommen gelegt.

Um 4 Uhr früh war es ganz windstill. Ich öffnete den Zelteinschlupf und blickte weit hinaus über die dunklen, schlafenden Täler Nepals. Die Eisgipfel unter uns glühten rein

Blick vom Lager III (6220 m) am Pumo Ri zum
Mount Everest. Rechts unterhalb dem Gipfel die
Westschulter (7205 m) und im Hintergrund der Lhotse.

im frühen Morgenlicht, und Tenzing wies auf das Kloster von Thyangboche; auf seinem beherrschenden Sporn lag es, schwach zu sehen, mehr als 4800 m unter uns. Es war ein ermutigender Gedanke, daß die Lamas von Thyangboche selbst zu dieser frühen Stunde Gebete für uns zu ihren buddhistischen Göttern emporschickten.

Wir heizten unseren Kocher an und tranken Unmengen von Zitronensaft mit Zucker, um Schwächezuständen, die der Feuchtigkeitsverlust hervorrufen kann, vorzubeugen, und aßen unsere letzte Büchse Sardinen auf Zwieback auf. Ich zog unsere Sauerstoffgeräte in das Zelt, reinigte sie vom Eis, untersuchte sie und kontrollierte sie genau. Ich hatte meine Schuhe ausgezogen, die am vergangenen Tag ein wenig feucht geworden waren; nun waren sie steifgefroren. Energische Maßnahmen waren nötig, so erhitzte ich sie über der kräftigen Flamme des Primus; es roch stark nach verbranntem Leder, doch gelang es mir, sie weich zu machen. Wir zogen die Windjacken über unsere Kleider an und drei Paar Handschuhe — seidene, wollene und windfeste.

Um 6.30 Uhr krochen wir aus unserem Zelt in den Schnee hinaus, nahmen unsere 15 kg Sauerstofflast auf den Rücken, schlossen die Masken an und öffneten die Ventile, um Sauerstoff in die Lungen zu bekommen. Ein paar volle, tiefe Züge, und wir waren zum Gehen bereit. Noch etwas behindert durch meine kalten Füße, bat ich Tenzing, vorauszugehen, und er stampfte eine Zeile tiefer Fußstapfen vom Felsblock, der unser Zelt schützte, bis zu dem steilen Hang mit Pulverschnee zur Linken des Hauptgrats. Der Grat lag nun in Sonnenlicht gebadet da, und wir sahen unser nächstes Ziel, die Südspitze, hoch über uns. Tenzing ging bedachtsam, in einer langen Querung spurte er gegen den Kamm zurück, und wir erreichten den Grat an dem Punkt, wo er in ungefähr 8500 m Höhe einen großen, deutlichen Schneekegel bildet. Von hier an wurde der Grat schmal wie eine Messerschneide, und da meine Füße jetzt schon wieder warm waren, übernahm ich die Führung.

Wir stiegen langsam, aber ohne Pause; wir mußten nicht stehenbleiben, um Atem zu schöpfen, und ich hatte das Gefühl, unsere Reserven an Kraft seien sehr groß. Der weiche,

unsichere Schnee machte das Vorwärtskommen auf dem Grat selbst schwierig und auch gefährlich, so ging ich ein wenig unterhalb des Grates auf seiner steilen linken Seite, wo sich durch den Wind eine dünne, verharschte Schicht gebildet hatte, die manchmal trug, öfter aber mit einem plötzlichen Ruck einbrach, was sowohl für das Gleichgewicht als auch für die Moral verhängnisvoll war.

Nach einigen hundert Metern auf dem Kamm, die eine kleine Kraftprobe waren, kamen wir zu einer schmalen Vertiefung und fanden darin die zwei Sauerstoffbehälter, die Evans und Bourdillon bei dem ersten Angriffsversuch hier zurückgelassen hatten. Ich kratzte das Eis von den Druckmessern und fühlte mich ungeheuer erleichtert, als ich sah, daß sie noch einige hundert Liter Sauerstoff enthielten. Wenn wir sehr sparsam damit umgingen, genügten sie, um uns bis zum Südsattel hinunterzubringen. Mit dem tröstlichen Bewußtsein, daß wir diese Sauerstoffbehälter als Rücklage hatten, spurte ich weiter den Kamm hinauf vor; bald wurde er nun steil und verbreitete sich zu einer gewaltigen Schneefläche, die die letzten 120 m zur Südspitze emporführte. Wir sahen, daß die Schneeverhältnisse auf dieser Flanke bestimmt gefährlich waren, doch da uns unsere Route keine andere Wahl zu lassen schien, plagten wir uns weiter und spurten mühsam und mit großer Anstrengung hinauf. In diesem schwierigen Abschnitt lösten wir einander häufig in der Führung ab, und als ich einmal eine Spur in den tiefen Schnee stampfte, gab er rings um mich nach, und ich glitt über drei oder vier meiner Stufen zurück. Ich besprach mit Tenzing, ob es ratsam sei, weiterzugehen, und obwohl er zugab, er sei sehr betrübt über die Schneeverhältnisse, endete er schließlich mit seiner stehenden Redewendung: »Wie Sie wünschen.« Ich entschloß mich weiterzugehen.

Endlich erreichten wir höher oben festeren Schnee und schnitten mit einiger Erleichterung die letzten Steilhänge hinauf Stufen; dann stiegen wir mit Steigeisen bis zur Südspitze. Es war 9 Uhr vormittags. Mit Neugierde betrachteten wir den jungfräulichen Grat. Bourdillons und Evans' Berichte über seine Probleme und Schwierigkeiten waren bedrükkend eindeutig, und nun sahen wir selbst, daß er ein unüberwindbares Hindernis sein konnte. Auf den ersten Blick machte er zweifellos einen imposanten, ja beinahe erschreckenden Eindruck. Ungeheure gewundene Wächten, überhängende Massen aus Schnee und Eis wiesen zur Rechten wie verschlungene Finger über dem mehr als 3000 m tiefen Abgrund der Kangchung-Flanke ins Leere. Jeder Schritt gegen diese Wächten konnte Unheil bringen. Von den Wächten brach der Grat nach links steil ab, bis sich der Schnee tiefer unten auf der mächtigen Felsflanke verlor, die vom Westlichen Cwm emporstieg. Nur ein einziger Umstand ermutigte uns: Der steile Schneehang zwischen den Wächten und den Felsabgründen sah aus wie fester, harter Firn. Sollte sich herausstellen, daß es weicher Schnee war, der keinen Halt bot, dann hatten wir allerdings wenig Aussicht, den Grat zu bewältigen. Wenn es uns aber gelang, einen Weg von Stufen über diesen Hang zu schlagen, konnten wir vielleicht weiterkommen.

Knapp unter der Südspitze hackten wir uns einen Platz zum Sitzen aus und legten die Sauerstoffgeräte ab. Noch einmal betätigte ich mich im Kopfrechnen — eine meiner Hauptbeschäftigungen während des ganzen Hin- und Rückweges. Nun waren unsere ersten, nur teilweise gefüllt gewesenen Sauerstoffbehälter leer, und wir hatten jeder nur mehr einen vollen Behälter. Achthundert Liter Sauerstoff zu drei Litern in der Minute? Wie lange konnten wir reichen? Ich nahm an, wir mußten damit viereinhalb Stunden gehen können. Unsere Apparate waren nun beträchtlich leichter, sie wogen kaum viel mehr als 10 kg, und als ich von der Südspitze hinunter Stufen schnitt, hatte ich ein deutliches Gefühl der Freiheit und des Wohlbehagens, das gerade Gegenteil von dem, was ich in dieser großen Höhe erwartet hatte.

Als mein Eispickel im Schnee des ersten Steilhangs unter dem Grat griff, waren meine gewagtesten Hoffnungen erfüllt: Der Schnee war kristallinisch und fest. Zwei oder drei rhythmische Schläge des Pickels ließen eine selbst für unsere überdimensionierten Höhenschuhe genügend große Stufe entstehen. Und das Allerermutigendste war: Der Eispickel ließ sich mit einem festen Schlag bis zur Hälfte des Schaftes eintreiben und gab dann einen festen, bequemen Halt für

das Seil ab. Wir stiegen eine Zeitlang weiter. Immer bewegte sich nur einer von uns. Ich war mir dessen bewußt, daß der Sicherheitskoeffizient für uns in dieser Höhe nicht sehr groß war, so daß wir achtgeben und jede Vorsicht walten lassen mußten. Meistens schlug ich eine zehn Meter lange Zeile von Stufen, während Tenzing mich sicherte. Nachher trieb ich meinerseits den Stiel meines Pickels ein und schlang das Seil ein paarmal darum; dann kam Tenzing, gesichert für den Fall, daß eine Stufe losbrechen sollte, zu mir herauf. Danach sicherte wieder er mich, und ich fuhr fort, Stufen zu hacken. An einigen Stellen waren die Eisüberhänge ungeheuer groß; um ihnen auszuweichen, schlug ich eine Reihe von Stufen bis hinunter, wo der Schnee mit den Felsen im Westen zusammentraf. Es war schaudererregend, an dieser enormen Felswand gerade hinab zu blicken und tief unten im Westlichen Cwm, mehr als 2400 m unter uns, die winzigen Zelte des Lagers IV zu sehen. Dadurch, daß wir auf den Felsen kletterten und Griffe für die Hände in den Schnee schnitten, gelang es uns, über dieses schwierige Stück hinwegzukommen.

Bei einer solchen Gelegenheit merkte ich, daß Tenzing, der bis jetzt sehr gut gegangen war, plötzlich bedeutend langsamer vorwärtskam und mit Schwierigkeit zu atmen schien. Die Sherpas kannten sich mit den Sauerstoffgeräten nicht sehr gut aus, und auf Grund früherer Erfahrungen hatte ich sogleich seine Sauerstoffzufuhr im Verdacht. Ich bemerkte, daß vom Atemschlauch seiner Sauerstoffmaske Eiszapfen herabhingen; bei näherer Prüfung fand ich diesen Schlauch von ungefähr fünf Zentimeter Durchmesser vollkommen mit Eis verstopft. Es gelang mir, ihn zu reinigen, und sogleich fühlte Tenzing die schon sehr notwendige Erleichterung. Ich untersuchte nun auch mein eigenes Gerät und fand hier dasselbe, obwohl die Sache bei mir noch nicht so weit vorgeschritten war, daß ich Schwierigkeiten beim Atmen gehabt hätte. Von da an hatte ich ein wachsameres Auge auf die Apparate.

Das Wetter war für eine Everest-Besteigung tatsächlich ideal. In unseren warmen Kleidern und den Windjacken taten uns Kälte und Wind nichts. Indessen nahm ich einmal

Mount Everest. Über den vom Gipfel links
abfallenden Nordgrat erfolgten die ersten Versuche,
rechts der Südostgrat (Erstbesteigung), etwa in der
Mitte der 1963 bezwungene Westgrat. Am rechten
Bildrand der Nuptsegrat.

meine Sonnenbrillen ab, um ein schwieriges Stück des Grats genauer in Augenschein zu nehmen, da trieb mir der schneidende Wind den feinen Schnee in die Augen, ich war wie blind, und schnell setzte ich die Brillen wieder auf. Ich fuhr fort, Stufen zu schlagen. Zu meiner Überraschung war mir das Klettern ein so großer Genuß wie nur je auf einem schönen Grat in meinen heimischen Neuseeländer Alpen.

Nachdem wir eine Stunde lang unaufhörlich gestiegen waren, standen wir am Fuße einer über zehn Meter hohen Felsstufe, des furchtbarsten Hindernisses auf dem ganzen Grat. Wir hatten von der Existenz dieser Stufe gewußt, wir kannten sie von Fliegeraufnahmen her und hatten sie auch durch die Feldstecher von Thyangboche aus gesehen. Es war uns klar, daß sie in dieser Höhe wahrscheinlich entweder den Erfolg oder das Mißlingen des Angriffs bedeuten würde. Der Fels selbst war brüchig und bot keinen Halt; er mochte ein interessantes Sonntag-Nachmittags-Problem für eine Gruppe erfahrener Felskletterer im Lake District sein, hier aber war er eine Barriere, die zu übersteigen über unsere schwachen Kräfte ging. Ich sah nirgends eine Möglichkeit, über den steilen Felsblock im Westen hinaufzukommen; doch glücklicherweise gab es noch einen anderen Weg, ihn zu überwinden. Auf seiner Ostseite war wieder eine riesige Wächte, und zwischen Wächte und Fels lief, die ganzen zehn Meter hinauf, ein schmaler Riß. Während Tenzing unten blieb und mich sicherte, so gut er konnte, zwängte ich mich in diesen Riß, dann stieß ich die Spitzen meiner Steigeisen tief in den gefrorenen Schnee hinter mir und stemmte mich vom Boden in die Höhe. Indem ich jeden kleinen Halt im Fels ausnützte und die ganze Kraft von Schultern, Armen und Knien aufbot, stieg ich buchstäblich mit Steigeisen rücklings durch den Spalt empor, mit dem inbrünstigen Gebet, die Wächte möge am Fels festbleiben. Trotz der beträchtlichen Anstrengung kam ich ununterbrochen, wenn auch langsam vorwärts, und als Tenzing das Seil nachließ, arbeitete ich mich zentimeterweise weiter in die Höhe, bis ich mich endlich ganz oben an der Oberseite des Felsens selbst halten und aus dem Riß auf ein kleines Plateau emporziehen konnte. Ein paar Augenblicke lag ich da, um wieder zu Atem

zu kommen, und zum erstenmal hatte ich das stolze Gefühl, nun könne uns nichts mehr zurückhalten, den Gipfel zu ersteigen. Ich nahm festen Stand auf dem kleinen Plateau und gab Tenzing ein Zeichen, nachzukommen. Während ich das Seil fest anzog, wand sich Tenzing durch den Riß herauf und brach oben erschöpft zusammen wie ein Riesenfisch, der eben nach einem fruchtbaren Kampf vom Meer ans Land geworfen wurde.

Ich untersuchte unsere beiden Sauerstoffapparate und berechnete neuerlich die Dosierung. Alles schien gut zu gehen. Tenzing kam nun, wahrscheinlich infolge der Beschwerden während der Störung seines Sauerstoffgerätes, etwas langsamer vorwärts, doch er kletterte sicher, und das war das Wichtigste bei meinen Überlegungen. Meine Frage nach seinem Befinden beantwortete er nur mit einem Lächeln, dabei zeigte er auf den Grat. Wir stiegen mit drei Litern in der Minute so gut, daß ich nun entschlossen war, die Dosierung auf zwei Liter herabzusetzen, wenn ein längeres Vorhalten des Sauerstoffs erforderlich würde.

Der Kamm setzte sich in der gleichen Weise fort wie vorher. Riesenwächten zur Rechten, Steilhänge zur Linken. Ich fuhr fort, in den schmalen Schneestreifen Stufen zu schlagen. Der Grat machte eine Biegung nach rechts, wir hatten keine Ahnung, wo der Gipfel war. Sooft ich um den Rücken eines Blocks herum kam, tauchte ein anderer, höherer vor mir auf. Die Zeit verging, und der Grat wollte kein Ende nehmen. An einer weniger steilen Stelle versuchte ich, mit Steigeisen zu gehen, ohne Stufen zu hacken, ich hoffte damit Zeit zu ersparen, doch ich sah bald ein, daß der Sicherheitskoeffizient auf diesen Steilhängen auf solcher Höhe zu gering sei; daher fuhr ich fort, Stufen zu schlagen. Ich begann nun ein wenig zu ermüden. Seit zwei Stunden hatte ich ununterbrochen Stufen gehackt, und auch Tenzing kam sehr langsam vorwärts. Als ich noch um eine nächste Ecke herum meine Stufen schnitt, überlegte ich eben apathisch, wie lange wir es noch aushalten würden. Unser ursprünglicher Eifer hatte sich nun gelegt und verwandelte sich mehr und mehr in eine furchtbare Anspannung. Da kam mir zum Bewußtsein, daß der Grat über mir, anstatt noch weiter eintönig emporzusteigen, nun plötzlich scharf abfiel, und weit unten sah ich den Nordsattel und den Rongbuk-Gletscher. Ich blickte in die Höhe und sah einen schmalen Schneegrat zu einem Schneegipfel führen. Noch ein paar Schläge mit dem Pickel in den festen Schnee, und wir standen oben.

Das erste, was ich fühlte, war Erleichterung — Erleichterung, daß ich keine Stufen mehr hacken mußte, daß wir keine Grate mehr zu bewältigen hatten, daß uns keine Blöcke mehr mit Hoffnungen auf den Erfolg narren konnten. Ich blickte Tenzing an, trotz der Balaklava, der Brillen und der Sauerstoffmaske, die, von langen Eiszapfen überkrustet, sein Gesicht verdeckte, sah ich deutlich sein ansteckendes Lächeln der reinen Freude, als er in der Runde um sich blickte. Wir schüttelten einander die Hände, dann schlang Tenzing den Arm um meine Schultern, und wir klopften einander auf den Rücken, bis wir beinahe keinen Atem mehr hatten. Es war 11.30 Uhr vormittags. Wir hatten zweieinhalb Stunden zu dem Grat gebraucht, doch es erschien uns wie eine Ewigkeit. Ich stellte den Sauerstoff ab und nahm mein Gerät herunter. Ich hatte meine mit Farbfilmen geladene Kamera unter dem Hemd heraufgetragen, um sie warm zu halten; nun zog ich sie hervor und bat Tenzing, sich vor mir auf dem Gipfel mit geschwungenem Pickel aufzustellen, an dem eine Leine mit Wimpeln hing — von den Vereinten Nationen, Großbritannien, Nepal und Indien. Nachdem ich ihn aufgenommen hatte, wandte ich meine Aufmerksamkeit dem Land zu, das sich unter uns nach allen Seiten in ungeheurer Weite ausbreitete. Im Osten stand unser riesiger Nachbar Makalu, unerforscht und unerstiegen, und sogar auf dem Gipfel des Everest war der Bergsteigerinstinkt so stark, daß ich einige Augenblicke darüber nachdachte, wo eine Route zu ihm emporführen könnte. Weit weg hinter den Wolken wurde das ungeheure Massiv des Kangchenjunga am Horizont sichtbar. Im Westen beherrschte unser alter Gegner von 1952, der Cho Oyu, die Szene; wir sahen die riesigen unerforschten Gebiete Nepals neben ihm liegen. Meinem Gefühl nach war es das Wichtigste, den Blick gegen den Nordgrat aufzunehmen, mit dem Nordsattel und der Route, die durch die Kämpfe der großen Alpinisten der zwanziger und dreißiger Jahre unseres

Jahrhunderts berühmt geworden war. Ich hatte wenig Hoffnung, daß die Bilder besonders gut ausfallen würden, denn es war ziemlich schwierig, die Kamera mit den ungeschickten Handschuhen an den Händen ruhig zu halten, doch ich meinte, sie würden wenigstens als Dokumente dienen. Nach ungefähr zehn Minuten bemerkte ich, daß ich mich langsamer zu bewegen begann und meine Finger unbeholfen wurden; schnell nahm ich wieder meinen Sauerstoffapparat um, und schon nach wenigen Litern verspürte ich wieder seine stimulierende Wirkung. Inzwischen hatte Tenzing ein kleines Loch in den Schnee gegraben, in das er verschiedene kleine Dinge legte — eine Tafel Schokolade, ein Päckchen Keks und eine Handvoll Zucker. Kleine Opfergaben, wahrhaftig! Aber wenigstens doch ein Zeichen der Dankbarkeit für die Götter, die nach dem Glauben aller frommen Buddhisten auf diesem hohen Gipfel wohnen. Als ich zwei Tage vorher mit Hunt zusammen auf dem Südsattel gewesen war, hatte er mir ein kleines Kreuz gegeben und mich gebeten, es zum Gipfel mitzunehmen. Auch ich grub ein Loch in den Schnee und legte das Kreuz neben Tenzings Gaben.

Wieder kontrollierte ich unseren Sauerstoff und berechnete, wie lange wir damit reichen konnten. Wir würden uns beeilen müssen, um unsere lebensrettenden Reserven unter der Südspitze rechtzeitig zu erreichen. Nach fünfzehn Minuten wandten wir uns zum Gehen. Wir hatten uns kurz nach irgendwelchen Spuren von Mallory und Irvine umgesehen, hatten aber nichts gefunden. Wir waren beide etwas ermüdet, denn die Reaktion setzte ein, und wir mußten den Gipfel schnell verlassen. Ich ging zu unseren Stufen. Ohne Zeit zu verlieren, stiegen wir mit Steigeisen in unserer Spur hinab, denn der Sauerstoff verringerte sich zusehends. In unglaublicher Schnelligkeit folgte Block auf Block. Es schien wie ein Wunder, in wie kurzer Zeit wir bei der Felsstufe ankamen. Nun stemmten und zwängten wir uns mit der beinahe nachlässigen Gleichgültigkeit von Leuten, die sich schon auskennen, wieder durch den Riß hinab. Wir waren müde, doch nicht zu müde, um vorsichtig zu sein. Bei der Querung über die Felsen kletterten wir behutsam; über den unsicheren Schnee gingen wir nur einzeln und nacheinander, und schließlich stiegen wir mit Steigeisen wieder in unsere Stufen zur Südspitze hinauf.

Nur eine Stunde vom Gipfel bis hierher. Ein tüchtiger Schluck gesüßter Limonade erfrischte uns, dann wandten wir uns wieder zum Gehen. Während der ganzen Besteigung hatten wir ständig eine geheime Angst vor dem Abstieg über den großen Schneehang gehabt, und beim Abwärtsgehen an der Spitze des Seiles tat ich jeden Schritt so vorsichtig, als hinge unser Leben davon ab, was wohl auch der Fall war. Während wir den Kangchung-Gletscher in immer noch mehr als 2700 m Tiefe genau unter uns liegen sahen, ließ uns ein furchtbares Gefühl des Preisgegebenseins jede Bewegung berechnen. Aber jeder Schritt abwärts schien uns der Geborgenheit um einen Schritt näher zu bringen. Als wir endlich vom Hang auf den unteren Grat kamen, blickten wir einander wortlos an, beinahe sichtbar schüttelten wir beide das Gefühl der Furcht ab, das uns den ganzen Tag begleitet hatte.

Wir waren jetzt sehr ermüdet, doch wie Automaten stiegen wir weiter, zu den zwei Reservebehältern auf dem Kamm hinab. Da wir nur ein kleines Stück vom Lager entfernt waren und noch ein paar Liter Sauerstoff in unseren Behältern hatten, trugen wir die anderen Behälter in unserer Spur hinunter und erreichten um 2 Uhr nachmittags unser Zelt auf seiner gebrechlichen Plattform. Schon der mäßige Mittagswind hatte es zum Teil von den Stangen losgerissen, und es machte einen verlorenen Eindruck. Wir mußten noch den Südsattel erreichen. Während Tenzing den Paraffinkocher anheizte und Limonade mit sehr viel Zucker bereitete, versah ich unsere Sauerstoffapparate mit den letzten zum Teil gefüllten Behältern und setzte die Dosierung auf zwei Liter in der Minute herab. Im Gegensatz zum vergangenen Tag, da wir in diesem selben Lager ohne Sauerstoff rüstig gearbeitet hatten, fühlten wir uns jetzt schwach und erschöpft. Tief unten auf dem Südsattel sahen wir winzige Gestalten herumgehen und wußten, Lowe und Noyce beobachteten unseren Abstieg. Wir hatten auf dem Südsattel keine anderen Schlafsäcke und Luftmatratzen; so banden wir unsere eigenen mit einigem Widerstreben an unsere Sauerstofftrag-

gestelle. Mit einem letzten Blick auf das Lager, das uns so gute Dienste geleistet hatte, wandten wir uns dann schleppenden Schrittes zum Gehen und versuchten, heil über den Grat hinunterzukommen.

Unsere Kräfte schienen gelähmt, die Zeit verging wie in einem Traum, doch schließlich erreichten wir den Platz des Schweizer Kammlagers und zweigten zum großen Couloir ab, der letzten Etappe des Abstiegs. Dort erwartete uns eine unangenehme Überraschung. Der Wind, der während des zweiten Teiles unserer Klettertour heftig blies, hatte alle unsere Stufen vollständig verweht, und nur ein schwieriger, steiler, verharschter Hang lag vor uns. Da blieb uns keine andere Wahl, als von neuem Stufen zu schlagen. Mit allerhand Lauten des Mißvergnügens schlug ich mühsam 60 m hinunter Stufen. Heftige Windstöße vom Grat herab rissen uns beinahe von unseren Stufen. Tenzing übernahm die Führung und hackte weitere 30 m Stufen; dann kamen wir in weicheren Schnee, und er stampfte eine Spur über die leichteren Böschungen am Ende des Couloirs. Müde stiegen wir mit Steigeisen die langen Hänge über dem Südsattel ab. Eine Gestalt kam uns entgegen. Etwa 50 m über dem Lager begegneten wir einander. Es war Lowe, beladen mit heißer Suppe und Sauerstoff für den Notfall.

Wir waren zu erschöpft, um noch ein Wort zu sagen, als Lowe unsere Kunde mit enthusiastischer Freude beantwortete. Wir schleppten uns zum Sattel hinunter und kamen mit Mühe den kleinen Anstieg zum Lager hinauf. Knapp vor den Zelten war mein Sauerstoff zu Ende. Es war uns schwer geworden, doch wir hatten es geschafft. Wir krochen in das Zelt, und erst in den Schlafsäcken brachen wir mit einem Seufzer der hellsten Freude zusammen, während die Zelte unter dem dauernden Südsattelsturm schwankten und bebten. In dieser Nacht, unserer letzten auf dem Sattel, fanden wir tatsächlich keine Ruhe. Wieder verhinderte die bittere Kälte jeden tiefen Schlaf, und die stimulierende Wirkung unseres Erfolges machte uns geistig so rege, daß wir die halbe Nacht wach lagen, mit klappernden Zähnen miteinander flüsterten und alle aufregenden Vorfälle des Tages noch einmal durchlebten. Am nächsten Morgen waren wir alle

K 2   8611 m

Zweithöchster Gipfel der Erde

sehr schwach. Langsam, aber entschlossen trafen wir die Vorbereitungen für den Abstieg.

Der 70 m hohe Anstieg über dem Südsattel strengte uns sehr an, und selbst während der langen Querung zum Lager VII hinunter mußten wir ganz langsam gehen und häufig rasten. Der obere Teil des Lhotse-Gletschers erschien uns sehr steil, und als wir über die Eisstufen zum Lager VII hinabstiegen, war unser einziger Wunsch, auszuruhen. Wir waren noch 30 m vom Lager entfernt, als wir freudige Rufe vernahmen. Das war Charles Wylie mit einigen Sherpas, die uns begrüßten; sie alle sahen frisch und stark aus, und allen schwebte die gleiche Frage auf den Lippen. Die heißen Getränke, die sie uns reichten, und die freudige Aufnahme unserer Kunde wirkten äußerst belebend auf uns; wir setzten unseren Weg über den Lhotse-Gletscher hinab geistig, vielleicht sogar physisch erfrischt fort.

Als wir uns dem Lager IV näherten, tauchten kleine Gestalten vor den Zelten auf; sie kamen langsam in der Spur herauf. Wir gaben ihnen kein Zeichen, sondern stiegen müde die Spur entlang abwärts auf sie zu. Als sie nur mehr 50 m weit von uns weg waren, gab Lowe mit dem ihm eigenen Enthusiasmus das »Daumen hoch!«-Signal und winkte mit seinem Pickel zum Gipfel hin. Mit einem Schlag belebte sich nun die Szene; unsere Gefährten vergaßen ihre Müdigkeit und rannten wie elektrisiert durch den Schnee auf uns zu. Als wir sie alle, vielleicht ein wenig bewegt, begrüßten, empfand ich das sehr starke Gefühl der Freundschaft und Zusammengehörigkeit, das der entscheidende Faktor bei der ganzen Expedition war, stärker denn je zuvor.

Es war ein erschütterndes Gefühl, ihnen nun sagen zu können, daß alle ihre Mühsale in dem wankenden Chaos des Eisbruchs, das Emporklimmen durch das entmutigende Schnee-Inferno des Westlichen Cwm, die technisch so schwierige Bewältigung des Lhotse-Eishangs und die furchtbare, nervenaufreibende Anstrengung über dem Südsattel ihren Lohn gefunden: daß wir den Gipfel erreicht hatten.

Die unverhohlene Freude, die das ermüdete, überanstrengte Gesicht unseres tapferen und entschlossenen Führers erhellte, war mir Lohn genug.

Als am 31. Juli 1954 Achille Compagnoni und Lino Lacedelli um 6 Uhr abends den Gipfel des K 2 betreten, schlägt dem italienischen Bergsteigen eine Sternstunde. Gleichzeitig wird hinter der langen und dramatischen Geschichte des Berges ein vorläufiger Schlußpunkt gesetzt.

»K 2« ist im Grunde genommen nur ein Vermessungszeichen, hat sich aber gegenüber »Tschogori« und »Mt. Godwin Austen« als Name für den höchsten Gipfel des Karakorums durchgesetzt. Dieser Teil des Himalaya im weiteren Sinn ist ärmer an Niederschlägen als der übrige Himalaya. Hier tritt der Monsun, ein feuchtwarmer Südwind, der in Indien die großen Regenfälle bringt, nur abgeschwächt in Erscheinung. Der Karakorum ist das am stärksten vergletscherte Gebiet außerhalb der Arktis, seine Vereisung ist etwa fünfmal so groß wie die des eigentlichen Himalaya. Doch weisen die Karakorum-Gletscher kaum Brüche auf, so daß die Zugänge zu den Bergen meist problemloser sind als am Mount Everest, um nur ein Beispiel zu nennen.

Als Entdecker des K 2 gilt Colonel Montgomerie — nach ihm wurde der Berg eine Zeitlang benannt —, der ihn 1856 von Haramukh (Kaschmir) gesehen und auch seine enorme Höhe erkannt hat.

Der Zugang zum zweithöchsten Berg der Erde wurde schon 1861 von H. H. Godwin Austen, nach dem noch heute der Gletscher auf der Südostseite des K 2 benannt ist, erkundet. Der erste Besteigungsversuch erfolgte aber erst 1902. Dabei erreichten der Schweizer Dr. Jules Jacot-Guillarmod und der Österreicher Dr. Viktor Wessely an einem Seitengrat des Nordostspornes eine Höhe von etwa 6600 m. Beachtliche Bedeutung für die K 2-Erschließung muß dem Angriff von 1909 unter Luigi Amedeo von Savoyen, Herzog der Abruzzen, zugesprochen werden. Dessen Begleiter waren der Topograph Marchese Negrotto, ein Leutnant zur See, der Arzt Dr. Filippo de Filippi, der Fotograf Vittorio Sella, dessen K 2-Bilder noch heute bewundert werden, die Bergführer Giuseppe Petigax und Alessio und Enrico Brocherel aus Courmayeur sowie vier Träger. Diese Expedition erkundete die felsige Südostrippe, jenen »Abruzzen-Sporn«, der sich später als beste Aufstiegsroute erweisen sollte. Der

Herzog selbst jedoch zweifelte an der Besteigbarkeit des Berges: »Wenn jemals ein Mensch seinen Fuß auf das kristallene Haupt des K 2 setzt, so wird das nicht einem Alpinisten beschieden sein, sondern einem Flieger.«

Zuversichtlicher war der Amerikaner Charles Houston, ein Medizinstudent. Er führte seine Leute im Juli 1938 über den Abruzzen-Sporn und kämpfte sich mit Paul Petzold, einem Ranchbesitzer aus Wyoming, bis zum Wandgürtel der Gipfelpyramide in etwa 7925 m hoch. Damit war bewiesen, daß der Abruzzen-Sporn begehbar ist.

Die Eroberung des K 2 schien so nahe gerückt, daß gleich 1939 eine neuerliche amerikanische Expedition aufbrechen sollte. Sie wurde von dem 39jährigen Fritz Wießner, einem gebürtigen Dresdener und erfolgreichen Alpinisten, geführt.

Die amerikanische Öffentlichkeit interessierte sich damals noch kaum für solche Expeditionen. So mußten die Teilnehmer alle Kosten selbst tragen, und keinem der Bergsteiger, die an der amerikanischen Himalaya-Fahrt 1938 teilgenommen hatten, war es möglich, auch im darauffolgenden Jahr Zeit und Geld für ein solches Unternehmen aufzubringen. Dementsprechend groß waren denn auch die Schwierigkeiten, die Wießner beim Zusammenstellen der Mannschaft hatte.

Am 1. Mai 1939 konnte in Srinagar, der Hauptstadt von Kaschmir im nordwestlichen Himalaya, dann doch der Marsch zum Berg beginnen. In der über 3000 m hoch gelegenen Siedlung Askole wurden 120 Träger angeworben. Und acht Tage später, als die Kolonne in den Godwin-Austen-Gletscher einbog, war der K 2 zu sehen. Wießner war überwältigt von dem Riesenberg: »Ungeheure Wände, Grate und Eishänge streben zu seiner feinen Spitze, von der eine wohl hundert Meter lange Schneefahne in den Himmel hinausweht. Er ist der ›Berg der Berge‹ im wahren Sinne des Wortes.«

Bei den Vorstößen über den Abruzzen-Sporn zeigte sich, daß die meisten Bergsteiger die Höhe nicht vertrugen. So kam es, daß in der entscheidenden Phase die Lager am Sporn nicht von Amerikanern besetzt waren. Nachdem auch der 44jährige New Yorker Dudley Wolfe Schwierigkeiten mit

der Höhe hatte, waren die Versuche von Fritz Wießner und Pasang Dawa Lama ohne ausreichende Unterstützung. Trotzdem stellten sie in 7940 m Höhe an den unteren Felsen der Gipfelpyramide ihr Sturmlager auf. Und am 19. Juli vollbrachte Fritz Wießner eine außergewöhnliche Leistung, als er sich bis auf 8382 m hochkämpfte und dabei sehr schwierigen Fels, gesichert durch Haken, kletterte. Doch am Abend dieses Tages, gegen 18.30 Uhr, wollte Pasang nicht mehr weiter: »No Sahib, tomorrow.« Auch zwei weitere Versuche brachten keinen Erfolg. Die Vorräte in den Hochlagern waren knapp geworden. Es kam zu einem dramatischen Rückzug. Dudley Wolfe sowie die Sherpas Pasang Kikuli, Pasang Kitar und Pintso wurden Opfer des großen Berges. Letztlich hatte sich gezeigt, daß auch ein hervorragender Alpinist in der Sturmspitze sein Ziel nicht erreichen kann, wenn er nicht ein gut aufeinander eingespieltes, bewährtes Bergsteigerteam hinter sich hat.

Auch die amerikanische Expedition 1953, wieder unter Dr. Charles Houston, kehrte mit leeren Händen zurück. Eine italienische Groß-Expedition unter Leitung von Professor Ardito Desio wurde vorbereitet. Mitte Dezember 1953 trifft sich die Mannschaft in Mailand. Auf medizinische und physiologische Untersuchungen folgt ein Leistungstest im Wallis. Der Kostenvoranschlag der Expedition beläuft sich auf 650 000 Mark. Im Aufgebot sind die berühmtesten italienischen Alpinisten: Erich Abram, 32, Ugo Angelino, 31, Walter Bonatti, 24, Achille Compagnoni, 40, Cirello Floreanini, 30, Pino Gallotti, 36, Lino Lacedelli, 29, Mario Puchoz, 36, Ubaldo Rey, 31, Gino Soldà, 47, Sergio Viotto, 26. Selbst der Expeditionsarzt, Guido Pagani, 36, Chirurg in Piacenza, ist ein erfolgreicher Dolomitenkletterer.

Insgesamt 400 Träger schleppen die Lasten. Auf dem sogenannten »Concordia-Platz«, etwa fünf Stunden vor dem Basislager auf dem Godwin-Austen-Gletscher, streiken die Träger. Sie werfen ihre Lasten ab und kehren unter Schreien und Beten ins Tal zurück. Später gelangen dann die Lasten doch nach und nach ins Base Camp. Die Arbeiten am Abruzzen-Sporn beginnen. Die gesamte Rippe wird mit Fixseilen gesichert. Die Lager werden vorangetrieben. Da erkrankt

Mario Puchoz, ein Landwirt und Bergführer aus Courmayeur, an Lungenentzündung und stirbt. Der K 2 hat sein sechstes Opfer gefordert! Der Kampf um den Gipfel geht weiter. Achille Compagnoni und Lino Lacedelli berichten:

Wir brachen am 30. Juli zu zweit von dem auf ungefähr 7627 m gelegenen Lager VIII auf, um das sogenannte Lager IX zu errichten — in Wirklichkeit nicht mehr als ein ganz leichtes Zeltchen. Zunächst gab es ein hartes Stück Arbeit über eine Eiswand, die uns mehrere Versuche kostete; dann folgte ein Quergang über eine Reihe sehr heimtückischer Platten. Diese Traverse war bedroht von furchterregenden Séracs, die einige Meter weit überhingen und den Anschein erweckten, als wollten sie jeden Augenblick auf uns herabstürzen.

Wir versuchten, so hoch wie möglich vorzustoßen, bis wir ein Felsband erreichten, das das obere Stück der Gipfelwand durchzieht und für uns die große Unbekannte bildete.

Das Wetter war heiter. Gegen 3 Uhr nachmittags gelangten wir auf einen Nebengrat, der uns geeignet für die Aufstellung unseres winzigen Höhenzeltes schien. Wir befanden uns auf rund 8100 m.

Es war verabredet, daß vor Abend Abram, Bonatti und einer der Hunzas eintreffen und uns die Sauerstoffbehälter für den entscheidenden Angriff bringen sollten. Die Atemgeräte hätten laut ursprünglichem Expeditionsplan vom Lager VI an benutzt werden sollen. Tatsächlich aber hatte das schlechte Wetter, das uns 40 Tage lang ununterbrochen heimsuchte, die Transportoperationen sehr in Rückstand gebracht, und folglich war auch vom Leiter der Expedition der Angriffsplan abgeändert worden. Der größte Teil der Sauerstoff-Flaschen war in den Lagern III, IV und V geblieben. Die wenigen, die wir glücklich bis auf die Schulter gebracht hatten, sollten für den äußersten Fall herhalten. Deshalb wurde von ihrem Gebrauch möglichst abgesehen. Zum Glück waren wir sehr gut akklimatisiert. Von Lager IX hatte man eine unbeschreibliche Aussicht, aber unsere Blicke suchten immer wieder die Höhe, wo dräuend die Wand über

uns hing. Hier hatte Wießner im Jahre 1939 dreimal übernachtet, in der Meinung, den Sieg bereits in der Tasche zu haben. Hier war also die Stelle für den Schlüssel, mit dem man — wenn überhaupt — den Weg zum K 2 aufsperren konnte. Und während die Sonne niederging, kamen wir aus dem Grübeln über das große Geheimnis nicht heraus.

Inzwischen bekamen wir es mit der Angst, ob unsere Kameraden auch wirklich mit dem Sauerstoff zu uns stoßen würden. Was dann, wenn sie es nicht schaffen sollten? Wir beide hatten keine einzige Sauerstoff-Flasche bei uns. »Schlimmstenfalls gehen wir ohne«, lautete unser Beschluß. Wenn uns jetzt nicht noch der Teufel in die Suppe spuckte, mußte uns der Gipfelsieg sicher sein!

Aber siehe da: gegen 16 Uhr tauchten drei schwarze Pünktchen über dem Rand des Plateaus auf. Wie wir später herausfanden, waren es Bonatti, Abram und der Hunza Mahdi, die langsam über den steilen Hang heraufstapften.

Werden sie uns vor Dunkelwerden erreichen können? Wohl kaum! Die Sonne verschwindet bereits hinter dem Kamm des K 2, und die drei sind noch weit unten. Kurz darauf kehrt Abram um und geht allein nach Lager VIII zurück, doch Bonatti und Mahdi setzen ihren Weg fort, um die Nacht bei uns zu verbringen.

Aber als sich die Schatten senken, sind Bonatti und der Hunza Mahdi noch nicht einmal beim Beginn des gefährlichen Quergangs über die vereisten Platten angelangt. Sich bei Dunkelheit auf diese infamen Platten zu wagen, wäre fast Selbstmord.

Als es zu dunkeln beginnt, vernehmen wir Rufe. Wir gehen sofort aus dem Zelt. Bonatti und Mahdi sind in der Finsternis nicht mehr zu sehen. Aber ihre Stimmen dringen deutlich zu uns. Trotzdem ist eine Verständigung nicht möglich, weil der Wind unsere Worte davonträgt. Lacedelli glaubt schließlich verstanden zu haben, Bonatti wolle allein zu uns stoßen, während Mahdi absteigen wolle. »Kehr um«, rufen wir ihm darauf zu, »kehr um! Laß die Atmungsgeräte liegen! Geh nicht weiter!« Freilich kommt es uns nicht in den Sinn, die beiden dächten daran, in dieser Höhe ohne Zelt und Schlafsack die Nacht zu verbringen. Aber da auch Bonattis Stimme

nicht mehr zu vernehmen ist, sind wir der Meinung, daß auch er sich an den Abstieg gemacht habe. Nicht auszudenken, daß er in dieser Dunkelheit den Versuch wagen sollte, zu uns heraufzusteigen. Auf den Platten gäbe es bestimmt ein Unglück.

So kriechen wir denn wieder ins Zelt zurück und nehmen den Kampf mit der Kälte auf. Und es hebt eine lange, lange Nachtwache an mit dem einzigen Gedanken an die große Bewährung des bevorstehenden Tages. Der Frost, der Hustenreiz, der unsere Kehlen ganz wund macht, und der ewige Durst, der sich nicht stillen läßt. Wir bereiten uns eine Suppe und mehrmals Kamillentee, das einzige Getränk, das uns noch erquickt. Essen? Nicht daran zu denken, keiner von uns beiden bringt etwas hinunter.

Wir legen uns auf die Seite — die einzige Möglichkeit, um zu zweit in dem winzigen Zelt Platz zu finden. Vergebens versuchen wir zu schlafen. Sobald man sich einbildet, man wäre ein bißchen warm geworden, fährt man mit einem Ruck wieder auf. Es sind die Nerven. Bleibt nichts, als miteinander zu reden. Wird morgen schönes Wetter sein? Werden wir an der Wand die Schlüsselstelle ausfindig machen? Wird auch der Sauerstoff, den wir unten holen wollen, wo Bonatti und Mahdi ihn hinterlegt haben, ausreichen? Wieviel Zeit werden uns die 500 m Höhenunterschied, die noch zu bewältigen sind, kosten? Werden wir zeitig genug am Gipfel sein, um noch vor Dunkelwerden absteigen zu können? Eine schwere, nicht endenwollende Nacht!

Kaum beginnt der Himmel im Osten hell zu werden, springen wir beide aus dem Zelt. Welche Enttäuschung! Zwar ist der Himmel über uns frei, aber unterhalb breitet sich ein zusammenhängendes Nebelmeer aus, das nichts Gutes verheißt. Während wir auf dem unter uns liegenden Schneehang die Sauerstoffgeräte ausfindig zu machen versuchen, die Bonatti und Mahdi dort hinterlassen haben müssen, gewahren wir zu unserer Verblüffung eine Gestalt, die sich mit unsicheren Schritten nach unten bewegt. Wer es wohl ist? Bonatti oder Mahdi? Auf die Entfernung läßt sich aber nichts unterscheiden. Wir rufen mit lauter Stimme. Die Gestalt bleibt stehen, dreht sich auch um, jedoch ohne Antwort zu geben. Dann

trottet sie langsam weiter über den abschüssigen Hang hinab. Dieser Anblick macht uns ganz verwirrt. Was ist geschehen? Sollten Bonatti oder Mahdi schon heute morgen vom Lager VIII aufgestiegen sein? Nein, das ist nicht möglich. In diesem Fall hätten wir ihn auf- und nicht absteigen sehen müssen. Es ist und bleibt uns ein Rätsel. Wir stellen alle möglichen Vermutungen an, ohne auf die richtige zu verfallen. Was in Wahrheit geschehen ist, erscheint uns einfach unglaubhaft: daß nämlich zwei Männer in 8000 m Höhe eine ganze Nacht hindurch ohne ein Dach über dem Kopf Frost und Sturm getrotzt haben.

Wir sind marschbereit. Außer dem Sauerstoff, den wir uns weiter unten holen wollen, haben wir das unumgänglichste Minimum bei uns: 30 m Seil, den Eispickel, die Steigeisen, ein kleines Funkgerät, einen Fotoapparat, Zucker und Karamellen, ein Päckchen Medizin, eine Taschenlampe. Nichts zu trinken. Die beiden Rucksäcke mit dem übrigen Zeug wollen wir an der Stelle hinterlegen, wo die Atmungsgeräte liegen, und sie später auf dem Rückweg mitnehmen. Historischer Genauigkeit zuliebe mag noch eine Aufzählung unserer Bekleidung folgen: zwei Paar Wollstrümpfe, Schuhe mit Gummisohlen und doppeltem Oberleder, außen mit Rentierfell besetzt. Lange Unterhosen aus Wärmewolle, ein Paar Flanellhosen, ein zweites Paar aus sehr leichtem undurchlässigem Stoff. Ein wollenes Trikot, ein Flanellhemd, ein fester Pullover, dann eine daunengefütterte Jacke und noch eine leichte undurchlässige Windbluse. An den Händen Seidenhandschuhe und darüber wollgefütterte Pelzhandschuhe. Auf dem Kopf eine Lammfellmütze und die Kapuze der Windbluse. Zwei Sonnenbrillen, davon eine als Ersatz. Dazu noch das Traggestell mit den drei Sauerstoff-Flaschen, die waagrecht übereinanderliegen, mit einem Gewicht von ungefähr 19 kg — in Höhen über 8000 m ein mörderisches Gewicht! Ein Glück, daß wir uns im Lauf der letzten Monate an das Dasein eines Himalaya-Mulis gewöhnt haben.

Das Wetter bleibt unsicher. Der Nebel, anstatt sich aufzulösen, hat steigende Tendenz.

Der Moment des Aufbruchs ist zweifellos der heikelste Moment, wo einem alle möglichen Entschuldigungen in den

Sinn kommen, die zum Aufgeben einladen. Aber der Gedanke, daß wir vielleicht heute abend wieder hier sind, mit dem K 2 in der Tasche, macht allem Zaudern ein Ende. Es ist 5 Uhr morgens.

Wir seilen uns an, legen die Steigeisen an und machen uns auf den Weg. Das Zelt lassen wir, wie es ist. Beim Abstieg zu den Sauerstoff-Flaschen umgehen wir die gefährliche Traverse über die Platten, indem wir zunächst ein Stück nach rechts oben zu der Felspartie aufsteigen und dann senkrecht durch den Schnee absteigen.

Jetzt sind wir da. Wir laden uns die Traggestelle mit je drei Sauerstoff-Flaschen auf den Rücken und sehen uns ein wenig unschlüssig um. Das Wetter scheint schlecht zu werden. Der Nebel steigt immer höher, bald wird er uns einhüllen. Hie und da eine Schneeflocke. »Was meinst du dazu?« fragt Lacedelli. »Ich denke, wir sollten es versuchen«, lautet die Antwort Compagnonis, dem Desio das Kommando für den Gipfelangriff übertragen hatte.

Also auf geht's! Es ist ungefähr 6.15 Uhr. Wir bewegen uns langsam auf die Felsbarriere zu, die die Ostwand abriegelt. Der Sauerstoff, der in die Lungen strömt, erleichtert das Atmen, doch diese 19 kg auf dem Rücken und der Druck der Maske im Gesicht sind ein wahres Kreuz. Die Bewegungen werden unbeholfen, und sobald sich das Gewicht auch nur ein wenig verlagert, ist es mit dem Gleichgewicht aus. Dazu ist der Schnee weich, und man sinkt darin bis zum Gürtel ein.

Um voranzukommen, müssen wir bei jedem Schritt den Schnee zuerst mit der Hand beiseite fegen und dann mit den Füßen festtreten. Ein Glück, daß wir einigermaßen gut auf den Beinen sind. Allein der Gedanke an den Gipfel hält uns aufrecht, und das Gelöbnis, das wir an Puchoz' Grab abgelegt haben, der Gedanke an die Kameraden, die jedes erdenkliche Opfer gebracht haben, um diesen Versuch zu ermöglichen, und die in diesem Augenblick von uns beiden erwarten, daß wir uns ihrer vielen Mühe wert erweisen. Wenn wir den Sieg heimbringen, kommt das Verdienst daran ohne Unterschied allen zu: das muß um der Gerechtigkeit willen gesagt sein.

Wir sind nun am Fuß der entscheidenden Wand. Vor uns steigt entmutigend steil das große Eiscouloir auf, das Wießner vor fünfzehn Jahren direkt angegangen ist. Aber damals war der Untergrund schneefrei und fest; heute liegt Schnee in solcher Menge darin, daß der bloße Versuch eine Verrücktheit wäre.

Wir machen also ein gutes Stück weiter links davon einen Versuch, doch auch hier werden wir abgewiesen. Zwar scheint von unten betrachtet an diesen Felsen nicht viel dran zu sein, aber sobald man die Hände anlegt, ist es ein widerliches Geschäft. Der Schnee, der sich darauf abgesetzt hat, hält nicht wie bei uns in den Alpen; er scheint von einer anderen Firma zu stammen, denn man braucht nur den Fuß darauf zu setzen, schon bröckelt er weg.

Mit diesen Versuchen gehen fast zwei Stunden hin. Schließlich nehmen wir uns die Mauer unmittelbar links neben dem Couloir vor. Compagnoni schwingt sich ein paar Meter hinauf, kann aber mit den Steigeisen keinen Halt finden und rutscht plötzlich ab und fliegt in hohem Bogen in den weichen Schnee herunter. Zum Glück hat er sich nichts gebrochen.

Daraufhin macht sich Lacedelli ans Werk. Vorsorglich legt er zuerst Steigeisen und Handschuhe ab. Es sind ungefähr 30 m steiler Fels, die zu überwinden sind. In den Dolomiten — wenn man unbedingt einen Vergleich anstellen will — käme das einer Kletterei dritten Grades gleich. Aber derartige Einstufungen haben oberhalb 8000 m keinen Sinn. Hier ist man sowieso immer an der äußersten Grenze.

Sicherlich ist dies hier technisch die schwierigste Stelle am ganzen K 2. Ohne Steigeisen kommt Lacedelli im Fels gut voran, doch hapert es wieder, sobald er auf Schnee überwechseln muß. Jetzt übernimmt Compagnoni wieder die Führung. Auch die nun folgende Strecke hat es wieder in sich. Gleich nach der Felswand setzt eine Eiswand an, die den Eindruck macht, als ob sie unbegehbar wäre. Wir wissen nicht, wie spät es ist, denn um auf die Uhr zu sehen, müßten wir allerlei komplizierte Manöver ausführen. Grob geschätzt mag es 9 oder 10 Uhr morgens sein. Der Nebel hat sich rings um uns geschlossen, so daß wir so gut wie

nichts mehr sehen. Noch etwas Unangenehmes macht sich bemerkbar: die erste Sauerstoff-Flasche ist leer geworden.

Indem wir uns in der Führung abwechseln, gelingt es uns, die Eiswand auf steilen heimtückischen Platten zu queren. Es ist eine abscheuliche Passage, die allergrößte Achtsamkeit erfordert, zumal über uns wie Fransen eines unheilvollen Baldachins riesige weiße Eiszapfen herabhängen, die unbegreiflicherweise an der Stelle haften.

In der Hoffnung, nun das Schlimmste hinter uns gebracht zu haben, sehen wir uns arg enttäuscht. Ein sehr steiler und überaus lockerer Schneehang tut sich vor uns auf. Um nur 15 m daran hinaufzukommen, braucht Compagnoni nicht weniger als eine Stunde. Da wir einsehen, daß es sinnlos ist, senkrecht nach oben zu streben, traversieren wir vorsichtig ein Stück nach links, immer in Sorge, daß der Schnee, der außerordentlich locker und nachgiebig ist und uns bis fast an die Schultern reicht, bei der geringsten Bewegung als Lawine abgleiten könnte. Mit einem Stoßseufzer der Erleichterung begrüßen wir den ersten festen Felsen unter unseren Händen. Ein stumpfer Felsturm wird zuerst umgangen und dann überklettert. Inzwischen beginnen sich die Nebelvorhänge zu lichten, und gipfelwärts werden undeutlich weiße Massen sichtbar.

Wir befinden uns jetzt unmittelbar am Rand eines riesigen Absturzes der unmittelbar zum Godwin-Austen-Gletscher abfällt. Ein Fehltritt, und im Nu wären wir im Basislager gelandet! Compagnoni schiebt die Maske vom Gesicht (anders könnte man sich unmöglich verständigen). »Mir scheint«, sagt er, »als ginge auch die zweite Flasche zu Ende . . .«

Indem wir uns rechts halten, gewinnen wir einen felsigen Kamm, über den man gegen die Mitte der Ostwand vordringen kann. Dann folgt eine Strecke lang harter Schnee, der von vielen kleinen Rillen durchzogen ist. Soweit wir uns ein Bild machen können, befinden wir uns jetzt mitten auf dem langen gewölbten Rücken, der zum Gipfel führt. Der Hang ist noch immer sehr steil, und fast scheint es, daß es noch schlimmer kommen werde. Weitere Stunden vergehen. Ein eisiger Windstoß zerteilt plötzlich den Nebel um uns. Aufwärtsblickend gewahren wir tatsächlich den großen wei-

ßen Höhenrücken, der sich gemächlich nach oben schlängelt. Man möchte fast meinen, daß der Gipfel unmittelbar dahinterläge. Sollte das möglich sein? Als sich auch unter uns die Wolkendecke auftut, blicken wir zurück: Senkrecht unter uns entdecken wir in weiter Ferne die beiden Zelte von Lager VIII. Neben den beiden roten Rechtecken bewegen sich drei winzige Punkte: unsere Kameraden. Ein Anblick, der uns neue Kraft verleiht.

Auf einmal überfällt uns beide, im Verlauf weniger Sekunden, ein schreckliches Gefühl, der Atem stockt, eine Hitzewelle ergießt sich in Kopf und Füße, die Beine zittern, wir können nicht mehr recht auf den Füßen stehen und sind einer Ohnmacht nahe. Für einen Augenblick sind wir bestürzt, dann fällt uns ein, daß auch der Sauerstoff der dritten und letzten Flasche zur Neige ist. Rasch die Masken herunter, tief Luft geholt, und allmählich kehren die Energien wieder zurück. »Na, wie fühlst du dich?« — »Danke, es könnte schlimmer sein.« Mit Verwunderung stellen wir fest, daß es auch ohne Atmungsgeräte geht. Und die Gewißheit, nahe am Gipfel zu sein und besseres Wetter zu haben, vervielfachte unsere Willenskraft.

Aber zwischendurch kam uns das Bedenken, ob wir wohl tatsächlich alle unsere Sinne beisammen hatten? Phantasierten wir nicht etwa? Bergsteiger, die sich bereits ohne Sauerstoff in Höhen über 8000 m bewegt haben, berichteten von Halluzinationen, von Wahnvorstellungen und Verirrungen. Konnte es um uns nicht auch so bestellt sein?

Aus Furcht, solche verdächtigen Symptome bei uns festzustellen, hielten wir ängstlich eine Art Verstandesprüfung ab. Wir versuchten es mit ganz elementaren Überlegungen. Z. B.: »Wo ist der Broad Peak? — Da sein Gipfel jetzt wesentlich tiefer liegt als unser Standort, bedeutete das also, daß der K 2-Gipfel nicht mehr weit sein kann.«

Gott sei Dank, unser Kopf war also in Ordnung! Es konnte weitergehen. Trotz des Fehlens von künstlichem Sauerstoff kam es nicht zu dem gefürchteten Energieverlust. Freilich war es uns beim Ansteigen oft, als wollte uns das Herz die Brust sprengen, so daß wir alle zwei, drei Schritte anhalten mußten, bis die Atemnot vorüber war. Das Traggestell mit den leeren Sauerstoff-Flaschen lastete auf uns wie ein Gewicht aus Blei.

Warum wir uns, da der Sauerstoff ohnehin zu Ende war, nicht einfach dieser viehischen Last entledigten? — Wir hatten vier Gründe dafür:

Erstens: um das Traggestell abzunehmen, hätten wir uns platt auf dem Schnee ausstrecken müssen. Das wäre an dieser Flanke mit ihrer tiefen und lockeren Auflage ein ebenso schwieriges wie gefährliches Unternehmen gewesen.

Zweitens waren wir überzeugt, daß wir ohnehin binnen kurzem den Gipfel erreichen würden.

Drittens war die Sonne schon im Begriff unterzugehen: es galt also mit jeder Minute zu geizen.

Viertens bewegte uns die Vorstellung, die umfänglichen und soliden Geräte als Beweisstücke auf dem Gipfel zu deponieren.

Mit der Gipfelnähe war es aber nichts. Der Buckel, hinter dem es unserer Meinung nach ebener werden sollte, bereitete uns eine bittere Enttäuschung. Als wir ihn erreichten, erblickten wir dahinter einen neuen sehr langen Hang.

Alle drei, vier Schritte eine Atempause, bei der wir uns mit dem ganzen Gewicht auf den Eispickel stützten. Zum Glück arbeitete der Verstand noch immer klar, das einzig Ungewöhnliche war ein heftiges Ohrensausen. Es war uns, als ließe sich in dem Sausen eine feine Stimme vernehmen, die unaufhörlich dicht neben uns wisperte: »Nur Mut! Es geht schon noch. Nur noch ein Stückchen, dann ist es geschafft! Noch ein Stückchen, dann ist es geschafft! Du wirst sehen, du kommst ans Ziel!«

Unterdessen hatte eine große Aufhellung den Berg von allen Wolken befreit. Seine Gletscher blitzten in der Sonne. Nordwind wehte, und es war furchtbar kalt. Wie mit eisigen Klingen schnitt uns der Frost ins Gesicht und drang bis unter die Kleider. Es war schwer, in dieser Höhe, dazu im Zustand unserer Erschöpfung die Temperatur richtig abzuschätzen. Die Annahme von 40 Grad unter Null dürfte sicherlich der Wirklichkeit entsprechen.

Den letzten Teil unseres Anstiegs bildete ein breiter, nicht sehr steiler Schneegrat, der sich von links nach rechts entlang zog. Auf einmal merkten wir, daß der Kamm schmäler und der Schnee fester wurde. Gott sei Dank, daß das ständige Einbrechen im Schnee ein Ende hat! Der Grat wird immer schmäler und verflacht immer mehr. Dann ist er ganz eben. Wir blicken uns um und können es fast nicht glauben: nach monatelanger Anstrengung ist plötzlich kein Höhersteigen mehr möglich, über uns ist nichts als Himmel!

»Gibt's das wirklich, daß wir auf dem Gipfel des K 2 stehen?« Vor uns, in ziemlicher Entfernung ragt eine weitere Kuppe auf. Wir wissen, daß gegen Norden ein Vorgipfel liegt, jener Nebengipfel, den man vom Basislager aus wenig unterhalb des Hauptgipfels erblickt. Um ganz sicher zu gehen, visieren wir mit gesenktem Kopf über den Horizont hinweg. Auch die letzten Bedenken verfliegen — wir sind tatsächlich höher. Wohin auch die Blicke reichen: nichts mehr überragt unsere Höhe! Es ist 6 Uhr abends.

So einfach ist plötzlich alles, auch wenn wir uns in einem Aufruhr der Gefühle befinden. Wir umarmen uns. Dann streifen wir, im Schnee liegend, die Atmungsgeräte ab und binden die beiden Fähnchen mit den italienischen und pakistanischen Landesfarben sowie einen Wimpel des Italienischen Alpenclubs, den Compagnoni aus seiner Heimat Valfurva mitgebracht hat, an einen Eispickel — trotz des teuflischen Windes, der immer wieder Miene macht, uns die Flaggen zu entreißen.

Unterdessen hat sich ringsum der Nebel völlig aufgelöst, und ein Panorama von einer unbeschreiblichen Schönheit tut sich vor uns auf. Wie ein ungeheurer Wall erheben sich um uns die Wunderriesen des Karakorum.

Der Gipfel des K 2 wirkt wie eine große Kappe aus Eis, die leicht nach Norden geneigt ist. Hundert Personen fänden bequem darauf Platz. Als wir hinab in den Abgrund des Godwin-Austen-Gletschers blicken, können wir, 3600 m tiefer, unser Basislager erkennen, dunkelrote Pünktchen, geometrisch aufgereiht. Über den Ostrand des Gipfels dagegen können wir die beiden kleinen Zelte von Lager VIII wahrnehmen. Mein Gott, wie weit wir davon weg sind! Dort hinunter geht jetzt unsere Hoffnung auf Geborgenheit.

Zum Filmen und Fotografieren müssen wir die Pelzhandschuhe ausziehen. Das ist eine wahre Qual. Die Hände, dem Wind ausgesetzt, erstarren im Nu, und die Finger färben sich blau. Namentlich bei Compagnoni stellen sich sofort Erfrierungssymptome an der linken Hand ein. Um den Blutkreislauf zu aktivieren, klopft er die Finger gegen den Eispickel, das klingt, als ob Holz gegen Holz geschlagen würde. Er empfindet dabei nicht den geringsten Schmerz.

Zu allem Unglück fegt auch noch ein Windstoß einen Handschuh Compagnonis fort und trägt ihn in großen Schleifen in den Abgrund hinunter. Das besorgniserregende Aussehen von Compagnonis Fingern veranlaßt Lacedelli, ihm sofort einen von seinen eigenen Handschuhen abzutreten.

Mittels des Eispickels und der Fähnchen bilden wir eine Art Triumphbogen, unter dem wir uns händeschüttelnd unter Verwendung eines Selbstauslösers knipsen. (Dieser Film und der dazugehörige Apparat ist später in Lager VIII vergessen worden; dort mag ihn sich holen, wer Lust dazu hat.)

Zwischendurch kommt uns auch ins Bewußtsein, wieviel Schönes wir eigentlich erlebt haben. Und in unserer Vorstellung ziehen noch einmal blitzhaft alle Phasen des Unternehmens vorüber: von dem weit zurückliegenden Tag an, als Desio uns zur ersten Besprechung nach Mailand berief, bis zur Ausreise nach Indien, zum Anmarsch, der Wartezeit im Basislager, den ersten Angriffen auf den Abruzzensporn und dem Tod unseres tapferen Freundes Puchoz. Hierbei werden unsere Gedanken auf den Abgrund gelenkt, der uns erwartet, und wir rüsten zum Rückmarsch.

Eine halbe Stunde später setzten wir uns in Bewegung. Wir haben nichts gegessen und keinen Tropfen getrunken. Nur eine Tablette »Simpamina« nehmen wir zu uns (das einzige Mal, daß wir zu einem Anregungsmittel greifen). Um die zu Eis erstarrten Handschuhe anziehen zu können, müssen wir sie bis zum Handgelenk aufschlitzen. Noch ein Blick zum Gipfel zurück, der feierlichen Stätte unseres größten Lebensabenteuers, dann geht's geradewegs in Richtung des stärksten Gefälles hinunter, unbekümmert um unsere Anstiegsroute.

Mit der untergehenden Sonne versinken die Täler in tiefe Schatten. Werden wir weiter vorankommen, wenn völlige Dunkelheit eintritt? Auch im Abstieg geht es nur langsam vorwärts, unsere Müdigkeit steigt von Minute zu Minute; und immer wieder müssen wir anhalten, um uns gegenseitig die Finger zu massieren.

Bald ist es ganz dunkel. Auch das letzte Leuchten ist auf den Gipfeln erloschen. Die Abstürze sind buchstäblich schwarz, nur das matte Licht der Sterne, das der Schnee magisch zurückstrahlt, weist uns den Weg, unterstützt vom schwachen Schein unserer kleinen elektrischen Taschenlampe.

Auf der Höhe der Querung unterhalb der Eiswand rutscht Compagnoni auf einer jener trügerischen Platten aus, kann sich aber ein Stück weiter unten im tiefen Schnee auffangen. Jetzt erkennen wir auch den Einstieg in das steile Couloir, das gegen das Lager VIII abfällt.

Wir setzen alles auf eine Karte und folgen dem direkten Wege in die Tiefe. Vermutlich befinden wir uns hier auf dem steilsten Stück des gesamtes Aufstiegs.

Die Sorge, die Finsternis, die grenzenlose Müdigkeit und der marternde Durst im Verein mit dem namenlosen Gipfelglück haben uns in einen Zustand von Wirklichkeitsferne versetzt: auf einmal merken wir, daß wir die Stelle erreicht haben, wo wir am Morgen den Sauerstoff gefunden und die Rucksäcke hinterlegt haben. Tatsächlich, da sind sie! Wir rasten ein paar Minuten, Compagnoni zieht ein unvermutetes Fläschchen Cognac aus seinem Rucksack, und wir prosten einander zu. Aber der Alkohol, wenn es auch nur wenige Tropfen sind, steigt uns sofort in den Kopf. So kurz die Rast auch war, gestärkt machen wir uns wieder auf den Weg über das Plateau.

Wir wissen, daß wir nicht mehr weit von einer großen Spalte entfernt sein können, deshalb halten wir die Augen offen, um sie rechtzeitig zu erkennen. Unsere Taschenlampe ist schon vor einer Weile ausgegangen, und das Sternenlicht ist sehr schwach.

Wie werden wir über die Spalte hinwegkommen? Kaum habe ich mich dies gefragt, und noch ehe wir uns sichern konnten, liegen wir auch schon beide drin. Besser gesagt, im Sturz fliegen wir darüber hinweg und landen auf der unteren Spaltenlippe. Lacedellis Eispickel hat sich beim Sturz selbständig gemacht. Lange noch hören wir ihn durch die Tiefen des Spaltenschlundes klimpern und klirren. Fast mechanisch setzten wir den Abstieg fort, ohne zu wissen, ob wir nach rechts oder links gehen, rein dem Instinkt nach. Jetzt kann es nicht mehr sehr weit zum Lager VIII sein, dieser Gedanke belebt unsere Hoffnung.

Ohne genau sagen zu können, wie wir dahin gelangt sind, bemerken wir plötzlich, daß wir genau am oberen Rand jener Eiswand, die sich über Lager VIII erhebt, angekommen sind. Das will etwas bedeuten, unter solchen Umständen den rechten Weg zu finden!

Aber hier, sozusagen nur wenige Schritte von den warmen Zelten entfernt, die für uns das Leben bedeuten, stößt uns das gefährlichste Abenteuer des ganzen Tages zu.

Nicht als ob wir es darauf angelegt hätten — in der Dunkelheit konnten wir das unmöglich bemerken —, haben wir ausgerechnet die höchste Stelle der Wand erwischt. Doch nicht nur das! Unter uns bildet das Eis einen ausgesprochenen Überhang, der sich wie ein Baldachin über eine mächtige Spalte wölbt. Compagnoni, der sich, von seinem Kameraden gesichert, äußerst behutsam am Seil herabläßt, spürt auf einmal, wie die Füße den Halt verlieren.

»Obacht, dort unten geht's ins Leere! Festhalten!« schreit er. Lacedelli, 15 m höher, spürt, wie die Spannung des Seils plötzlich zunimmt. Er will es halten, aber mit den froststeifen Händen gelingt es ihm nicht, das Seil zu straffen.

Sich selbst überlassen stürzt Compagnoni senkrecht ins Leere, überschlägt sich zweimal. Mindestens 15 m fliegt er durch die Luft. Ein Aufschlag, ein furchtbarer Stoß. Compagnoni starrt nach oben, erblickt den schwarzen Saum der Eiswand direkt über seinem Kopf und denkt: jeden Moment muß Lacedelli hinterher kommen, und ich kann nicht mehr rechtzeitig beiseite rücken, er wird auf mich fallen und mich mit seinen Steigeisen erschlagen!

Bruchteile von Sekunden, die in der Angst Stunden gleichen. Aber Lacedelli stürzt nicht. Wie durch ein Wunder ist es ihm geglückt, sich mit seinen Steigeisen einzukrallen und so dem Sturz von 15 m über den Rand des Abbruchs zu entgehen.

Zuerst meint Compagnoni, er hätte sich alles gebrochen. Vorsichtig versucht er, zuerst das eine Bein zu bewegen, dann das andere; dann tastet er seine Arme ab, Gottlob, nichts gebrochen! Er steht auf, wirft einen Blick auf die furchterregende Spalte, die er um ein beträchtliches überflogen hat. Er geht einige Schritte zurück, um Lacedelli auszumachen und ihm einen besseren Weg zu weisen, der weniger steil, als gerade diese Stelle ist. »Quere ein bißchen nach rechts, wenn du kannst. Rechts ist die Wand weniger abschüssig.« Lacedelli folgt dem Rat und wendet sich auf dem blanken Eis um einige Meter nach rechts, plötzlich stürzt auch er. Auch er fliegt in hohem Bogen durch die Luft, obwohl die Wand an dieser Stelle nicht besonders überhängt. Auch er landet jenseits der Spalte — unverletzt.

Was weiter? Nun sind nur noch wenige Stellen zu passieren, von denen keine schwierig oder besorgniserregend ist. Hier befinden wir uns wieder auf dem mäßig geneigten und glatten Kamm der »Schulter«, auf dem die beiden Zelte des Lagers bald in Sicht kommen müssen. In der Hoffnung, uns unseren Freunden bemerkbar zu machen, rufen wir immer wieder in die Nacht hinaus, aber nur das Pfeifen des Windes antwortet uns. Endlich kommt das Lager in Sicht: aus einem der Zelte dringt ein Lichtschein.

Schatten huschen auf uns zu, Begrüßungsrufe erschallen, vertraute Stimmen, und bald darauf sinken wir in die Arme unserer Kameraden: Abram, Bonatti, Gallotti; sie führen wahre Freudentänze auf. Auch die beiden Hunzas Mahdi und Isakhan scheinen überaus befriedigt.

»Ja, ja — nein, nein«, das ist zunächst das einzige, was wir hervorbringen können. Unsere Kehlen sind wie zugeschnürt, diesmal nicht vom Hustenreiz der trockenen Luft, sondern von einem Glücksgefühl, das uns dem Weinen nahebringt.

Die Kameraden helfen uns die Rucksäcke von den Schultern zu nehmen, sie bereiten uns Tee, und während wir alle fünf in dem einen Zelt beieinanderhocken, beginnen sich allmählich unsere Zungen zu lösen.

Wir reden und reden, als sollte es mit dem Erzählen nie ein Ende haben. Schade, daß wir nicht Desio drunten im Basislager die Glücksbotschaft durchgeben können.

Kangchenjunga   8598 m

Er galt einmal als höchster Gipfel

Der Kangchenjunga, rund 100 km nördlich von Darjeeling im Sikkim-Himalaya, wurde bis zur Entdeckung des Mount Everest 1852 für den höchsten Berg des Himalaya und damit auch der Erde gehalten. Nach neuesten Messungen der Survey of India ist sein Gipfel 8598 m hoch und somit der dritthöchste der Welt.

G. O. Dyhrenfurth sah im »Kantsch« einen »der stolzesten Weltberge«. Tatsächlich hat das Massiv eine Ausdehnung von 12,5 km Länge und 7 km Breite. Die Grate, die vom Gipfel fast kreuzförmig ausgehen, tragen einige über 8000 m hohe Nebengipfel, die aber nicht als selbständige Achttausender gelten.

Die erste für Bergsteiger bedeutungsvolle Nachricht stammt von dem Engländer Douglas William Freshfield, der 1899 im Alter von 54 Jahren den Kangchenjunga umwanderte: »Die steile Westflanke über dem Yalung-Gletscher ist vielleicht zu bewältigen.«

Im Jahre 1905 wurde dann die sogenannte »Yalung-Seite« versucht. Dabei kamen fünf Menschen ums Leben. 1929 stieg der junge Amerikaner E. F. Farmer alleine vom Yalung-Gletscher in die Südwestflanke ein — und kehrte nicht wieder. Seitdem war diese Seite des Berges für die folgenden Expeditionen tabu.

Im Jahre 1929 griff auch der Münchner Notar Paul Bauer den »Kantsch« an, und zwar von der Ostseite, vom Zemu-Gletscher. Bei diesem Versuch erreichten zwei seiner fähigsten Leute, Eugen Allwein und Karl von Kraus, die beachtliche Höhe von 7200 m, wobei enorme Schwierigkeiten zu bewältigen waren.

Ein Jahr später, 1930, rückte Dyhrenfurth dem Kangchenjunga von Norden auf den Leib. Der Angriff erfolgte in der Nordwestseite. Man gelangte auf dem Nordwestsporn bis in 6400 m. Eine Eislawine, die dem Sherpa Chettan das Leben kostete, zwang schließlich die »Internationale Himalaya-Expedition« zum Rückzug.

Aber auch der erneute Angriff Bauers im Jahre 1931 brachte nicht den erhofften Erfolg. Diesmal bestand seine Mannschaft aus elf Bergsteigern, wovon sechs bereits am ersten Versuch teilgenommen hatten. Im Laufe der Angriffe erkrankten ein Träger und der Sirdar Lobsang und starben. Ernst Beigel erlitt schwere Erfrierungen, Paul Bauer zog sich einen Herzschaden zu. Die Schnee- und Wetterverhältnisse waren ungünstiger als 1929. Die Bergsteiger kämpften bis zum Umfallen, im wahrsten Sinn des Wortes. Das britische »Alpine Journal« nannte den zweiten deutschen Angriff am Kangchenjunga damals »eine Tat, die in sämtlichen Annalen des Bergsteigens vielleicht einzig dasteht«. Die erreichte Höhe von 7700 Meter am Ostgrat wurde leider von dem tödlichen Absturz des Münchners Hermann Schaller mit dem Träger Pasang überschattet.

Bei den Versuchen bis zu Beginn des Weltkrieges sind am »Kantsch« acht Männer geblieben. Erst nach der Bezwingung des Mount Everest (1953) wagte man sich erneut an den Bergriesen in Sikkim. John Hunt vertrat die Meinung, daß seine Besteigung noch größere bergsteigerische Probleme und objektive Gefahren berge als der Everest. Als Aufstiegsroute war nun wieder, nach Erkundungen, die Südwestflanke im Gespräch.

Darauf konzentrieren sich die Bestrebungen einer britischen Expedition unter Leitung von Dr. Charles Evans. Seine Begleiter sind George Band, 26, Joe Brown, 24, der Arzt Dr. John Clegg, 29, Norman Hardie, 30, John Jackson, 34, der Schotte Tom McKinnon, 42, Neil Mather, 28, Tony Streather, 29. Sirdar ist der 45jährige Dawa Tenzing, dem die Schweizer den Titel »König der Sherpas« gegeben haben. Mitte März 1955 bricht die Expedition in Darjeeling auf. Jeder der 319 Träger wird mit 60 Pfund an Lasten beladen. Die 160 km bis zur Zunge des Yalung-Gletschers werden lang. Am Berg beweist die Mannschaft ihre Schlagkraft, die vor allem durch das ausgeglichene Können der einzelnen bedingt ist. Nach Vorstößen in der Südwestflanke und nach dem Errichten von Lager V in 7711 m durch Charles Evans und Norman Hardie ist die ganze Mannschaft am 14. Mai 1955 im Hauptlager versammelt. George Band berichtet:

Die Spannung, mit der man im Lager Charles' Ankunft erwartete, war deutlich spürbar. Wie wir wußten, würde er einem jeden von uns eine für die Besteigung entscheidende Aufgabe zuteilen. Da wir alle in bester Verfassung waren, muß jeder insgeheim gehofft haben, der Gipfelmannschaft zugeteilt zu werden, doch war man auch bereit, jede andere Aufgabe zu übernehmen, mochte sie auch noch so uninteressant sein. Charles erschien, als wir gerade zu Mittag aßen. Mit einem Becher Tee in der Hand machte er uns ohne Umschweife mit seinem Plan vertraut. Tom McKinnon und John Jackson sollten die lebensnotwendigen Vorräte mit Sherpa-Teams zum Lager V hochschaffen; einen Tag später würde das erste Gipfelteam, Joe Brown und ich, unterstützt von Charles, Neil Mather, Dawa Tensing, Ang Temba und Tashi, nachfolgen und von Lager zu Lager aufsteigen. Die Aufgabe unserer Begleiter sollte darin bestehen, das letzte (sechste) Lager möglichst hoch, am oberen Ende der »Gangway«, errichten zu helfen. Um die Erfolgschancen zu verdoppeln, sollten Norman Hardie und Tony Streather — unterstützt von Urkien und Illa Tensing — das zweite Gipfelteam bilden und uns im Abstand von einem Tag folgen. Die Sahibs sollten vom Lager III an beim Klettern und um nachts schlafen zu können, Sauerstoff benutzen; die Sherpas würden für den letzten Transport vom Lager V an Sauerstoff bekommen.

Da Jackson und McKinnon am nächsten Morgen, 15. Mai, aufbrechen sollten, aßen wir noch einmal ausgezeichnet zu Abend — vielleicht die letzte gemeinsame Mahlzeit. Es gab Tomatensuppe, gebratenes Steak mit Röstkartoffeln und Erbsen, danach Ananas in Vanillesauce und zum Schluß Ovomaltine. Dann brachen wir die zweite und letzte Flasche Rum an, und wir brauten uns »Mummery's Blood« (ein Gemisch aus Rum und schwarzem Sirup) und heißen Zitronenpunsch. Als Tom dann die leere Flasche schwang, ähnelte er mit seinem wirren, roten Bart, der breitgerippten Strickjacke und der scharlachroten Nachtmütze einem gutmütigen Piraten aus »Peter Pan«. In dieser Nacht schlief ich gar nicht gut.

Die Schwierigkeiten begannen mit der Versorgung von Lager V. Wenn wir Sauerstoff benutzten und die Schutzbrille oben herum nicht genügend anlag, begannen die Gläser stark zu beschlagen. Um zumindest etwas sehen zu können, schob man die Brille lieber vorübergehend hoch, als sich damit aufzuhalten, sie blank zu putzen. Während des Aufstiegs zum Lager IV praktizierte Jackson dieses Verfahren etwas zu oft, wurde schneeblind und verbrachte eine schlaflose, qualvolle Nacht. »Es war, als hätte man mir pulverisiertes Glas unter die Lider gestreut«, sagte er. Am Morgen konnte er kaum sehen, und obgleich er immer noch große Schmerzen hatte, bestand er darauf mitzukommen; so wurde er zwischen zwei Sherpas ans Seil genommen, und nun spornte er die beiden an, obwohl er nicht sehen konnte, wohin sie gingen. Es lag tiefer Lockerschnee, und sie brauchten den ganzen Tag, um das Große Band zu bewältigen. McKinnon und fünf Sherpas erreichten Lager V und schlugen ein Zelt auf. Doch die vier anderen, die zurückgeblieben und fast völlig erschöpft waren, mußten ihre Lasten — immerhin jeweils achtzehn bis zwanzig Kilogramm — am Steilhang unterhalb des Lagers zurücklassen, um nicht Gefahr zu laufen, von der Nacht überrascht zu werden. Einer hatte seine Last früh am Tag in eine Spalte fallen lassen, und allein und voller Scham hatte er versucht, sie hochzuholen. Weit abgeschlagen, hatte er sich dann in der Spur der anderen vorangekämpft, bis die absteigenden Träger auf ihn stießen und ihn zwangen, ohne Last mit nach unten zu kommen.

Wir trafen sie alle im Lager IV, wo wir angelangt waren und die Nacht verbringen wollten. Unter unseren aufmunternden Zurufen machten sie sich an den Abstieg zum Lager III. Bei uns blieben Jackson, der wegen seiner Augen nicht weiter absteigen konnte, und McKinnon, der, den erschöpften Pemi Dorje vor sich hertreibend, zu spät im Lager eintraf. Erfreut über den erfolgreichen Transport und in der Annahme, daß sie morgen zum Lager III absteigen würden, machten wir ihnen gern Platz; wir selbst wollten weiter zum Lager V, und Hardie und Streather würden nach Lager IV aufsteigen.

An diesem Abend mischten sich unheilschwangere Töne in den bislang eintönigen Wetterbericht. Der Wind, so hieß es, würde zwar weiterhin mit siebzig bis neunzig Stundenkilometern wehen, doch würde er von Nordwest auf Südwest

drehen. Man warnte uns, daß in drei Tagen der Monsun einsetzen könne. Wenn es so kam, waren wir erledigt.

Wenn wir nachts aufwachten — und wir wachten oft auf —, hörten wir den unaufhörlichen Wind über unseren öden Zeltplatz heulen, hörten wir, wie der Schnee gegen die Zeltwände prasselte. Hätten wir hinausgesehen, so hätten wir festgestellt, daß das kein bloßes Schneegestöber, sondern ein heftiger Schneesturm war. Dieses Toben dauerte sechzig Stunden. Die Sicht war fast gleich Null, und der Neuschnee häufte sich an der Luvseite der Zelte. An einen weiteren Aufstieg war nicht zu denken. Tatenlos mußten wir herumsitzen und warten, während uns die kostbare Zeit wie Sand durch die Finger rann und unsere Chancen immer geringer wurden. »Schon wieder so ein verdammtes weißes Weihnachten«, sagte Joe, als er am zweiten Tag den Kopf nach draußen steckte. Am selben Nachmittag flaute der Wind zumindest so weit ab, daß McKinnon, Jackson und Pemi Dorje den Abstieg zum Lager III wagen konnten. Joe und ich begleiteten sie über das erste und steilste Stück. Tiefer Neuschnee füllte alle Mulden aus, und häufig gingen kleine Lawinen nieder. Der Wind und die Kälte erschwerten jedes Vorankommen. Wir waren erleichtert, als wir über Rundfunk erfuhren, daß sie sicher unten angelangt waren.

Am frühen Morgen des dritten Tages — es war der 22. Mai — sah Tashi, mein persönlicher Sherpa, hinaus und rief aufgeregt: »Sahib, das Wetter ist klar. Ich kann von Darjeeling bis hinüber zum Everest sehen!« Zwar hatte der heftige Wind nicht nachgelassen, doch hatte er etwas gedreht. Wir machten uns zum Aufbruch fertig. Um zehn Uhr hatten wir unsere Stiefel angezogen, zwei Becher Tee getrunken und unsere Schlafsäcke zusammengerollt. Wir waren bereit — fast bereit. Die nächste halbe Stunde brachten wir damit zu, den tiefen Schnee des Lagers nach unseren Seilen zu durchwühlen, wobei wir unsere Dummheit verwünschten, die uns verleitet hatte, sie draußen zu lassen. Endlich setzten wir uns in Richtung Lager V in Bewegung: Charles und Joe stiegen voran, dann kamen Neil und ich, jeder mit seinem Sherpa. Wir nahmen an, daß der Aufstieg vier Stunden dauern würde, hatten jedoch weder den zeitraubenden Kampf mit den

frischen Schneeverwehungen noch die plötzlichen Windböen, die uns ins Gesicht peitschten, einkalkuliert. Um der kommenden Strapazen willen wollte ich mit meinen Kräften haushalten, und so führte Neil die meiste Zeit über. Er sank wadentief ein, da der Wind die Spur des ersten Teams, das uns nur um einige Minuten voraus war, schon wieder zugeweht hatte. Mitte Nachmittag erreichten sie den Steilhang unterhalb des Nachschubdepots. Plötzlich sahen sie, daß sie mühsam in den Überresten einer frischen Schneelawine voranstapften. Vor ihnen ragte etwas aus dem Schnee, das wie ein Primuskocher aussah. Sie waren zu erschöpft, um das ganze Ausmaß der Katastrophe zu erfassen. Zwischen ihnen und Lager V, dort, wo sich einmal das Depot befunden hatte, war nur mehr blankes Eis, und da und dort ragte eine Proviantkiste, ein Zelt, eine Sauerstoffflasche aus dem Schnee. Wir mußten auflesen, was noch aufzulesen war, und das Aufgelesene unseren Lasten zupacken; dann schleppten wir uns keuchend die letzten paar Meter zum Lagerplatz. Das waren die längsten Meter der ganzen Expedition. Die Sonne war bereits untergegangen, und es herrschte eisige Kälte. Die Gesichter meiner Freunde waren blau und halb erfroren, und Eiszapfen hingen ihnen von den Nasen und Bärten herab. Als Charles uns kommen sah, fragte er sich, ob nicht auch er wie ein Toter aussah. Jede Bewegung entrang uns ein heftiges Keuchen, und während wir nach unserer begrabenen Habe suchten und uns mit dem Aufstellen der Zelte abmühten, peitschte uns der Wind ins Gesicht und der Lawinenschnee vereitelte zunächst jede Bemühung, auch nur das Lebensnotwendigste zu finden. Das war das Stadium, in dem der Mut unserer kleinen Schar auf den Tiefstpunkt sank. Sogar meine Luftmatratze nutzte diese Gelegenheit, um ihren Geist aufzugeben: Sie bekam ein Loch. Endlich krochen wir voller Erleichterung in die Zelte. Es gab kein Abendessen, doch gelang es den Sherpas irgendwie, einen Kocher in Betrieb zu setzen und uns mit heißem Tee zu versorgen. Wir ließen unsere Schlafsäcke warm werden, drehten den Sauerstoff an und schliefen auf der Stelle ein.

Wir waren am nächsten Morgen zu müde, um in aller Frühe aufzubrechen; das aber wäre notwendig gewesen, um Lager

VI, wie geplant, so hoch wie möglich zu errichten. Wir legten einen Ruhetag ein, um uns von dem Schrecken zu erholen. Und wir hatten Glück, denn der Nachmittag war ruhig und sonnig, und zum ersten Mal begannen wir an diesem Lager V Gefallen zu finden. Vor uns lag das schneeweiße Gipfelplateau des Kabru, im Westen, auf gleicher Höhe mit uns, die gewundene Spitze des Jannu, und um uns herum bis weit über die Ebenen Indiens wogte ein endloses Wolkenmeer.

Die Sherpas fingen bereits um vier Uhr dreißig an, Schnee zu schmelzen, doch es wurde fast neun Uhr, bis wir schließlich aufbrachen — bei schneidender Kälte, da die Sonne die Zelte noch nicht erreicht hatte. Langsam, doch so erregt, daß wir unsere Abgekämpftheit völlig vergaßen, arbeiteten wir uns zum Fuß der »Gangway« empor, die steil nach zwei Richtungen strebte: Nach oben zum Westjoch und linker Hand nach unten zu einer Schneemulde unterhalb der »Sickle«, jener halbmondförmigen Felsformation, die bereits von Darjeeling aus ins Auge sticht. Die Schneequalität auf der »Gangway« hatte uns immer schon beschäftigt. Wir hatten Glück: Der Schnee war gut und fest. Drei Schläge mit dem Eispickel gaben eine Stufe. Stufe um Stufe meißelten wir uns voran. Charles, Neil Mather und Dawa Tensing lösten sich am ersten Seil in der Führung ab, so daß Joe und ich unsere Energien aufsparen konnten. Da wir bis zu siebzehn Kilogramm schwere Lasten trugen, benutzten wir jetzt alle, Sahibs wie Träger, Sauerstoff.

Jede Stunde legten wir eine Pause ein. Nach vier Stunden begann ich nervös nach einem Lagerplatz Ausschau zu halten. Der Sauerstoff wurde knapper und knapper, doch wollten wir so viele Höhenmeter wie möglich machen. Um vierzehn Uhr erreichten wir einige brüchige Felsen, wo wir wie auf Kommando unsere Lasten absetzten. 8200 Höhenmeter. Doch kein Zeltplatz in Sicht. Uns blieb nichts anderes übrig, als mit den Eispickeln eine Leiste aus dem 45 Grad steilen Schneehang herauszuhauen. Als deutlich wurde, daß wir der Anstrengung nicht mehr lange gewachsen sein würden, entdeckte ich, das Tashis Sauerstoffgerät noch immer arbeitete. Tatsächlich war noch eine ganze Menge Sauerstoff in der Flasche. Tashi mußte, ohne es bemerkt zu haben, eine Stunde lang mit geschlossenem Ventil gestiegen sein! Ich schnallte mir sein Gerät um, drehte das Ventil voll auf und erlebte einen letzten Aufschwung meiner Kräfte. Trotzdem: die Leiste war zu schmal. Wir waren am Berg auf Fels gestoßen, so daß das Zelt nun über den Leistenrand schlappte. Die anderen schüttelten uns ein letztes Mal aufmunternd die Hände und wünschten uns viel Glück, ehe sie uns mit der peinsamen Frage, wer an der abschüssigen Stelle schlafen sollte, allein ließen. Wir zogen Streichhölzer, und ich verlor! Während ich das Sauerstoffgerät für die Nachtatmung einstellte, zündete Joe den Primuskocher an und begann Schnee zu Trinkwasser zu schmelzen. Auf keinen Fall wollten wir unter Wasserentzug leiden. Wir machten Brauselimonade und für jeden einen Becher Tee mit viel Zucker. Zum Abendessen gab es Spargelsuppe aus dem Päckchen, eine Dose Lammzunge und Kartoffelbrei, und als Schlaftrunk erhielt jeder heiße Schokolade. Ich glaube, nicht vielen Gipfelteams ist ein solches Festmahl vergönnt gewesen. Dann krochen wir in voller Montur in unsere Schlafsäcke — nicht einmal die Stiefel zogen wir aus. Wir hatten keine Lust, es Hillary nachzumachen, der sich am Everest wahre Eisklumpen geholt hatte. Fest entschlossen behielt ich während des ganzen Gipfelsturms, also für drei Tage und Nächte, die Stiefel an.

Wir teilten uns eine gelbe 1600-Liter-Flasche mit Sauerstoff, die nicht mehr ganz voll war und bei einem Verbrauch von einem Liter pro Minute neun Stunden reichen würde. Ich schlief nicht ganz so gut damit wie gewöhnlich. Vielleicht war es die Aufregung. Als wir so nebeneinander lagen, stürzten immer wieder Schneebrocken den Hang herab aufs Zelt. Manchmal dachte ich, es habe zu schneien begonnen, dann wieder versuchte ich mir vorzustellen, was passieren würde, wenn ein wirklich großer Schnee- oder Felsbrocken das Zelt traf. Vorsichtshalber waren wir angeseilt geblieben und hatten uns durch das Mittelstück des Seils an einem Felsen in der Nähe des Zeltes gesichert. Ich sandte ein Gebet um schönes Wetter zum Himmel. Wenn wir das nicht hatten, waren unsere Chancen gleich Null. Die anderen hatten ihr Äußerstes getan, um uns so hoch wie möglich zu bringen, und wir durften sie nicht enttäuschen. Eine enorme Verantwortung lastete auf unseren Schultern. Ich verwünschte mich selbst, weil ich an diesem Morgen einen Augenblick zu lange mit bloßen Händen hantiert und mir dadurch leichte Erfrierungen und Blasen an den Fingerspitzen zugezogen hatte. Ich konnte nur hoffen, dadurch am nächsten Tag nicht behindert zu werden.

Der Gott vom Kangchenjunga war uns freundlich gesinnt, denn am 25. Mai dämmerte ein schöner Morgen herauf. Als der Sauerstoff um 5 Uhr früh ausging, wachten wir automatisch auf. Als Frühstück einverleibten wir uns einige Becher Tee und ein, zwei Biskuits, und um 8 Uhr 15 ging es die »Gangway« hinauf, wobei wir uns zunächst links hielten, um in die Sonne zu kommen. Am oberen Ende der »Gangway« wollten wir bei einer Reihe von Schneeflecken nach rechts abbiegen und durch die Wand klettern, weil wir durchs Fernglas gesehen hatten, daß der Westgrat selbst stark zerklüftet und heikel war.

Leider wußten wir nicht, in welcher Höhe der »Gangway« wir uns bereits befanden, und so kam es, daß wir am falschen Schneefleck etwas zu früh abbogen. Als wir unseren Fehler bemerkten und umgekehrt waren, hatten wir eineinhalb Stunden kostbarster Zeit verloren. Um diese Zeit wieder hereinzuholen, stiegen wir nun so rasch wie möglich die »Gangway« hinauf. Neben den Schneestellen bestand die »Gangway« großenteils aus Kletterfels; deshalb hatten wir unsere Segeltuchüberschuhe erst gar nicht mitgenommen und schnallten, da wir die ersten Felsen erreicht hatten, die Steigeisen ab.

Wir strebten einem kleinen Nebenschneegrat entgegen, auf dem wir die schlimmsten Schwierigkeiten des Hauptgrats zu umgehen hofften. Der Anstieg zu diesem Schneegrat war steil, und so mußten wir uns auf zirka 90 m Stufe um Stufe emporarbeiten. Es gab eine äußerst heikle Stelle, an der wir uns um eine Ecke herumhangeln mußten. In normalen Höhen hätte man sie vermutlich als »schwierig« eingestuft, und da ich einen schlechten Standplatz hatte, sicherte Joe die Stelle mit einem Haken. Gleich über uns befand sich ein beeindruckender Eishang, zum Teil mit Sechzig-Grad-Steigun-

gen, an denen wir Doppelstufen schlagen mußten. Auf halber Strecke entdeckten wir einen bizarren Felsenhorst, der oberhalb des Bandes und Hunderte von Metern über dem Gletscher frei in der Luft zu schweben schien.

Jeder Schritt kostete Zeit, und so drosselten wir den Sauerstoffverbrauch auf ein Minimum von zwei Liter pro Minute, ein Quantum, das wir nur dann erhöhten, wenn wir mit Schwierigkeiten zu kämpfen hatten. Diese geringe Menge schien für einen Menschen meiner Größe und meines Gewichts kaum auszureichen, und vielleicht war es darauf zurückzuführen, daß Joe jetzt wesentlich besser kletterte als ich. Ich hatte zuerst geführt, dann hatten wir uns eine Zeitlang in der Führung abgewechselt, und nun ging Joe vorne. Als er sich erbot, weiter zu führen, nahm ich dankbar an.

Wir gelangten auf den Kamm des Schneegrats, und endlich sahen wir die Gipfelpyramide, die uns um zirka 120 m überragte. Da wir es so eilig gehabt hatten und fünf Stunden lang ohne Pause gestiegen waren, ließen wir uns nun, nachdem wir den Schneegrat geschafft und den Westgrat erreicht hatten, in eine kleine Mulde fallen, die hinter und über der Felszackengruppe lag. Meine Kehle war wie ausgedorrt. Wir nahmen unsere Sauerstoffmasken ab und einverleibten uns einen raschen Imbiß, bestehend aus Limonade, Rahmbonbons und Pfefferminzplätzchen.

Eine starke Brise wehte die Nordwestflanke herauf und blies Schneegestöber über unsere Köpfe hinweg. Ich warf einen Blick zum Nordgrat hinüber, dann photographierte ich die Route, die vor uns lag. Der Grat bot zu Beginn keine Schwierigkeiten, und wenn wir rechter Hand etwas weiter unten stiegen, waren wir vor dem Wind geschützt. Doch am Ende ragte eine steile, glatte Felsnase in die Luft. Wir hatten keine Ahnung, was uns dort erwartete. Es war 14 Uhr. Wir hatten nur mehr für einige Stunden Sauerstoff.

»Um drei müssen wir umkehren, Joe«, meinte ich, »sonst müssen wir die Nacht im Freien verbringen.«

»Dann müssen wir den Gipfel eben vorher erreichen«, erklärte er.

Wir stiegen weiter. Die West- und die Südspitze des Kangchenjunga lagen jetzt unter uns. Wir passierten die Felsnase an ihrem Fuß, bogen um eine Ecke und kletterten eine kleine Rinne empor. Die Wand über uns wurde von mehreren, zirka sechs Meter langen vertikalen Rissen durchzogen und endigte als leichter Überhang. Joe wollte sofort einen dieser Risse versuchen. Später meinte er: »In gewöhnlichen Höhen hätte ich diese Strecke ohne weiteres geschafft, aber in diesen Höhen hat man keine Ahnung, wie lang die eigenen Kräfte reichen, wenn man, und sei es auch noch so kurz, lediglich an beiden Händen hängt. Du kannst völlig erschöpft einfach abstürzen.« Er drehte sein Sauerstoffgerät auf volle sechs Liter pro Minute auf und hängte sein Seil in Karabinerhaken ein, so kämpfte er sich mit aller Energie nach oben. Das war der härteste Abschnitt der ganzen Besteigung, und in normalen Höhen hätte man ihn vielleicht sogar als »sehr schwierig« eingestuft. Ich höre Joe noch, wie er mir vom Gipfel aus zurief: »George, wir haben's geschafft!«

Ich stieß zu ihm — zum Glück, das muß ich hinzufügen, mit Hilfe eines straffen Seils — und da, keine acht Meter vor und eineinhalb Meter über uns, lag der Gipfel selbst, ein sanft ansteigender Schneekegel. Es war Viertel vor drei. Wir waren am Ziel.

Wir fotografierten einander und machten Bilder vom Ausblick. In 7000 m Höhe breitete sich ein gewaltiges Wolkenmeer aus, so daß nur die höchsten Berge wie Felseninseln gen Himmel ragten, umspült von welligem Gewölk. Im Westen, jenseits des scharfen Grats des Kangbachen, erhoben sich in 130 km Entfernung die Riesen Makalu, Lhotse und Everest als tiefblaue Silhouetten gegen einen schwachen Horizont. Den Blick auf Sikkim versperrten die Wolken und der Verlauf des Gipfels, doch entdeckten wir im Norden die schneegestreiften, moränenartigen Hügel von Tibet. Ziemlich nah konnten wir den Gipfel des Nordostsporns der Bayern ausmachen, und durch Wolkenrisse hindurch entdeckten wir die graue Schlange des Kangchenjunga-Gletschers unter uns, wo Dyhrenfurths Team gescheitert war.

Wir machten uns an den Abstieg. Nach einer Stunde ging uns der Sauerstoff aus, wir entledigten uns der Flaschen, und ausgelaugt setzten wir unseren Weg fort. Einmal, beim Überqueren einer prekären Schneestelle, brach plötzlich der

Standplatz ab. Ich rutschte ab, rollte mich auf den Bauch und schlug meine Pickelspitze in den Schnee, um mich zum Halten zu bringen. In Sekundenschnelle war alles vorbei, und während ich keuchend dortlag, meinte Joe: »Es bleibt einem die Spucke weg, wenn man dir so zuschaut.«

Von Rufen begleitet, erreichten wir bei Dunkelheit unser Zelt. Wie vereinbart waren Hardie und Streather heraufgestiegen, bereit, im Falle unseres Scheiterns einen zweiten Versuch zu unternehmen. Da wir noch weiter absteigen und im Lager V übernachten sollten, hatten sie besorgt auf uns gewartet; doch der geplante Abstieg war bei Dunkelheit zu gefährlich. So quetschten wir vier uns in das kleine Zweimannzelt, das über das schmale Band hinausging, und sie traktierten uns großzügig mit Tee und Suppe und noch mehr Tee und Suppe. Noch nie in meinem Leben war ich so durstig gewesen. Wer an der abschüssigen Stelle liegen sollte, darum wurde dieses Mal gar nicht erst gelost; sie dachten wohl, ich sei in dieser Hinsicht bereits Experte, und so schlief ich denn wieder dort. Die Naht der Zeltleinwand krachte unter mir, und jedes Mal dachte ich: »Wenn sie aufreißt, was dann?«

Irgendwie ging auch diese Nacht vorüber. Wir bestanden darauf, daß Hardie und Streather die beiden Schlafsäcke und etwas Sauerstoff benutzten, da sie den Gipfel noch vor sich hatten. Joe litt Qualen wegen seiner Schneeblindheit, die er sich wieder durch das Hochschieben der beschlagenen Schutzbrille zugezogen hatte, doch zum Glück konnten wir früh am nächsten Tag absteigen, während die beiden anderen den Berg zum zweiten Mal bezwangen. Es war der 26. Mai, zu Hause der Tag der allgemeinen Wahlen.

Lhotse   8511 m

Ein Erfolg der Schweizer

Der Lhotse — auf tibetisch Lho-tse, das heißt Südberg — erhebt sich südöstlich des Mount Everest; die Gipfel der beiden Berge sind nur drei Kilometer Luftlinie voneinander entfernt. Infolge dieser Nachbarschaft zum Mount Everest und durch dessen Bedeutung als höchster Berg der Erde genoß der Lhotse jahrzehntelang geradezu ein stiefmütterliches Dasein — obwohl er an vierter Stelle im Verzeichnis der höchsten Gipfel steht.

Besonders eindrucksvoll wirkt der Lhotse, wenn man ihn vom Lhotse-Gletscher bzw. vom Imja-Becken, also von Südwesten, betrachtet. Von dieser Seite sind auch die Nebengipfel deutlich zu erkennen. Es handelt sich um zwei über 8000 Meter hohe Erhebungen in dem Grat, den der Lhotse nach Südsüdosten entsendet: Punkt 8410 und Punkt 8383, der Lhotse Shar genannt wird. Doch diese Koten gelten nicht als selbständige Achttausender.

Vom urwilden Gletschertal zwischen Everest und Nuptse erscheint der Lhotse, der das Halbrund im Osten abschließt, weniger imposant. Aber es ist bekannt, daß er ein schwieriger Achttausender ist.

Die ersten Besteigungsversuche wurden 1955 von der »Internationalen Himalaya-Expedition« unter Norman G. Dyhrenfurth, einem Sohn des bekannten Himalaya-Kenners Günter Oskar Dyhrenfurth, unternommen. Dabei drang der Tiroler Ernst Senn im Alleingang bis in eine Höhe von 8000 m vor.

Ein Jahr später startet eine Groß-Expedition in den Khumbu-Himal. Sie wurde von der »Schweizerischen Stiftung für Alpine Forschungen« organisiert und wird von dem 43jährigen Dr. Albert Eggler, einem gebürtigen Brienzer, geleitet. Am 3. März 1956 trifft der Großteil der Mannschaft, ausschließlich Deutschschweizer, in der südlich des Mount Everest gelegenen indischen Grenzstadt Jaynagar mit den Sherpas aus Darjeeling zusammen. Der Marsch zum Berg beginnt. In Chisapani, einem Marktflecken etwa 30 Kilometer nördlich der Grenze auf nepalischem Boden, werden die 350 Träger verpflichtet, die nun während mehr als zwei Wochen das Expeditionsgepäck tragen sollten. Die Kolonne bewegt sich in nördliche Richtung, meist entlang den ausgetrockneten Flußläufen. Die Vegetation ist tropisch. Nach ungefähr 50 km wird der breite Fluß Sun Kosi überschritten. Es folgt die Bezirkshauptstadt Okhaldhunga.

Das Verhältnis zu den Trägern ist ausgezeichnet. Sie bieten den Schweizern selbstzubereitete Speisen an. In den Dörfern erhalten sie von den Angehörigen der Träger gesottene Kartoffel und hausgemachtes Bier (Chang).

Hinter der Ortschaft Thare wird erstmals die gewaltige Kette des Hochhimalaya mit dem Mount Everest, der seine charakteristische Schneefahne zeigt, sichtbar. Auf dem Weiterweg werden buddhistische Steinzeichen, Manimauern mit eingeritzten Gebetsformeln und weiße Gebetsfahnen vor den Häusern immer häufiger. Über Namche Bazar geht es Thyangboche entgegen. Das berühmte buddhistische Kloster, von dem John Hunt sagte, es sei der schönste Platz auf der Welt, liegt in 4000 Meter auf der Höhe eines bewaldeten Bergrückens und wird von der prachtvollen Pyramide der Amai Dablang überragt.

Am 6. April wird am Südfuß des Khumbutse auf dem Khumbu-Gletscher das Basislager erstellt. Nun beginnt das schwierige und vor allem objektiv gefährliche Unternehmen, einen Durchschlupf durch den 800 Meter hohen Khumbu-Eisfall in den Khumbu-Kessel zu finden. Drohende Eistürme müssen gesprengt werden, aus zusammensteckbaren Duraluminiumleitern werden Brücken über Spalten angelegt, lange Strecken sind mit Hanfgeländerseilen gesichert. Den Ablauf der weiteren Ereignisse schildert Hans Grimm aus Wädenswil:

Die Stimmung im Basislager war sehr gut, und ein tiefblauer Himmel wölbte sich über die herrliche Gebirgswelt. Ein paar Ruhetage brachten uns Gewöhnung an die Höhe. Tagsüber wurde geschrieben und retabliert. Der Aufenthalt in den Moränenblöcken war dank der warmen Sonne recht angenehm. Bald kam der Tag, da auch wir unsere Arbeit am Berg aufnehmen konnten und erstmals durch das Labyrinth des Eisabbruches aufstiegen. Eindrücklich wurde uns die Gefährlichkeit dieser Partie des Aufstieges vor Augen

*Blick zum Lhotse (rechts) und zum Mount Everest,
der hinter der Nuptsemauer aufragt. Im
Vordergrund das japanische Everest-View-Hotel.*

geführt, und es wurde uns bewußt, daß wir uns glücklich schätzen durften, wenn alle Teilnehmer dieses Spaltengewirr und Eischaos heil und ganz überwunden haben würden. Jeden Tag stiegen Trägerkolonnen durch diese gefährliche Zone auf, um das nötige Material in die Hochlager zu bringen. Immer wieder mußten die Geländerseile und Eisstufen verlegt und Leitern, die über die Spalten halfen, an andere Plätze transportiert werden. Oft fanden wir am nächsten Tag die Spuren durch Eislawinen verschüttet. Wir ließen nichts unversucht, um die Passagen so gut als möglich zu sichern. Oft wurden drohende Seracs und Eistürme gesprengt. Fanions bezeichneten den Weg, damit er auch ohne Mühe bei Nebel und Schneefall gefunden werden konnte.

Das Vorschieben des Materials ging planmäßig vorwärts. Das Lager III, das auch als vorgeschobenes Lager dienen sollte, wurde nun eingerichtet. Mehr als viereinhalb Tonnen Material wurden hier benötigt. Dieses auf 6500 m erstellte Lager bot den großen Vorteil, daß wir beim Vorstoß zu den Gipfeln nicht auf das Basislager angewiesen sein würden. Hier waren wir rings von den hohen Bergen eingeschlossen; der Nuptse begrenzte die linke Seite des Kessels, der Everest lag rechts, und den Talabschluß bildete die steile, vergletscherte Flanke des Lhotse mit seinem finstern, felsigen Gipfelaufbau.

Pausenlos wurde Tag für Tag Material hinaufgeschafft. Unermüdlich passierten die Trägerkolonnen den Eisbruch. Die Gefahren waren aber nicht vorbei, als Lager II erreicht war, denn der Weg zum Lager III, der nahe der Nuptseflanke vorbeiführte, war ständig durch Eisschlag bedroht, und die vielen herumliegenden Eisblöcke mahnten zur Vorsicht. Man tat gut, diese Strecke möglichst schnell hinter sich zu bringen. Später verlegten wir dann den Aufstiegsweg näher gegen die Everestflanke. Richtig wohnlich war nun Lager III geworden. Im Messezelt, das uns als Aufenthalts- und Eßraum diente, hatte Ernst Schmied auf der einen Längsseite Kisten mit Proviant aufgestapelt, so daß wir jeweils nach ausgebreiteter Menükarte unsere nächste Mahlzeit bestimmen konnten. Wirklich ein umsichtiger Verpflegungschef! Ein weiteres Messezelt war das Reich unseres Kochs, Thundu.

Er hatte bereits an vierzehn Expeditionen teilgenommen und verfügte daher über die nötige Erfahrung mit Kochtöpfen.

Dieses Lager war so gut eingerichtet, daß wir immer gerne von der Arbeit in der Lhotseflanke abstiegen. Erstaunlicherweise erholten wir uns hier immer recht gut, trotz der relativ großen Höhe.

Auch weiterhin waren uns Wetter und Umstände gut gesinnt, so daß wir rasche Fortschritte machten. Lager IV auf einer ausgesprochenen Gletscherterrasse auf ca. 7000 m und Lager V hoch oben in der Lhotseflanke wurden ausgebaut und eingerichtet. Jeden Abend wurde durch das indische Radio für unsere Expedition ein Wetterbericht durchgegeben. Der Bericht wurde mit dem im Basislager stationierten Empfangsgerät entgegengenommen und durch den Funk, mit dem die einzelnen Lager verbunden waren, in die Hochlager durchgegeben. Nachdem Lager VI eingerichtet und Lager V seit einiger Zeit gut ausgebaut war, wurde uns die mißliche Nachricht übermittelt, daß der Vormonsun bereits eingebrochen sei. Der frühe Monsuneinbruch hätte unsere Pläne vereiteln können, und mißmutig betrachteten wir die ziehenden Wolken am Himmel. Sie verhießen nichts Gutes. Ernst Reiss und ich befanden uns im Lager V, als die unangenehme Meldung eintraf. Auf dem Fuße folgte auch die Bestätigung durch massiven Schneefall und Nebeltreiben. Immer wieder mußten wir feststellen, daß es tatsächlich schneite und daß sich das Wetter nicht bessern wollte. Trüb und düster ging der Mittag vorbei.

Am frühen Nachmittag stiegen unsere Kameraden Fritz Luchsinger und Ernst Schmied vom Lager VI ab, und auch sie waren in gedrückter Stimmung. Es schneite und schneite weiter. Wir saßen im Zelt beisammen und berieten die Lage. Es schien aussichtslos, in der Lhotseflanke zu bleiben. So kamen wir dann überein, gemeinsam abzusteigen und die Lager VI und V zu räumen. Still und beträchtlich fiel der Schnee, und nur mit Mühe fanden wir den Weg zum Lager IV. Die Spuren waren durch den Schnee und Wind verwischt.

Apathisch und mit gesenkten Köpfen stiegen auch die Sherpas ab, und wir mußten doppelt vorsichtig sein, denn wir

wollten mit aller Anstrengung ein Unglück verhüten. Im letzten Moment konnten Ernst Reiss und ich den stürzenden Sherpa, der in der Mitte unseres Seiles ging, halten. Bald darauf erreichten wir über die letzten Steilabstürze, wo die Schritte durch fixe Seile gesichert waren, das Lager IV. Nach kurzer Rast stiegen wir in mehligem Schnee bei hereinbrechender Nacht weiter gegen das Lager III ab. Dort trafen wir in tiefster Dunkelheit ein.

Im Messezelt fanden wir uns zum Essen zusammen und tauschten unsere Eindrücke aus und trösteten uns gegenseitig, indem wir uns Hoffnungen auf besseres Wetter machten. Die folgenden Tage brachten aber keine Änderung; jeden Tag neuer Schneefall und Nebeltreiben. Trotzdem wurde unentwegt dafür gesorgt, daß das Material aus dem Basislager und vom Lager I und II nach dem Lager III nachgeschoben wurde.

Am Morgen des 15. Mai sah das Wetter nicht besonders gut aus. Trotzdem stieg Ernst Schmied an diesem Tag zum Lager V auf und bereitete erneut eine gute Spur vor. Von Gunten und Reist befanden sich im Lager IV und beabsichtigten am 16. Mai bis zum Lager VI die Route zu öffnen. In dieser Nacht vom 15. auf den 16. Mai tobte wiederum der Sturm und verwehte sämtliche Spuren vom Lager IV zum Lager V.

Reist und von Gunten hatten deshalb erneut die Strecke zu spuren. Sie fühlten sich aber im Lager V noch sehr frisch, so daß sie nach kurzer Rast den Weg durch die Firnkehle zum Lager VI fortsetzten. Noch hatten die beiden nicht genug! Sie stiegen über die verschneiten Felsen weiter zum höchsten Punkt des Genfersporns und erreichten an diesem Tag einen Punkt, der knapp an der Achttausendmetergrenze liegt. Ein schöner Erfolg war erzielt worden. Rasch kehrten sie zum Lager V zurück, wo unterdessen Reiss und Luchsinger eingetroffen waren. Auch in dieser Nacht setzte heftiger Wind ein, so daß man annehmen mußte, daß die Spuren erneut verweht würden. Tatsächlich kam es dazu, daß die beiden Unermüdlichen, Reist und von Gunten, am 17. Mai nochmals an die Spurarbeit mußten. Reiss und Luchsinger folgten ihnen unmittelbar nach. Das kleine Zelt des Lagers

VI war vollständig unter dem Schnee begraben; die beiden selbstlosen Spurmänner schaufelten nun auch noch das Zelt frei, während Luchsinger und Reiss die Seilwinde einrichteten, die wir zum Materialtransport in der Lhotseflanke aus der Heimat mitgenommen hatten. Später stiegen dann von Gunten und Reist ins Lager V ab.

Der 18. Mai brachte herrliches Wetter, aber sehr tiefe Temperaturen. In der Höhe wehte ein heftiger Wind, und immer wieder zogen Wolkenfetzen und Schneestaubfahnen vor der Lhotseflanke vorbei. Unsere Kameraden Fritz Luchsinger und Ernst Reiss hatten im Lager VI übernachtet. Immer wieder blickten wir hinauf, um festzustellen, ob sich unsere Freunde gegen den Lhotse bewegen würden. Endlich, etwa um 10 Uhr, sahen wir sie das ausgesprochene Schneeband, das aus der Gegend des Genfersporns zum Lhotsecouloir hinüberführt, traversieren. Langsam, Schritt für Schritt, kamen sie vorwärts. Man konnte sich leicht vorstellen, daß sie gegen den Sturm kämpfen mußten. Rasend schnell zogen Wolken in der Höhe; die Wut des Sturms hatte sich eher noch verstärkt. Die Kameraden hielten nun an. Lange blieben sie am gleichen Platz. Im Lager III hatten alle Beobachtungsposten bezogen und rissen sich gegenseitig den Feldstecher aus der Hand. Beängstigend lange kamen die beiden oben nicht vorwärts. (Später stellte sich dann heraus, daß der Schlauch für die Sauerstoffzufuhr an der Maske von Fritz Luchsinger eingefroren war und in mühsamer Arbeit wieder aufgetaut werden mußte.) Endlich, nach bald einer Stunde, setzten sie sich wieder in Bewegung und strebten dem Couloir zu. Dort waren sie unsern Blicken entschwunden. Dafür waren sie wohl im Couloir vor dem heftigen Wind geschützt und konnten unter besseren Verhältnissen vorwärtskommen. Was werden ihnen in der Rinne für Schwierigkeiten warten? Werden sie mit den Hindernissen an diesem unbekannten Berg fertig werden? Diese Fragen trieben uns immer wieder aus dem Zelt, und wir spähten aufwärts gegen den abweisenden Lhotse. Doch konnten wir sie nicht entdecken, denn die steile Rinne konnte auf der ganzen Länge nicht eingesehen werden.

Doch um 14.00 Uhr erblickten wir die beiden Freunde als

Makalu   8481 m

Neun Mann auf dem Gipfel

ganz kleine schwarze Punkte an der steilen Firnkante des Gipfels. Wir waren wie elektrisiert, und die fast närrisch gewordenen Sherpas führten einen Freudentanz auf. Schon nach kurzer Zeit sah man beide dem höchsten Punkt zustreben. Die Stärke des Sturmes mußte ganz enorm sein; zeitweise waren sie ganz in Schneewolken eingehüllt. Sobald sie aber freigegeben wurden, konnten wir mit Freude feststellen, daß sie dem Gipfel rasch näher kamen. Bald darauf beobachteten wir sie als kleine Punkte auf dem höchsten Punkt. Die Sherpas riefen immer wieder: »Lhotse finish! Lhotse finish!« Es tönte wie ein einziger Triumphschrei. Durch Wolkenfahnen wurden die beiden Bergsteiger immer wieder verdeckt. Für uns allzulange, blieben sie auf dem Gipfel. Wir fürchteten, sie könnten sich Erfrierungen zuziehen. Nach dreiviertel Stunden schickten sie sich an, abzusteigen, und wie im Aufstieg entschwanden sie im Couloir wieder unsern Blicken. Wir blieben unruhig; voll Sorge schauten wir aufwärts gegen unsern Berg und überlegten uns, wie lange sie wohl für den Abstieg brauchen würden. Wir dachten an die Schwierigkeiten des steilen Rückweges. Erleichtert atmeten wir alle auf, als sie ca. 17.30 Uhr das Schneeband wieder erreichten. Aber sehr langsam rückten sie vorwärts; offensichtlich waren sie sehr müde. Gegen 18 Uhr entschwanden sie unsern Blicken, als sie sich dem Lager VI näherten.

Schon am nächsten Tag gegen Abend stiegen Jürg Marmet und ich zum Lager IV auf. Nach kurzem Anstieg begegneten wir unsern Lhotsebezwingern, die uns recht müde und mitgenommen ihre Erlebnisse schilderten. Beide hatten an ihren Händen leichte Erfrierungen. Freudig begrüßten wir die Freunde und waren glücklich, wieder mit ihnen sprechen zu können. Ein heftig aufkommender Wind, der sich in kurzer Zeit zum Sturm entwickelte, machte uns mit seinen böigen Attacken zu schaffen.

Der Makalu (tibetischer Name, die Betonung liegt auf der zweiten Silbe) im Everestgebiet des Himalaya an der Grenze von Nepal und Tibet galt bei den Einheimischen lange Zeit als höchster Berg der Welt, weil er von Darjeeling aus, also von Südosten, höher erscheint als der Mount Everest, der weiter rückwärts steht und größtenteils vom Lhotse verdeckt wird. Für den Herbst 1954 und für das Frühjahr 1955 erhalten die Franzosen von der nepalischen Regierung die Genehmigungen, den fünfthöchsten Berg der Welt anzugehen. Eigentlich wollte man zum Mount Everest, läßt aber dann den Briten »mit Rücksicht auf ihre vorangegangenen Anstrengungen« den Vortritt.

Während im Frühjahr 1954 Lionel Terray den Proviant beschafft und Guido Magnone, dem zwei Jahre vorher die Erstdurchsteigung der glatten Dru-Westwand (Montblanc-Gruppe) gelang, die Ausrüstung zusammenstellt, werden am Makalu zwei Expeditionen registriert. Doch die kalifornische Gruppe »blitzt« am Südostgrat ab, und die Neuseeländer unter Führung des nach dem Everest-Sieg geadelten Sir Edmund P. Hillary, erreichen am Westhang des Makalu nur eine Höhe von ungefähr 7000 m.

Im Herbst 1954 schlagen die Franzosen ihre Zelte südlich des Makalugipfels am Auslauf des Barun-Gletschers auf. Jean Franco als Leiter der Kundfahrt regelt die Anwerbung der Träger für 1955. Außerdem werden die neuen, von Jean Couzy entwickelten Sauerstoffgeräte sowie die Ausrüstung (Schuhe, Daunenkleidung, Zelte usw.) getestet. Als wichtigsten bergsteigerischen Erfolg gelingt Jean Bouvier und Pierre Leroux der Zugang zum 7410 m hohen Makalu-Sattel. Dieser Sattel, der nördlich des Makalu im Südgrat des Kangchungtse eingelagert ist, bedeutet den Schlüssel für die Makalu-Besteigung.

Die Weichen für 1955 sind gestellt! Die Vorarbeiten hätten besser nicht sein können. Die engültige Mannschaft besteht aus Jean Franco (Leiter), Jean Bouvier, Serge Coupé, Jean Couzy, André Lapras (Arzt), Pierre Leroux, Guido Magnone, Lionel Terray, André Vialatte sowie den Geologen Michel Latreille und Pierre Bordet.

Von Kalkutta sind es rund 600 km zur nepalischen Grenze.

Von dort dann noch 160 km in das Dorf Sedoa, das nur aus etlichen strohgedeckten Hütten besteht. Die Menschen, die dort leben und die wenigen Morgen Ackerland bestellen, sind laut Franco »kaum aus dem Bronzezeitalter heraus«. Sedoa ist die letzte Siedlung auf dem Weg der Franzosen zum Makalu. Es vergehen noch fünf Tage, bis die 315 Träger ihre Lasten (9 t) beim Basislager in 4700 m abstellen können. Dort, in einer Höhe, wo die Alpen aufhören, beginnt der Himalaya!

Der Aufstieg vom Barun-Gletscher über den Westhang zum Makalu-Sattel ist im Gegensatz zum Vorjahr stark ausgeapert und muß streckenweise mit Seilen gesichert werden. Trotz dieser unverhofften Schwierigkeiten läuft das Unternehmen planmäßig ab. Am 9. Mai steht in 7400 m das Lager V, am 14. Mai errichten Couzy und Terray mit drei Sherpas das Sturmlager in 7800 m. Der Weg dorthin wurde von ihnen mit kleinen Fähnchen markiert, an denen sich die Sherpas beim Abstieg orientieren. Sie mußten wieder zurück, da sie große Schwierigkeiten mit der Höhe hatten.

Von den Vorbereitungen für den Gipfelgang und über die Erstbesteigung des Makalu berichtet der 33jährige Lionel Terray, der zehn Jahre später tödlich abstürzt:

Wir kochen wechselweise und bereiten sorgfältig die ganze persönliche Ausrüstung vor, die wir mitnehmen wollen. Wir überprüfen den Druck der Sauerstoff-Flaschen und das Funktionieren der Ventile sowie der Filmkamera und des Fotoapparates. Nichts bleibt dem Zufall überlassen. Da der Gebrauch der Sauerstoffgeräte im Lager selbst nicht sehr bequem ist, sind wir meistens ohne Maske, aber ein- bis zweimal die Stunde zwingen wir uns, sie während etwa zehn Minuten zu benützen. Aufgrund all dieser Vorkehrungen sind wir in ausgezeichneter körperlicher Verfassung, fühlen uns immer noch wohl, und unser Hunger — zwar leicht abnehmend — ist immer noch völlig normal. Den Ratschlägen von Dr. Lapras folgend, bemühen wir uns möglichst viel zu trinken, im übrigen macht es uns keinerlei Schwierigkeiten jeder drei Liter verschiedene Getränke zu

uns zu nehmen. In diesen Höhen leidet man unter chronischem Flüssigkeitsmangel, und selbst wenn man keinen Durst verspürt, ist es immer sehr angenehm, Flüssigkeit zu sich zu nehmen.

Die sehr beschwerlichen Halsschmerzen, die seit beinahe einem Monat mir das Leben sehr erschweren, quälen mich stärker denn je. Dagegen kehren die schrecklichen Hustenanfälle nicht mehr zurück, die mich bis in die letzten Tage viertelstundenlang geschüttelt haben und mich zeitweilig erbrechen ließen. Ich weiß jetzt, daß diese Beschwerden, die mich so beunruhigt haben, mich nicht daran hindern werden, die Chance, auf die ich seit fünf Jahren warte, wahrzunehmen. Niemals habe ich am Vorabend eines großen Angriffes meine Energie so intakt gefühlt, morgen werde ich vielleicht meinen Hals in Stücken herausspucken, aber meine Kräfte werden mich nicht verlassen.

Im übrigen bin ich vom Erfolg unseres Versuches völlig überzeugt, alle Voraussetzungen eines Gelingens scheinen mir in wunderbarer Weise gegeben zu sein. Couzy, der sich während zweier Expeditionen als der begeistertste und der widerstandsfähigste aller Mitglieder gezeigt hat, ist in einer Form, die keinerlei Einbruch befürchten läßt. Das Wetter ist völlig sicher, und — eine Seltenheit — der Wind hat sich vollkommen gelegt.

Oberhalb des Lagers zieht sich ein langes, mäßig geneigtes Couloir hoch, das es uns dank des festen Schnees erlauben wird, schnell bis etwa 300 m unter den Gipfel zu steigen. Dort werden wir mit Sicherheit ernsthafte Schwierigkeiten antreffen, aber bei den augenblicklichen Wetterbedingungen und unserer hervorragenden physischen Verfassung und vor allem dank der Sauerstoffgeräte und unserer Ausrüstung ist es mehr als wahrscheinlich, daß wir sie überwinden werden können.

Franco und Magnone schlafen diesen Abend im Lager V. Morgen werden sie hier schlafen. Im Lager III stehen Bouvier und Leroux, Coupé und Vialatte bereit, sie abzulösen.

Um 7 Uhr treffen die ersten Sonnenstrahlen unser Zelt. Genau in diesem Moment tauchen wir wie die Taucher gerüstet aus ihm auf. Der Himmel ist immer noch vollkommen heiter, kein Wind bewegt die eiskalte Luft, die uns umgibt. Die Windstille läßt die größte Kälte, die in einem Zelt während zweier Expeditionen registriert wurde, erträglich erscheinen; diese Nacht zeigte unser Thermometer —33 Grad an. Langsam beginnen wir das Schneefeld des Couloir anzusteigen. Obwohl wir jeder zwei Sauerstoff-Flaschen tragen, haben wir das Gerät nur auf den mäßigen Ausstoß von 2 Litern je Minute eingestellt. Wir wissen nicht, was der obere Teil des Anstiegs für uns bereithält, so müssen wir mit diesem wertvollen Gas sparsam sein, von ihm hängt unsere Kraft und vielleicht selbst unser Leben ab. Das Couloir hat eine Neigung von etwa 35 Grad und ermöglicht einen schnellen Anstieg. Dagegen ist der Schnee nicht sehr günstig; vom Wind verblasen, ist er extrem unregelmäßig, manchmal sicher und fest, manchmal pulvrig und tief, manchmal selbst unangenehm harschig und nicht tragend. Ich gehe als erster. Obwohl ich keinerlei Beschwerden habe und mich voller Energie fühle, ist mein Tempo langsamer, als ich es wünsche, und ich keuche schrecklich. Als ich die Spur für Couzy frei mache, stelle ich fest, daß er etwas schneller geht als ich. In diesem Couloir, das im Schutz einer gewaltigen konkaven Flanke liegt, ist die Luft absolut ruhig, und unter der Sonneneinstrahlung steigt die Temperatur allmählich an. Bald wird es unmöglich, die unzähligen Kleidungsstücke, die wir angezogen haben, zu ertragen, und wir müssen die Daunenjacken ausziehen. Nach einer Stunde haben wir 300 Höhenmeter hinter uns gebracht, was mehr als zufriedenstellend ist. Wir überprüfen, ob während dieser Zeitspanne die Ventile den Sauerstoffausstoß wie vorgesehen reguliert haben, und ich stelle mit Verblüffung fest, daß mein Gerät nicht einmal 1 Liter in der Minute abgegeben hat, was die außergewöhnliche Atemlosigkeit, unter der ich litt, erklärt. Schlimmer ist, daß das Ventil nicht anders eingestellt werden kann, es ist bei einem Liter pro Minute blockiert. Obwohl es unter diesen Umständen vielleicht nicht unmöglich ist, die Besteigung des Makalus zu Ende zu führen, so ist dieser Zwischenfall doch äußerst ärgerlich. Da habe ich eine hervorragende Idee: Ich ersetze mein Ventil durch das, das am Vorabend undicht geworden war und das

ich zufälligerweise bei mir behalten habe. Nicht ohne Überraschung stelle ich fest, daß es jetzt völlig normal funktioniert! . . . Wir nehmen den Anstieg mit einem etwas höheren Tempo wieder auf und kommen bald zu dem felsigen Abschluß des Couloirs. Jetzt bieten sich zwei Möglichkeiten: Zu unserer Rechten zieht sich der obere Teil des Nordgrates als eleganter Schneegrat und von enormen Wächten eingefaßt zum Gipfel. In Peru habe ich Grate dieser Art, die aber noch viel abweisender waren, erstiegen. So besteht für mich kein Zweifel, daß da ein Weiterkommen ist. Aber ein solcher Anstieg wird schwierig und gefährlich sein und deshalb viel Zeit kosten. Zu unserer Linken zieht sich ein großer dunkler Granitpfeiler in einer einzigen Linie bis zum tibetanischen Grat, der von da beinahe horizontal zum Gipfel führt. Dies ist der Weg, den wir eigentlich nehmen wollten. Von hier gesehen ist der Pfeiler jedoch kaum einladend, er scheint steil und glatt zu sein und hält sicherlich einige Passagen schwieriger Reibungskletterei für uns bereit. Nach einigen Momenten des Zögerns entschließen wir uns für den ursprünglich vorgesehenen Weg und damit für den Pfeiler. Wir lassen unsere beiden angebrauchten Flaschen zurück. Sie sind noch mehr als halbvoll und werden denen, die uns morgen nachfolgen werden, zur Verfügung stehen. Wir queren schnell einen steilen Schneehang und gelangen auf die ersten Felsen.
Sehr schnell wird uns klar, daß die Eroberung des Makalu bald vollendet sein wird, ohne daß wir größere Schwierigkeiten zu überwinden haben werden. Tatsächlich weist der Fels — im ganzen ziemlich steil — zahllose Griffe und Tritte auf, die ein schnelles Vorwärtskommen ermöglichen. Den Sieg ganz nahe spürend, klettern wir gleichzeitig ohne zu sichern und drücken dabei auf das Tempo, manchmal unterbricht eine steilere Wandstelle von einigen Metern unseren Rhythmus und zwingt uns zu mühsamen Klimmzügen, die uns für lange Sekunden den Atem nehmen. Aber es handelt sich nur um kurze Unterbrechungen. Nach einer Stunde derartiger Kletterei in einem Tempo, das 4000 m tiefer viele nicht mithalten könnten, gelangen wir auf den leichten Schlußgrat. Eine spitz zulaufende von Eis und Fels gebildete

Makalu-Westflanke. Unterhalb der großen Wolke
ist der Makalu-Sattel eingelagert, links davon der
Kangchungtse (7640 m).

Stufe verbirgt uns noch den Gipfel. Es handelt sich um eine schwierige Stelle, die all unsere Aufmerksamkeit erfordert. Bald ist auch sie überwunden. Jetzt ist der Gipfel da, weniger als 100 m vor uns. Jetzt kann uns nichts mehr halten. In einigen Minuten werden alle Anstrengungen und Mühen eines ganzen Jahres ihre Erfüllung finden.

Während Couzy gegen den Gipfelaufbau ansteigt, bleibe ich etwas weiter zurück auf dem Grat, um seine Ankunft auf dem Gipfel mit genügendem Abstand filmen zu können. Bald auf dem spitz zulaufenden Gipfel aufgerichtet, hebt sich seine Silhouette gegen das dunkle Blau des Himmels ab. Der Makalu ist besiegt. Dank der Güte der Götter und der schöpferischen Erfindungskraft der Menschen hat er, den man für einen der unersteiglichsten Weltberge hielt, sich beinahe ohne Kampf ergeben. Ich halte diesen historischen Augenblick auf dem Film fest und filme das Panorama vom Gipfel des Makalu ausgehend und am Gipfel des Everest endend, um so jeden kleinlichen Zweifel auszuschließen. Der Everest befindet sich nun beinahe auf unserer Höhe.

Schnell lege auch ich die letzten Meter zurück, und nun kann ich ebenfalls meinen Fuß auf die perfekte Spitze des fünfthöchsten Berges der Welt setzen.

Ich empfinde keine besondere Freude. Es sei denn, die des Handwerkers, der ein rechtschaffenes Stück Arbeit zu Ende gebracht hat. Der Sieg muß mit dem Preis der Anstrengung und des Leidens bezahlt werden. Der technische Fortschritt und die Güte des Himmels haben ihn uns unter Preis beschert. Ich bin weit von meiner stolzen Trunkenheit entfernt, die ich einige Male empfand, als ich nach einem Kampf, in den ich alle meine Kräfte und meine ganze Person gelegt hatte, mit letzter Anstrengung auf einige bescheidenere Gipfel gelangte. Ich hatte ihn mir ganz anders erträumt, diesen großen Sieg. Ich hatte mich gesehen, weiß vom angesetzten Reif, die letzten Kräfte, die mir ein wütender Kampf gelassen hatte, mobilisierend, wie ich mich in verzweifelter Anstrengung auf den Gipfel schleppte. Hier hinauf dagegen bin ich ohne Kampf, ja beinahe ohne Anstrengung gelangt. Für mich liegt in diesem Sieg etwas Enttäuschendes. Dennoch, ich bin da, aufrecht auf der idealen Pyramide des er-
habensten aller großen Gipfel. Nach Jahren der Ausdauer, hartnäckiger Arbeit, nach Todesgefahren ist der verrückteste Traum meiner Jugend Wirklichkeit geworden. Ich muß ein Idiot sein, daß ich enttäuscht bin! . . .

Wie verrückt ist der, für den das Glück immer nur im Begehren liegen wird, freue dich doch am gegenwärtigen Augenblick, laß dich trunken machen von diesem einmaligen Moment, wo du zwischen Himmel und Erde, der Liebkosung des Windes halb hingegeben, die Welt beherrschst. Berausche dich an dem Himmel, der allein deinen Blick begrenzt. Zu deinen Füßen ragen dir bis ins Unendliche Tausende von Fels- und Eisspitzen entgegen, die sich kaum aus dem Wolkenmeer erheben.

Couzy und Terray haben am 15. Mai 1955 nach vierstündigem Aufstieg den Makalugipfel erreicht. Als nächste folgen ihnen Jean Franco, Guido Magnone und Gyaltsen, und wieder einen Tag später (17. 5.) erreichen Bouvier, Coupé, Leroux und Vialatte den Gipfel. Damit ist der Triumph der Franzosen perfekt, denn noch nie hat bis dahin die gesamte Bergsteigergruppe einen Achttausender erobert.

Dhaulagiri 8167 m

Berg ohne Gnade

Der Dhaulagiri im Nepal-Himalaya galt nach 1818 eine Zeitlang als höchster Gipfel der Erde. Er erhebt sich rund 200 km Luftlinie nordwestlich von Kathmandu. Sein Name heißt übersetzt »Weißer Berg« oder, auf französisch, »Montblanc«. Eine französische Expedition war es auch, die 1950, als Nepal seine Grenzen öffnete, mit dem Dhaulagiri liebäugelte, sich dann aber der 33 km entfernten Annapurna zuwandte.

Während man bis 1949 den Berg nur aus der Ferne kannte, kam in den fünfziger Jahren eine Expedition nach der anderen: 1953 gelangte eine Mannschaft des Akademischen Alpenclubs Zürich vom Mayangdi-Gletscher, also von Norden, in der Dhaulagiri-Südwand über die sogenannte »Birne«, die aus abwärts geschichtetem Kalkfels bzw. aus Kalkplatten besteht, in etwa 7300 m. Ein Jahr später, 1954, war für eine argentinische Gruppe der Erfolg zum Greifen nahe. Auch sie hatte sich über die »Birne« hochgekämpft. In 7000 Meter mußten Mineure in dreitägiger Arbeit den Platz für Lager VI aus den Felsen sprengen. Von dort brachen am 1. Juni 1954 vier Bergsteiger in Richtung Gipfel auf: Gerhard Watzl, ein gebürtiger Kitzbüheler, Alfredo Magnani aus Mendoza sowie Pasang Dawa Lama und Ang Nyima. Die beiden Seilschaften kämpften sich bis ungefähr 250 m unter den Gipfel heran. Dann wurden sie von einem orkanartigen Schneesturm zurückgeworfen.

Ähnlich erging es Pasang Dawa Lama am 27. Mai 1959 mit dem 31jährigen Österreicher Karl Prein, als sie 400 m unter dem Gipfel im Schneesturm steckenblieben. Damit war auch die österreichische Expedition von Fritz Moravec am »Berg ohne Gnade«, wie Moravec den Dhaulagiri nannte, gescheitert. Noch schmerzhafter als der Mißerfolg war der tödliche Spaltensturz des stellvertretenden Expeditionsleiters Heinrich Roiss.

Der Dhaulagiri war auf Jahre hinaus ausgebucht. Der Grund: Es war der letzte politisch zugängliche Achttausender.

Für das Jahr 1960 liegen beim nepalischen Außenministerium zehn Gesuche von Expeditionen aus aller Welt vor. Am Ende sind die Schweizer die Glücklichen: Hugo Weber, Albin Schelbert, Michel Vaucher, Peter Diener, Ernst Forrer, Dr. Georg Hajdukiewicz und Adam Skoczylas aus Polen, der Österreicher Kurt Diemberger, der Amerikaner Norman G. Dyhrenfurth, Jean-Jacques Roussi, Max Eiselin (Leiter) sowie die Piloten Ernst Saxer und Emil Wick. Der Großteil der Mannschaft ist weniger als 30 Jahre alt, und auch die Sherpas sind überwiegend junge Leute aus dem Solo-Khumbu.

Zur Expedition gehört eine einmotorige Pilatus-Porter-Maschine, »Yeti« genannt, mit der die rund sechs Tonnen Material von Pokhara (900 m) zum Basislager im Nordostsattel (5700 m) befördert werden sollen. Vorerst wird im Col Dapa (5200 m) ein Akklimatisationslager errichtet. Dorthin fliegen die Piloten Saxer und Wick tagtäglich von Pokhara. In 45 Minuten legen sie eine Strecke zurück, für die bei herkömmlichem Anmarsch neun Tage notwendig wären. Über den weiteren Verlauf schreibt der 23jährige Genfer Michel Vaucher:

Am 3. April ist die ganze Mannschaft am Col Dapa vereinigt. Wir reagieren sehr unterschiedlich auf die Höhe. Es ist eigenartig, festzustellen, daß es die Jüngsten sind, die sie am besten vertragen, während Diener und Skoczylas, 32 Jahre alt, einen großen physiologischen Schock erleiden und in einem komaähnlichen Zustand hinuntergebracht werden müssen. Drei unserer sieben Sherpas werden ebenfalls von unserem »Yeti« mitgenommen. Das Experiment mit dem Flugzeug ist überzeugend, im übrigen sollte Peter Diener trotz dieses schlechten Beginns in der Folgezeit auf den Gipfel gelangen.

Jeder bringt sich in Form. Es ist erregend, die Fortschritte in unserer physischen Verfassung festzustellen. Wir unternehmen einige Ausflüge und gehen schließlich mit Hugo alle kleinen Gipfel der Umgebung an.

Forrer und Diemberger sind auf 5700 m Höhe in den Nordost-Sattel gebracht worden. Von diesem Punkt wird der Gipfelangriff vorgetragen werden. Der »Yeti« verrichtet eine gigantische Arbeit. Seine Ankunft wird immer mit

Freudenschreien begrüßt. Schelbert und vier Sherpas werden nacheinander hinaufgebracht. Es ist jetzt der 12. April, und das Vorwärtskommen ist erfreulich. Ich soll beim nächsten Flug drankommen. Aber was ist los? Die Tage vergehen, und unser »Yeti« kommt nicht. Unruhe befällt uns, die Vorstellung eines möglichen Unfalls drängt sich nach und nach auf.

Am 20. April Kriegsrat. Im Zelt von Max zusammengedrängt, hören wir ihn Bilanz ziehen: »Die Lage ist schwierig; ohne Flugzeug sind wir völlig desorganisiert, drei Mitglieder am Nordostsattel, vier in Pokhara, wir hier und alle durch große Entfernungen getrennt. Wir müssen um jeden Preis die Verbindung zu unseren Kameraden am Nordostsattel herstellen. Diener, Roussi, Vaucher und Weber, die am besten in Form sind, werden morgen mit dem Transport beginnen.« Der Ton ist nicht zum Scherzen, jeder von uns denkt an die am Nordostsattel und an das Flugzeug.

21. April, erster Transport zum Col der Franzosen und Rückkehr zum Lager. Von diesem Col haben Lionel Terray und Marcel Ichac den Dhaulagiri entdeckt. Für uns ist es der erste Anblick seiner Nordflanke. Es ist vollkommen verständlich, daß Lionel sie als unmöglich eingeschätzt hat. Die Nordflanke ist eine ununterbrochene Folge von Hängegletschern, und was den Nordostgrat betrifft, so scheint ein Eisbruch den Zugang zu verbieten. Werden wir zu unseren Kameraden gelangen können? Dieser erste Anblick läßt uns skeptisch.

Die Transporte gehen weiter, und bald errichten wir das »richtige« Basislager am Fuß der Nordostwand in 4700 m Höhe. Über uns ragt eine Wand auf. Sie gleicht in Aussehen und auch Dimensionen (1500 m) der Eiger-Nordwand, ist aber dennoch nur ein kleiner Teil unseres Berges. Der einzige Weg, der eine Verbindung zum Nordostsattel erlaubt, führt am Fuß dieser Wand entlang.

26. April. Diener und Weber gehen auf Erkundung und steigen in dem Eisfall bis 5100 m an. Die Verbindung scheint trotz des »Eigers«, der großzügig zahlreiche Lawinen herabsendet, möglich. Am 28. April ist die Verbindung hergestellt!

Mit Roussi errichten wir auf 5100 m Höhe ein Lager und beginnen mit den Transporten. 25 kg sind schwer! Aber unsere Form ist gut. Allmählich ist das ganze Material zum Basislager und schließlich auf den Nordostsattel auf 5700 m Höhe gebracht. Die drei Sherpas, die uns geblieben sind, sind schnell die Freunde von diesen Sahibs, die wie Kulis arbeiten, geworden.

Das Schicksal begünstigt uns. Kein Unfall während der Transporte, nur eine Angst, »die in den Eingeweiden« sitzt. Endlich Neuigkeiten von dem Flugzeug. Dhyrenfurth ist zu Fuß von Pokhara gekommen. Keine Verletzten. Ein Zylinder ist während des Fluges explodiert, aber Saxer ist es gelungen, das Flugzeug unbeschädigt herunterzubringen. Auf dem Nordostsattel ist ebenfalls alles in Ordnung. Diemberger, Forrer und Schelbert, von vier Sherpas unterstützt, haben gute Arbeit geleistet. Sie haben zwei Lager auf 6500 m und 7050 m errichtet. Sie beklagen sich über die Zelte, die nicht isolierend sind, und über das Klima. Jeden Tag Schneesturm (1 Meter Neuschnee während des Nachmittags), der Wind bläst praktisch ununterbrochen, trotz dieser Bedingungen gewinnen wir dem Berg Gelände ab.

Auf in den Kampf! Wir sind so glücklich, ein wenig anzusteigen! Die erste Etappe ist schwierig, 900 Höhenmeter trennen uns vom Lager III, das auf 6500 m errichtet ist. Die erste Mannschaft erstellt während dieser Zeit ein Lager auf 7300 m. Ein Transport folgt dem andern, wir sind in Fahrt.

4. Mai. Brummen am Himmel. Es ist der »Yeti«! Die Firma Pilatus hat einen neuen Motor geschickt, den Emil Wick sehr schnell eingebaut hat. Aber der 5. Mai ist das Ende dieses herrlichen Fortbewegungsmittels. Infolge der zu starken Temperaturveränderungen hat sich der Gummiteil des Steuerknüppels abgelöst und das Flugzeug macht unmittelbar nach dem Start in dem unbekannten Tal einen Kopfstand. Saxer und Wick bleiben wieder einmal unverletzt.

7. Mai. Erster Angriff auf den Gipfel. Das schlechte Wetter zwingt unsere Kameraden zum Rückzug, als sie sich auf 7700 m Höhe befinden. Wir wollen es unsererseits versuchen. Ausgangspunkt 7050 m — wir erklettern zuerst einen

Die Ostseite des Dhaulagiri. Rechts der Nordostgrat,
über den die Schweizer den Gipfel erreichten.
Etwa 6000 Meter tiefer durchbricht der Kali Gandaki
den Himalaya-Hauptkamm.

Felsgrat von 100 m Höhe, an dem sich fixe Seile befinden, die von den Österreichern aus dem Jahre 1958 stammen. Schlechtes Wetter fällt ein. Da wir viel weniger akklimatisiert sind als die erste Mannschaft, kommen wir nur sehr langsam vorwärts. Meine Füße erfrieren. Das Lager 7300 ist nicht aufzufinden. Hugo macht mir Mut: »Noch eine halbe Stunde, und wir sind da!« Diener findet endlich das Lager. Meine Freunde verbringen einen Teil der Nacht damit, mir die Füße zu massieren, dies trotz der Unbequemlichkeit und trotz der Temperatur im Inneren unserer Zelte, die bei etwa minus 30 Grad liegt. Der Sturm hält am nächsten Tag an. Wir sind zu viert in einem Zweimann-Zelt. Am Abend Ankunft der ersten Mannschaft, die trotz des schlechten Wetters aufgestiegen ist. Sie baut ein weiteres Zelt auf. Ich werde krank, Hugo und Roussi begleiten mich bis zum Nordostsattel. Diener bleibt bei unseren Kameraden.

13. Mai. Ich beobachte kleine schwarze Punkte mit dem Fernglas, sie sind dem Gipfel sehr nahe. Dank eines außergewöhnlich schönen Tages sind Diemberger, Diener, Forrer, Schelbert und die Sherpas Nama Dorjee und Navang Dorjee zum Gipfel gelangt. Welch schöner Erfolg! Hugo und Roussi halten es an Ort und Stelle nicht mehr aus. »Kommst du mit uns, Michel, wir steigen auf!« »Ich spüre noch die Nachwirkungen jenes Tages, aber geht und viel Glück!« Ich habe Tränen in den Augen, als ich sie weggehen sehe, aber was soll man machen?

Am 14. Mai kommt die erste Mannschaft sehr erschöpft zurück. »Prima Jungens!« Die angespannten Gesichter spiegeln die heftige Anstrengung wider.

Ich muß aufbrechen. Adam Skoczylas ist einverstanden, mit mir aufzusteigen. Eiselin sagt mir: »Du wirst dir wieder die Füße erfrieren.« »Ist mir egal!« »Ich will keine Schwierigkeiten, die Expedition ist ein Erfolg, es wäre idiotisch, ihn zu verderben.« Max hat recht, aber ich bin nicht umsonst hier, ich brauche ein Ergebnis.

Vor dieser Hartnäckigkeit gibt Max nach; wie dankbar bin ich ihm dafür.

Adam hat sich niemals von seinem Schock am Col Dapa erholt und leidet sehr. Plötzlich wird er von einem Anfall von Euphorie gepackt. Er seilt sich aus und beginnt über den Gletscher zu laufen, wobei er nahe an unergründliche Spalten kommt. Was tun? Ich gehe weiter bis zum Lager. Max stellt zwei Sherpas ab mit dem Auftrag, Adam zurückzubringen. Er sagt ihnen: »Ich will nicht zurückkommen.« Der Sturm überrascht mich einige hundert Meter vor dem Lager, ich denke ohne Unterlaß an Adam, der inmitten des Unwetters verloren ist. Eine schreckliche Nacht folgt auf diesen Alptraum von einem Tag. Am frühen Morgen sehe ich ihn und steige zu ihm hinab. »Wie geht's dir?« »Sehr gut, weißt du, ich habe noch niemals so hoch biwakiert!« Er ist sehr stolz darauf. »Willst du mit mir kommen?« »Sicher, warum?« Ich finde keine Antwort und gehe den Weg wieder zurück. Vor den Zelten läßt er sich hinfallen, ich muß ihn ins Innere ziehen. Er ißt ein wenig. Er lebt im Traum, seine Augen sind starr. Ich habe Angst. Bald geht es ihm besser, und wir sprechen normal miteinander. Hugo und Roussi haben jetzt zwei Tage Vorsprung. Adam ist entschlossen, weiterzugehen. Am nächsten Morgen seilen wir uns an. Ich gehe einige Meter, plötzlich sagt Adam zu mir: »Wir gehen nicht!« Ich explodiere und antworte: »Doch, doch, doch!« Er antwortet mir ruhig: »Nein, nein nein!« »Bleibe hier, man wird dich holen, ich gehe alleine!« »Einverstanden!«

Er geht zurück ins Zelt. Max, der uns beunruhigt durch das Fernglas beobachtet, sieht diese Szene und organisiert eine Mannschaft, die Adam herunterholen soll.

Ich brauche 8 Stunden, um das nächste Lager zu erreichen. Die letzten paar hundert Meter dabei im täglichen Schneesturm. Das Lager ist leer. Am nächsten Tag Schneesturm. »Um so schlimmer, ich muß sie einholen«.

Die Felsrippe erweist sich als sehr gefährlich. Die fixen Seile sind gefroren. Aber die Entschlossenheit übersteigt die Angst.

7300 m, da sind meine Freunde! Sie sind ein wenig überrascht von diesem weißen Gespenst, das ihr Zelt betritt. Sie machen mir Platz. Das gute Wetter am nächsten Tag erlaubt uns auf 7800 m aufzusteigen. Wieder einmal Sturm. Wir

Manaslu   8156 m

Der »japanische Achttausender«

warten drei Tage und steigen in der ersten Ruhepause auf 7300 m ab. Wir sind von diesem Warten mitgenommen. Sitzend im Zelt, keine Nahrungsmittel mehr, die Höhe, die Kälte, kein Sauerstoff . . .
Die Moral zeigt Nachwirkungen davon, und wir glauben nicht mehr an die Möglichkeit, den Gipfel zu machen.
23. Mai. Das Wetter ist ruhig. Versuchen wir es noch einmal . . . Roussi hat keinen Pickel mehr und entschließt sich, im Lager zu bleiben. Unsere Chancen sind gering, 900 Höhenmeter bis zum Gipfel und die vergangenen Tage haben uns für eine solche Anstrengung nicht vorbereitet. Trotz allem, der Körper gehorcht. Drei Atemzüge, ein Schritt, drei Atemzüge, ein weiterer Schritt . . . Der Gedanke an den Gipfel putscht uns auf, und um 14 Uhr befinden wir uns auf dem Gipfelgrat. Nur noch 400 m. Einige Stellen sind delikat: Feine Schneegrate oder kleine Felsaufschwünge. Nichts hält unseren Schwung auf. »Das ist nicht wahr!«
»Was?«
»Hugo wir sind da!« Wir können es kaum glauben. Ein Haken, von Schelbert eingeschlagen, schreit uns das Gegenteil entgegen. Wir umarmen uns. Freude ist das einzige Gefühl, das wir empfinden können. Es ist 18.30 Uhr. Hugo fotografiert. Ich flehe ihn an, schnell zu machen, meine Füße sind wieder gefühllos, und die Nacht bricht um 19.30 Uhr an. Es ist eine Flucht. Das kleine Lager erwartet uns. Was für eine unruhige Nacht. Der nächste Tag bringt eine neue Portion Anstrengungen für uns. Erst das Lager 7300, wo wir Roussi mitnehmen. Meine Beine können nicht mehr. »Laßt uns die Nacht im Lager 7050 verbringen.« Der Abstieg geht weiter. Aber das Lager ist vom Wind weggeblasen worden. »Weiter zum nächsten!« Auf 6500 m, neue Überraschung, eine Lawine hat alles überdeckt. Diesmal ist es aus. »Ich kann nicht mehr.« Mehrmals seile ich mich aus und lasse mich in den Schnee fallen. »Michel, sei vernünftig!« ermahnt mich Hugo mild. Welch außergewöhnlicher Freund. Endlich sind wir am Nordostsattel. Es ist Nacht. Dhyrenfurth und Haydukiewicz sind da und richten uns wieder auf. Das normale Leben kommt wieder zu seinen Rechten. Wie gut ist es im Komfort zu leben, nur zu zweit in einem Zelt!

Der Manaslu im Nepal-Himalaya war bis in die fünfziger Jahre ein Berg ohne Geschichte. Als 1950 mit der Annapurna der erste Achttausender bestiegen wurde, entstanden von dem etwa 60 Kilometer nördlich aufragenden Manaslu gerade die ersten Fotos. Erst in den Folgejahren rückte der höchste Gipfel im Gurkha-Himal ins Licht bergsteigerischer Interessen, und zwar hauptsächlich bei den Japanern. Der Japanische Alpenklub, der nun in das Ringen um die Achttausender eingriff, wurde von der Mainishi Press, Japans größtem Zeitungsverlag, kräftig unterstützt.
Vorläufig, 1952, umrundete man den Manaslu im Uhrzeigersinn, um eine Aufstiegsroute zu erkunden. Aber schon vorher hatte Professor Dyhrenfurth in seinem Buch »Zum Dritten Pol« die seiner Meinung nach günstigste Route genannt, und zwar den Zugang von Osten aus dem Buri-Gandaki-Tal. Dort liegt, etwa 170 Kilometer Luftlinie nordwestlich von Kathmandu, das kleine Dörfchen Sama als idealer Ausgangspunkt. Auch der Aufstiegsweg ist durch die natürlichen Gegebenheiten vorgeschrieben: Erreichen des Colle Nord bzw. des riesigen Gletscherplateaus in der Nordflanke des Gipfels. Vom Plateau aus schien das restliche Stück zum Gipfel begehbar zu sein.
Die Expedition, die in der Vormonsunzeit 1953 am Manaslu war, hatte Dyhrenfurths Vorschlag befolgt. Eine Dreiergruppe stieß am 1. Juni bis in eine Höhe von 7750 Meter vor — bei 35 Grad Kälte. Es fehlten nur noch knappe 400 Meter zum Granitfelszahn des Gipfels.
Ein Jahr später, 1954, wurde den Japanern der Weg zum Berg von den Dorfbewohnern von Sama verwehrt. Sie glaubten nämlich daran, daß die vorjährige Expedition die »Seele«, was Manaslu im Sanskrit bedeutet, entheiligt habe, vor allem deshalb, weil in diesem Jahr der Lama-Tempel durch eine Lawine zerstört wurde. Der Manaslu wird von den Bewohnern Samas als Gottheit verehrt. Er beherrscht ihr ganzes Leben; morgens und abends beten sie zu ihrem Gott, daß die Ernte reich werden möge.
Diesem Zwischenfall folgten Verhandlungen des japanischen Himalaya-Komitees mit der nepalischen Regierung in Kathmandu. Schließlich erhielten die Japaner die gewünschten

Genehmigungen, 1955 und 1956 an den Manaslu zu fahren. Während 1955 nur ein Vortrupp am Manaslu-Gletscher war, soll in der Vormonsunzeit 1956 die Entscheidung fallen.

Die Leitung der Groß-Expedition liegt in den Händen von Yuko Maki, dem 35 Jahre vorher mit drei Grindelwalder Führern die erste Überkletterung des Eiger-Mittellegigrates gelungen war. Obwohl inzwischen schon 62 Jahre, erweist sich Maki als ausgezeichneter Expeditionsleiter. Die anderen Teilnehmer sind in Europa nicht bekannt. Sie haben sich in den vergangenen Jahren beachtliche Erfahrung und auch technisches Können angeeignet: Katsuro Ohara, 44, war Leiter der Nachmonsun-Expedition 1955; Toshio Imanishi, 41, hatte 1953 den Akademischen Alpenklub Koyoto in die Annapurna-Gruppe geführt; Sonosuke Chitani, 39, und Dr. Atsushi Tokunaga, 28, haben in den japanischen Alpen schwierige Touren unternommen; die restlichen Teilnehmer, Dr. Hirokichi Tatsunuma, 40, Kiichiro Kato, 35 (er hatte 1953 die Höhe von 7750 Meter erreicht), Junjiro Muraki, 32, Hiroyoshi Otsuka, 31, Yuichi Matsuda, 25, Minoru Higeta, 25, sowie der Fotograf Takayoshi Yoda, 38, waren Teilnehmer der zurückliegenden Manaslu-Expeditionen.

Am 26. Mai trifft die Karawane mit 9000 kg Material in Sama ein. Und es hätte erneut Schwierigkeiten gegeben, wäre nicht ein Regierungsvertreter bei den Japanern gewesen, der die Einheimischen besänftigen konnte.

Das weitere Vorgehen geschieht wie von Yuko Maki geplant. Der Nachschub klappt, Bergsteiger und Sherpas sind in guter Verfassung. Das Basislager steht in 3850 m. Von dort gewinnen die Japaner auf der Nordseite des Manaslu-Gletschers an Höhe. Dabei haben sie stets den Manaslu vor Augen, seinen Gipfelspitz über dem Eismeer des Plateau. Die Lager III, IV und V sind in der vergletscherten Nordflanke. Das Wetter zeigt sich den Japanern gnädig. Yuko Makis Angriffsplan steht: Erste Gipfelgruppe ist Imanishi und der Sirdar, ihnen sollen Kato und Higeta folgen. Erste Nachhut beim Gipfelaufstieg: Muraki und fünf Sherpas, zweite Nachhut: Otsuka und drei Sherpas. Die seltene Wettergunst nützend, können die Japaner wie vorgesehen den Gipfel zweimal erreichen, am 9. und am 11. Mai 1956.

In der Folge, ab Lager VI in 7800 m, berichtet der Erstbesteiger Toshio Imanishi:

Für uns zwei, einen Japaner und einen Nepalesen, wurde das Lager VI zu einer eigenen Welt. Ich prüfte die Sauerstoff-Flaschen für den nächsten Tag einzeln nach. Der Druckmesser zeigte fast 150 Atmosphären. Wir schätzten, daß wir je 3 Flaschen für die Gipfelbesteigung und je 1 Flasche zum Schlafen benötigen würden, also zusammen acht Flaschen. Heraufgetragen wurden jedoch 14 bis 15 Flaschen. Nachträglich betrachtet wäre es für die zweite Gruppe, Kato und Higeta, unmöglich gewesen, die acht Zusatzflaschen zu tragen, da sie beim Aufstieg von Lager V nur von zwei Leuten, Otsuka und einem Sherpa, unterstützt wurden. Die zweite Gipfelbesteigung war nur deshalb möglich, da die Gruppe Murakis ihre eigenen Flaschen in Lager VI hinterlassen hatte. Muraki hatte uns in aller Stille geholfen und so gezeigt, daß harmonisches Zusammenleben unter den Menschen dann möglich ist, wenn man sich selbst für den Freund zu opfern bereit ist: Leicht gesagt, schwer getan — vor allem in 8000 m Höhe.

Gyaltsen war damit beschäftigt, das Abendessen vorzubereiten. Im Westen, hinter dem Annapurna-Massiv, ragte der Dhaulagiri in einer eigenartigen Form über das Wolkenmeer empor. Er scheint uns ziemlich tief zu liegen.

Im Zelt ist — bis auf den gelben Rucksack — alles rot, was auf uns beruhigend wirkt. Alle Sachen sind neu, und der Farbton ist, wie ich glaube, gut getroffen. Als ich im Schlafsack die angefangene Sauerstoff-Flasche einatmete, muß ich wohl eingeschlafen sein. Gyaltsen hat guten Kaffee gekocht und gab mir davon zu trinken. Wir benutzten Methan als Brennstoff, doch dauerte das Kochen sehr lange. Gyaltsen hatte einen Ölofen mitnehmen wollen, der mehr Heizkraft besitzt; wegen des größeren Gewichtes haben wir ihm davon abgeraten. Wenn man Platz hat, ist der Ölofen natürlich angenehmer, zumal man auch in 8000 m Höhe Kerosin benützen kann. Andererseits ist ein Methan-Kocher sicherer, da er weniger störanfällig ist. Zu Abend aßen wir Reis und

Die Tiroler Himalaya-Expedition 1972 im Schmetterlingstal in etwa 6000 Meter auf der Südseite des Manaslu. Die Erstbesteiger gingen den Berg von Nordosten an.

Suppe. Als Nachtisch kauten wir Dörrobst. Danach mußten wir schlafen, um für morgen früh gerüstet zu sein. Wir stellten die Sauerstoff-Flasche ans Kopfende, legten zwei dünne, verzweigte Gummischläuche aus und schlossen die Schlaf-Maske an. Wir stellten das Ventil auf 1 Liter pro Minute, d. h., daß jeder nur einen halben Liter atmen konnte. Ich wollte noch Tagebuchnotizen machen, brachte es aber nicht fertig. Lediglich die Zeit und die Sauerstoffverbrauchsmenge habe ich notiert. Unser Zelt war so berechnet, daß es nur den nötigsten Raum bot, war also ziemlich eng. Richtet man sich auf der Luftmatratze auf, so stößt der Kopf bereits an die Decke. Im Standlager hatte sich jemand beim Ausstattungsbeauftragten beschwert, man könne in einem so kleinen Zelt nicht leben — es sei zum Ersticken. Glücklicherweise schneite es heute nicht, auch ging kein Wind, so daß sich das Zelt kaum bewegte. Daher ließ es sich relativ angenehm darin leben. Anscheinend bin ich bald eingeschlafen. In der Nacht wurde ich plötzlich wach. Ich richtete mich auf und knipste die Taschenlampe an. Als ich die Sauerstoffpatrone nachsah, zeigte daß Meßgerät auf Null. Von neuem verblüffte mich die Wirkung des Sauerstoffs. Gyaltsen hatte bereits die Maske abgelegt. Die leere Patrone warf ich aus dem Zelt auf das Schneefeld und schloß die neue an. Ich nötigte Gyaltsen, die Maske wieder aufzusetzen, dann schlief ich von neuem ein. Als ich wieder erwachte, war es bereits hell im Zelt. Das Zeltinnere und auch der Schlafsack waren von unserem Atem weiß bereift. Zu diesem Zeitpunkt — 5.30 Uhr — zeigte das Meßgerät wieder auf Null. Die Sauerstoff-Flasche hatte zufällig auch die Rolle eines Weckers übernommen. Ihr Inhalt beträgt 2 Liter bei 150 Atmosphären Druck. Wenn man berücksichtigt, daß wir beide 1 Liter pro Minute eingeatmet hatten, stimmt die Rechnung genau. Wir öffneten den Zelteingang und maßen die Außentemperatur: 22° C unter Null.

Auch heute hatten wir günstiges Wetter: Windstill mit klarem Himmel. Gyaltsen ging aus dem Zelt und bereitete das Essen. Kurz darauf ging im Osten die Sonne auf. Wir hatten ein Signalgerät dabei, um den im unteren Lager Wartenden anzuzeigen, ob wir Lager VI verlassen hätten und ob wir bei der Gipfelbesteigung erfolgreich gewesen wären. Dreimal, um 10, 15, und 20 Minuten nach 6 Uhr sandten wir das vereinbarte Aufbruchssignal.

Gyaltsen fragte mich, was für einen Tee er kochen solle. Als ich antwortete, er solle kochen, was er wolle, bereitete er Ovomaltine. Wir tranken reichlich davon, aßen einen halben Teller Haferflocken und zwei oder drei Bissen von einer Waffel. Weil ich vermutlich zu Mittag kaum etwas essen kann, zwang ich vier bis fünf Nährwürfel (Hittobe) hinunter.

Ich freute mich mit Gyaltsen darüber, daß es fast windstill war. Sodann legten wir die volle Montur an: baumwollene Unterwäsche, darüber solche aus Kamelhaar, Flanellhemd, Pullover, Hose aus Serge, Eiderdaunenhose, zuletzt Windjacke und -hose. An den Füßen trugen wir ein Paar dünne und ein Paar dicke Wollsocken, Höhenstiefel, darüber daunengefütterte Überschuhe, an die wir die Steigeisen montierten. Für die Hände zogen wir wollene Fingerhandschuhe und darüber dünne Lederfäustlinge an. Auf den Rücken packten wir ein Tragegestell aus Duraluminium, in das wir drei Sauerstoffzylinder stellten. In den Rucksack kamen die Daunenjacke, etwas Proviant, einige Kletterhaken und drei Kameras: eine automatische 16-mm-Filmkamera mit 50 m Film; für Schwarzweiß-Aufnahmen eine Canon-Kamera mit 25-mm-Weitwinkelobjektiv und für Farb-Aufnahmen eine Nikon-Kamera mit 35-mm-Weitwinkel. Den Rucksack befestigten wir mit einer Gummischnur an der Sauerstofftrage. Alles zusammen wog über 20 kg.

Wir hatten beim Kochen Zeit verloren: es war bereits 8 Uhr, als wir das Zelt verließen. Zuerst wollten wir den Sauerstoffregler auf 3 l/min stellen, doch da wir nicht wußten, wie der Gipfel beschaffen war, entschlossen wir uns, zu sparen und begnügten uns mit 2 l/min. Gleich nach Verlassen des Zeltes war die Oberfläche des Schneehangs, der vom Nebengipfel herabführte, vereist, so daß wir nach Rissen suchten und dort den Schnee betraten. Dem Eis folgte bald Firn, was uns sehr erleichterte. Als wir einen Blick auf das Plateau zurückwarfen, sahen wir den Hang überall vereist. Im Jahre 1953 hatten hier drei Bergsteiger, nach Atem ringend, steigen müssen. Das war es, was sie zur Verzweiflung brachte. Der Gipfel könnte unmöglich bestiegen werden, wenn sich die Vereisung bis oben hin fortsetzte. Die Nerven wären zerfetzt, rutschte man dann aus, so könnte man sich nicht mehr festhalten und stürzte senkrecht in den Abgrund. Nun weitete sich der Hang zu einem großen Firnfeld. Es ist merkwürdig, in Gipfelnähe solch große Flächen zu sehen. Sollte Nebel aufziehen, so kann man hier weder vor- noch rückwärts gehen. Das bisher weit ausgedehnte Plateau verengt sich unter dem Gipfel, von wo er spitz aufsteigt. Bis zum Lager V hatten wir rote Markierungswimpel in 30 bis 40 m Entfernung aufgestellt. Dies wurde uns bald zu mühsam, so daß wir sie nur mittrugen und viele übrigbehielten. Wir stiegen den welligen Firn, dort, wo er rissig war und flache Buckel aufzeigte, langsam hinauf.

Zur Rechten schwammen zwei Spitzen auf dem Wolkenmeer. »Da sind sie!« dachten wir ermutigt, »Nun ist es nicht mehr weit.« Plötzlich rief mich Gyaltsen zurück, wobei er nach links deutete. Dort ragte ein dreieckiger, schneebedeckter Felsturm steil über der Schneefläche empor. Otsuka hatte vorgestern doch zu Recht geraten, daß jeder von uns zwei bis drei Fels- und Eishaken mitnehmen sollte. Wir machten einen ziemlich großen Umweg. Hier stellten wir zwei rote Wimpel auf. Ich filmte Gyaltsen mit der 16-mm-Filmkamera beim Aufstieg. Bald darauf übernahm er die Führung und stieg so schnell, daß ich außer Atem kam. Als ich nicht mehr konnte, ging ich wieder als Erster. In dem Firn waren einige Spalten versteckt, doch bestand kaum Gefahr. So kamen wir zum Fuß des Gipfels, wo das flache Schneefeld endet und der steile Gipfelhang beginnt. Wie bei einem Paß konnten wir durch einen schmalen Durchblick sehen; nur die Felswand des Pik 29 und ein bis zur indischen Ebene reichendes Wolkenmeer waren sichtbar. Vom Fuß des Gipfels steigt ein Firngrat steil auf. Wir umgingen ihn links und kletterten den Steilhang hinauf, wobei wir uns einer Felswand, die den Gipfel zu bilden scheint, zuwandten.

Schon waren wir über der Höhe des Everest-Südsattels (wo man den »Geruch des Todes« zu spüren bekommen soll). Kaum zu glauben, welch einen Unterschied das schöne Wetter ausmacht! Würde der Wind hier toben, so könnte es schlimme Folgen haben; wir haben also großes Glück. Endlich ist der Gipfel zum Greifen nahe. Nach und nach kommen wir der Spitze immer näher — nur noch ein kleines Stück! »Very lucky«, sagte ich zu Gyaltsen. Er lächelt.

Plötzlich ist der vermeintliche Gipfel verschwunden; er entpuppt sich als firnbedeckte Schulter. Vor uns erhebt sich ein noch engerer Steilhang. Links hängt eine Wächte in Richtung Manaslu-Gletscher über. Wenn wir uns umsehen, weitet sich die tibetanische Ebene schwärzlich bis zum Horizont, und den Nebengipfel, der uns so hoch erschien, sieht man jetzt als kleinen Felsturm unten liegen. Wir wechselten die Sauerstoff-Flasche und pflanzten einen roten Wimpel auf. Es war genau 11 Uhr. Nach einer kleinen Atempause wandten wir uns nach links, wobei wir Stufen schlugen. Rechts fällt die Wand senkrecht zum Marayandi-Gletscher ab, es war uns unheimlich. Als ich Gyaltsen fragte, ob die Stufen so richtig seien, meinte er, ich solle sie breiter schlagen. Darauf hackte ich richtige Wannen links den Firnhang hinauf. Als ich mich nach Gyaltsen umsah, kam er nach, wobei er die Stufen noch verbreiterte: Er ist sehr, sehr vorsichtig.

Der Sauerstoff, wichtiger als alle Lebensmittel!, fließt von der Rückenflasche zischend herüber. Wenn ich die Leistung der Technik bedenke, vergieße ich beinahe Dankestränen. Der Firnhang geht noch weiter. Vorsichtig, um die Wächte nicht abzubrechen, schritten wir zwei Stufen weiter, wobei wir uns gegenseitig sicherten. Gyaltsen kam hinzu und schlug einen Eishaken in den Felsen. Ich vertraute mich dem Haken an, und wir stiegen über den mit Geröll bedeckten Block; die gefährliche Stelle war gemeistert. Überzeugt davon, daß endlich der Gipfel kommen müsse, blickte ich nach oben, und da trat der dreieckige Felsturm hervor — der wirkliche Gipfel! Ein Schauer lief mir über den Rücken: zwischen uns und dem Gipfel klaffte eine tiefe Spalte. Instinktiv schaute ich um mich und entdeckte einen Schneehang da, wo man zum Marayandi absteigt — darauf könnte man zum Gipfel gelangen. Endlich faßte ich mich wieder, und als ich noch einmal zum Gipfel hinaufschaute, wurde mir der Ausweg klar: die tiefe Spalte war doch zu überwinden!

Und nun liegt der Gipfel des heiligen Berges bis auf 10 m vor meinen Augen! Der Gipfelpunkt ist noch ungefähr 20 m höher. An den Steilstellen, wo der Schnee weggeweht wurde, ist blanker Fels zu sehen. Von Gyaltsen gesichert, steige ich auf den Grund der Spalte. Als ich den Eishaken einzuschlagen versuche, biegt er sich — es ist zwecklos. Ich klettere weiter und schlage den Haken in eine Felsritze, wobei ich das Geröll mit dem Pickel beiseite schiebe. Schritt für Schritt kämpfe ich mich hoch, wobei ich aufpasse, daß ich die lockeren Brocken nicht losreiße. 12.30 Uhr: Ich stehe auf dem Gipfel. Er ist eng und spitz. Die Südseite, an der Schnee haftet, fällt senkrecht ab. Mich überkommt das heftige Verlangen, auf diese Firnspitze zu steigen. Gyaltsen, der mich fotografiert hatte, wie ich auf dem Gipfel stand, kommt herauf. Auf dem engen Felsen reichen wir uns froh die Hand. Die Stelle, auf der ich stehe, droht abzubrechen, daher setze ich mich rittlings auf den Gipfelrücken. Um uns herum ist alles ein Wolkenmeer, nur Pik 29, der Himal Tshuli und der Ganesh Himal, wo die zweite Gruppe einen Probeaufstieg versucht hatte, ragen heraus. Im Westen sieht man das Annapurna-Massiv und den seltsam geformten Dhaulagiri im Nebel liegen. Den Matsha Putshali südlich des Annapurna sieht man ganz klein. Im Norden erstreckt sich endlos eine schwärzliche Gebirgskette von der tibetanischen Grenze bis zum Horizont.

1½ Stunden sind bereits vergangen, seit wir auf dem Berg diese Aussichten mit der 16-mm-Kamera filmten und uns abwechselnd fotografierten. Ich glaubte, daß wir uns flinker bewegen könnten, doch da wir auf dem Gipfel die Sauerstoff-Geräte abgelegt hatten, waren unsere Bewegungen wahrscheinlich viel langsamer geworden. Es wurde höchste Zeit, die Kameraden zu benachrichtigen, die sich vermutlich um uns Sorgen machten. Als Gyaltsen die dritte Sauerstoff-Flasche wechseln wollte, war sie leer. Als ich sie am Tag zuvor kontrolliert hatte, war sie noch voll gewesen. War sie vielleicht nicht richtig verschlossen? Glücklicherweise geht es von jetzt an nur noch bergab, so daß der Rest auch ohne Sauerstoff zu schaffen sein muß.

Gyaltsen übernahm die Führung, und ich folgte ihm vorsichtig nach. Er schritt energisch abwärts, so daß das Seil ständig straff gespannt war. An der Stelle, wo wir die Stufen ins Eis geschlagen hatten, stiegen wir nacheinander ab. Ich wechselte die dritte Sauerstoff-Flasche auf dem Firnband neben der Felsspitze, die wir beim Heraufschauen zuerst für den Gipfel gehalten hatten. Dann gingen wir den an die Felsspitze anschließenden Steilhang mit äußerster Vorsicht hinunter. Im Gegensatz zum Aufstieg fühlte ich mich körperlich und seelisch wohler, so daß ich am liebsten laut gesungen hätte. Wir stiegen weiter geradeaus ab in Richtung des Lagers VI, wobei wir links die rote Fahne sahen, die wir beim Aufstieg aufgepflanzt hatten, als wir die Richtung zum Gipfel falsch eingeschätzt hatten. Wahrscheinlich waren unsere Nerven abgestumpft, denn erst jetzt wurde mir voll bewußt, daß ich auf dem Gipfel gestanden hatte — dies erheiterte mich.

Kurz vor dem Lager filmte ich Gyaltsen, wie er auf dem Blaueis voranschritt. Die Bedienung der automatischen Filmkamera war einfach und für einen Amateur wie mich ideal. Ich verfilmte noch den Rest der 50 m, darauf trafen wir um 15.05 Uhr im Lager ein, wo das rote Zelt einsam und verlassen stand. In meiner Flasche waren noch 50 atü Druck übrig. Wir öffneten eine Dose mit Fruchtsaft und eine mit weißen Pfirsichen und nahmen ein kleines Mittagessen zu uns. Dann bereiteten wir die noch vollen Flaschen für Kato und Higeta vor, die morgen kommen sollten; fünf bis sechs Flaschen waren noch unbenützt. Das Zeltinnere wurde aufgeräumt, sodann benutzten wir — wie vereinbart — das Signalgerät, um unseren Erfolg zu melden.

Hoch über dem Dhaulagiri waren viele kleine Wolken am Himmel, und wir befürchteten, daß das Wetter morgen umschlagen könnte. Wir drückten den Argentiniern die Daumen und hofften, daß unsere zweite Gruppe morgen hier wohlbehalten eintreffen möge. Wir schlossen eine neue Flasche an, und bereits nach ungefähr 40 Minuten konnten wir das Lager VI wieder verlassen. Wie dankbar waren wir für das windstille und klare Wetter! Es war 16.00 Uhr, als wir vom Plateau aus den Schneehang betraten. Beim Aufstieg waren wir senkrecht durch den Schneehang gestiegen; nun

Cho Oyu   8153 m

Der Erfolg einer Kleinstmannschaft

aber hatte Murakis Seilschaft beim Abstieg für uns ein Seil festgemacht, das rechts schräg nach unten führte. So näherten wir uns dem Lager V und IV. Gelegentlich gaben Wolkenöffnungen den Blick frei nach unten, auf Lager II, wo der Expeditionsleiter auf uns wartete. Gyaltsen, der vom rechten Rand des Schneehanges zum Lager querte, fing an, unsicher auszuschreiten. Um mich gegen sein mögliches Abrutschen zu sichern, faßte ich das Seil fester.

Vom Lager V nähern sich uns zwei Kameraden. Ich winkte ihnen mit erhobenen Händen. Manchmal kam auch ich auf dem Pulverschnee, der den Firn bedeckte, ins Rutschen. Hinter dem Steilhang erwarteten uns Muraki und Pemba Sunda auf einer Sitzbank, die sie für uns geschlagen hatten. Beide freuten sich mit uns. Als ich hörte, daß sich die Kameraden in den verschiedenen Lagern wegen unseres verzögerten Abstiegs Sorgen gemacht hatten, tat es mir sehr leid. Wir setzten uns auf die Schneebank und tranken heißen Tee. Ich war überzeugt, daß es keinen luxuriöseren Sitzplatz geben könnte als diesen; unser Gefühl, als wir uns daraufsetzten, läßt sich nicht in Worte fassen. Muraki hat uns seit dem Aufbau des Lagers V — also seit sechs Tagen — in 7200 m Höhe unterstützt. Er hatte die Ausrüstung zum Lager VI transportiert und uns dann hier so herzlich empfangen. Dafür sind wir ihm zutiefst dankbar.

Im Lager V wurden wir freudig begrüßt von Tatsunuma, Ida, Kato, Otsuka, Higeta und den Sherpas — alle wollten uns zugleich die Hände schütteln. Zunächst bedankte ich mich bei Dr. Tatsunuma für seine langjährige Mühe. »Es gibt wirklich nichts Besseres als Sauerstoff«, setzte ich hinzu Dann berichtete ich Kato und Higeta, was wir im Lager VI zurückgelassen hatten und wie es auf dem Gipfel aussah. Dem Expeditionsleiter meldete ich per Funksprechgerät den Ablauf des heutigen Tages; es war deutlich zu spüren, wie auch er sich freute. Nach einer halbstündigen Verschnaufpause begann der Abstieg zum Lager IV. Am Tag zuvor soll von der Eiswand des Plateaus eine große Lawine abgegangen sein, die Lager IV nur knapp verfehlte. Der alte Weg ist völlig mit Eisbrocken zugeschüttet, was uns den Abstieg erleichterte. In Lager IV wurden wir froh empfangen.

Verglichen mit dem gewaltigen Aufwand an Menschen und Material mancher Expeditionen, ist die österreichische Dreiergruppe, die sich am 13. August 1954 in Bombay trifft, scheinbar schon von vornherein zum Scheitern verurteilt, denn die Kleinst-Expedition will den achthöchsten Gipfel der Welt, den 8153 m hohen Cho Oyu, bzwingen.

Der geistige Vater dieses Unternehmens ist Dr. Herbert Tichy, 1912 in Wien geboren, von Beruf Journalist und Schriftsteller. Er kennt Asien wie kaum ein anderer Europäer. Als er im frühen Winter 1953 im westlichen Nepal etwa 1000 km erwanderte, sagte einer seiner Begleiter, Pasang Dawa Lama: »Ich weiß einen hohen Berg, wir können ihn machen.« Gemeint war der Cho Oyu westlich des Mount Everest. Er bricht nach Süden, Osten und Norden mit hohen Steilflanken ab. Die West- bzw. Nordwestflanke ist jedoch weniger steil. Das weiß man seit 1921, als der britische Major O. E. Wheeler den Westhang im Lichtbild festgehalten hatte.

Bei der Expeditionsplanung war Tichy davon ausgegangen, sich aus dem Lande zu ernähren, das heißt, die Nahrungsmittel in den Talorten einzukaufen. So kommt es, daß die Expedition mit nur 926 kg Ausrüstung, »das Holz der Kisten mitgerechnet«, wie Tichy mit einem Augenzwinkern betont, zum Cho Oyu reist. Als weitere Europäer sind noch zwei Tiroler dabei: Sepp Jöchler und Dr. Helmut Heuberger. Jöchler, 31 Jahre alt, Bauingenieur aus Landeck, kennt die schwierigsten Alpenwände. Heuberger, ebenfalls 31 Jahre alt, ist Geograph und arbeitet am Geographischen Institut der Universität Innsbruck. Er ist, seinen Worten nach, »ein leidenschaftlicher, aber nicht extremer Bergsteiger«.

Zur Kernmannschaft kommen sechs ausgewählte Sherpas mit Pasang Dawa Lama als Sirdar. Das Durchschnittsalter der Expedition liegt bei 31 Jahren. Die erforderlichen Geldmittel, etwa 40 000 Mark, konnten rechtzeitig beschafft werden. Bei der Zusammenstellung der Ausrüstung und Bekleidung war Kuno Rainer behilflich gewesen. Auf Sauerstoffgeräte wurde von vornherein verzichtet.

In Kathmandu treffen die Österreicher die Teilnehmer einer französisch-schweizerischen Gaurisankar-Expedition. Raymond Lambert, Chef dieser Expedition, teilt den Cho-Oyu-Leuten noch seine Erfahrungen über den Weg nach Namche Bazar mit.

Von dort marschieren die Österreicher nun nach Norden weiter durch das Bhote-Kosi-Tal, in dem einige malerische Dörfer liegen. Den gleichen Weg war 1952 auch Eric Shipton mit seinen Leuten gegangen. Er wollte die Everest-Kandidaten für 1953 auf ihre Leistungsfähigkeit prüfen und neue Sauerstoffgeräte erproben.

Von Namche Bazar, das 3450 m hoch liegt, sind es bis zum nördlich gelegenen Paßsattel Nangpa La (5500 m) ungefähr 40 km. Am 27. September erreichen die Österreicher mit ihren Sherpas und mit 27 Trägern und Trägerinnen den Sattel. Von dort wird der Cho Oyu angegangen.

Der erste Angriff wird in der Nacht des 6. Oktober im Lager IV (7000 m) von einem furchtbaren Sturm niedergeschlagen. Tichy zieht sich an den Händen Erfrierungen dritten Grades zu. Dr. Heuberger gibt ihm kreislauffördernde Spritzen.

Die Hochlager müssen geräumt werden. Pasang geht mit einigen Sherpas nach Namche Bazar, um die restliche Ausrüstung sowie frischen Proviant zu holen. In dieser Zeit, am 11. Oktober, tauchen, für die Österreicher völlig unerwartet, Frau Claude Kogan und Denis Bertholet, Teilnehmer der Gaurisankar-Expedition, am Cho Oyu auf. Sie waren am Gaurisankar gescheitert und möchten nun mit den Österreichern den Cho Oyu machen. Doch Tichy und seine Leute sind damit nicht einverstanden: Sie wollen nämlich beweisen, daß auch eine kleine Expedition mit geringen Mitteln einen Achttausender erobern kann.

Im Laufe der Gespräche kann eine Alternative erreicht werden: Den Österreichern wird ein letzter Angriff zugestanden. Tichy gerät in Zeitnot. Und — Pasang ist noch nicht zurück. Dessenungeachtet wird Lager III (als Schneehöhle) in 6600 m ausgebaut. Dort müssen die Bergsteiger drei Sturmnächte verbringen. Proviant und Brennstoff gehen zu Ende.

Da nun erscheint Pasang mit seinen zwei Begleitern. Sie hatten von der anderen Expedition gehört und waren im Eiltempo hochgestiegen — und steigen auch gleich weiter, durch einen Eisbruch zum Lager IV in 7000 m Höhe. Es ist der 18. Oktober 1954. Sepp Jöchler berichtet:

Es ist nicht das erstemal, daß ich vor einem großen Unternehmen stehe, das mich — wie immer — bis in das tiefste Innere ergriffen hält. Morgen soll nämlich die Entscheidung am Cho Oyu fallen. Morgen sollte, so die Götter es wollen, zum fünften Male erst einer Expedition gestattet sein, das Haupt eines Achttausenders zu betreten. Ich glaube fest an ein Gelingen, nur bin ich mir bewußt, daß der Einsatz diesmal ein weit größerer sein wird. Erfrorene Hände oder Füße waren das wenigste und billigste als Preis eines solchen Glückes. Durch die lange Zeit, die wir schon am Berg sind, und das ewige Darandenken an den Gipfel bin ich schon so weit, daß es mir für Augenblicke ganz gleichgültig ist, mein Leben für diesen Berg zu lassen. Nur auf dem Gipfel stehen und in einer anderen Welt sein zu dürfen. Der intensive Gedanke daran fördert die Angst, die mich erfaßt hat. Ich zittere. Mit Sehnsucht wünsche ich mir den kommenden Tag herbei, der diesen Aufregungen ein Ende machen wird.

Ruhig und nachdenklich liege ich im Zelt, neben den beiden Sherpas Pasang und Adschiba. Der Raum ist eng und bedrückend. Keiner spricht. Draußen ist es stürmisch. Die beiden einsamen Zelte in ungefähr 7000 m (Lager IV) knattern und ächzen. Gegen Abend kommt Herbert (Tichy), der mit Helmut (Heuberger) und dem Sherpa Gyelsen das andere Zelt innehat, zu uns hereingekrochen und sagt: »Ich habe es mir jetzt gut überlegt, ich gehe morgen mit euch!« »Adscha!« meint Pasang, rührt sich aber nicht. Mir macht diese entschlossene Zusage große Freude, denn immer habe ich mir schon gewünscht, daß ich mit Herbert, der mir dieses Erlebnis ermöglicht hat, den Gipfel erreiche, gemeinsam mit Pasang. Ich weiß, daß Herbert mit seinen erfrorenen Fingern nicht viel anfangen kann. Aber er hat den Mut, trotz dieses Mißgeschickes den schweren, gefahrvollen Gang zu wagen. Mir käme gar nicht in den Sinn, ihm seinen Entschluß auszureden, so schätze ich seine Tapferkeit. »Also, morgen sind wir zu dritt«, sage ich, »dies ist fein!« Bis zur Stunde war ausgemacht, daß Pasang und ich auf den Gipfel gehen sollten. Die Nacht will kein Ende nehmen. Nur die Sherpas schlafen, als lägen sie im bequemsten Lager. Pasang beschäftigt sich aber auch im Schlafe mit seinem Berg, denn ab und zu zuckt es durch seinen Körper, und er redet dabei wirres Zeug. Adschiba jedoch, mein ganz spezieller Freund, stöhnt nur dauernd in seiner ihm angeborenen Art, als würde er schwerste Arbeit leisten.

Ich bin froh, daß die dritte Morgenstunde anbricht und wir uns für den Gipfelgang herrichten können. Pasang braucht über eine Stunde zum Schuheanziehen. Adschiba, die treue Seele, hat bereits den Kocher in Brand gesetzt und kocht mit einer seltenen Gleichgültigkeit ein Hafermus. Endlich darf ich mich bewegen, aber ich bin gleich fertig. Ich bin nur so in meinem Schlafsack gelegen, samt allen Kleidern und Schuhen, den Morgen abwartend. Die lange Nacht gab mir sehr viel Zeit, um über alles nachzudenken, und ich bin jetzt, obwohl ich keine Minute geschlafen habe, innerlich erleichtert und voller Zuversicht.

Es ist der 19. Oktober, 6 Uhr früh. Eine bittere Kälte, wie eine stahlschwere Last, liegt über der zu Eis erstarrten Umgebung. Der Himmel färbt sich dunkelrot. Von Tibet her zieht ein gelber Schleier. Aus meiner Brust quält sich noch einmal die Bitte zum Himmel: Alle Götter, steht mir heute bei!

Ich nehme meinen Rucksack auf und verabschiede mich von Helmut. In seinem Blick und seinen Worten liegen tausend aufrichtige Wünsche. Vom anderen Zelt schaut Adschiba heraus, genau wie ein Hund, der in Treue und Anhänglichkeit um seinen Herrn vor Traurigkeit schnuppert und wedelt. Ich muß hin zu ihm. Er hat, glaube ich, darauf gewartet. »Godd luck, Sah'b«, kommt aus seinem derben Gesicht. Dann kramt er noch in seinen Taschen und steckt mir eine Handvoll Zuckerl in den Anorak. Diese einmalige Freundschaft stärkt mein Vertrauen ins Unermeßliche. Wenn solche Kameraden uns den Rückzug decken, kann die Sache nie schiefgehen. Helmut und Adschiba haben den Auftrag, uns mit einem Zelt entgegenzugehen, damit wir nicht im Freien

biwakieren müßten, falls wir den Abstieg nicht mehr hinter uns bringen.

Wir drei lassen nun die Zelte hinter uns. Im steilen, harten Firn stapfen wir aufwärts. Voran Pasang, der Unverwüstliche, hinter ihm Herbert, der Tapfere, und ich als letzter. Unbeschreiblich schwierig wird nun jeder Schritt in dieser sauerstoffarmen Luft, der Atem geht keuchend, und der Puls schlägt wie wild. Man darf sich nur nicht verleiten lassen zu rasten, sondern muß sich mit aller Willenskraft vornehmen, zu kämpfen. Jede Minute ist kostbar. Unser Weg ist weit. Wir haben 1200 Höhenmeter zu bewältigen und nur rund einen vollen Tag zur Verfügung.

Schon weit drunten liegen die kleinen, einsamen Zelte. Man merkt am Berg jedoch, daß das Höherkommen sehr, sehr langsam geht. Nach etwa zwei Stunden ist mir gerade so, als ob ich meine Füße nicht mehr spüren würde. Und immer schlechter wird dieser Zustand. Allmählich sind meine Beine bis zu den Knien herauf gefühllos. Herbert rät mir, ich solle umkehren und ins Lager zurückgehen. Ich bleibe stehen, damit niemand sieht, wie mir die Tränen kommen. Schon einmal hatte mich der Berg zurückgeschlagen, sollte es heute, am letzten Tag, vor dem Gipfel wieder passieren? Freilich sind mir die Füße jetzt lieber als der Achttausender, aber der Verzicht wäre mehr als schmerzlich. Ich versuche die Riemen meines Randbeschlages zu lockern, aber das scheitert an der Kälte, d. h. mit nackten Fingern dürfte ich es nicht wagen. Da kommt mir der Gedanke, blutkreislauffördernde Tabletten einzunehmen, und ich schlucke gleich eine Handvoll hinunter. Sodann mache ich mich wieder auf. Nachkommen ist jedoch nicht so einfach. Es braucht lange Zeit, bis ich die anderen wieder eingeholt habe.

Ein schwieriges Kletterstück, wo Pasang Herbert ans Seil nimmt, ist bereits hinter uns. Jetzt aber kommt ein sehr unangenehmes Stück, eine etwa 800 bis 900 m lange Querung hinüber bis zur sogenannten Schulter. Die Neigung ist teilweise so, daß man, ohne die Hände zu gebrauchen, nicht mehr gehen kann. Dazu ist das Eis sehr schlecht und das Gelände ausgesetzt. Mein Randbeschlag ist hier ganz fehl am Platze, aber daran bin ich selber schuld. Adschiba hat

Die etwa 3000 Meter hohe Cho Oyu-Südwand. Der Berg bildet mit dem Gyachung Kang (7922 m) und weiteren Erhebungen über 7000 Meter den gewaltigen Grenzkamm zwischen Nepal und Tibet.

mich morgens gebeten, ihm die Steigeisen zu leihen, weil seine irrtümlich von einem Sherpa in eine Last verpackt wurden, die zu Tale ging. Und meinem Freund wollte ich keine Bitte abschlagen. Jetzt freilich gäbe ich viel Geld, hätte ich Steigeisen unter meinen Füßen. Fast drei Stunden brauchen wir für diese Querung. Pasang sitzt schon längst auf der Schulter und wartet auf uns. Wir zwei aber geben unser Letztes für dieses gefährliche Stück. Zur Auffrischung schüttet uns Pasang gebähten Reis in den Mund, ebenso einen Schluck Kaffee. Dann geht es wieder weiter. Wir haben schon die Höhe von 7800 m. Der Blick in die Umwelt wird immer freier und weiter. Alle Siebentausender, die dauernd wuchtig über unseren Lagern gestanden haben, sind nun in die Tiefe getaucht. Die Welt beginnt unter unseren Füßen zu versinken.

Aber eine neue ersteht vor mir. Sie ist so himmlisch und phantastisch. Bis jetzt habe ich mich an den Berg herangekämpft mit allem, was der Körper in sich hat, und nun wird es ein beschwingtes, träumerisches Schreiten. Es ist kein Bergsteigen mehr.

Meine Lieben zu Hause sind mir plötzlich so nahe, als könnte ich mit ihnen sprechen. Ich denke, sie stehen mir jetzt alle bei, sie wollen mir helfen. Mein Wunsch ist, sie könnten den heutigen Tag miterleben.

Aber nicht lange dauert dieses eigenartige Gefühl. Die Wirklichkeit kommt wieder zurück. Die Füße werden bleiern, der Körper krümmt sich vor Schmerz und Anstrengung, die Schritte werden unsicherer und zaghaft, für jeden Schritt brauche ich acht und mehr Atemzüge, und dann befällt mich ein heftiger Schmerz im Unterleib, daß es mich zusammenzieht. Herbert vor mir windet sich ebenso. An seiner Haltung erkenne ich, daß ihn nur mehr der Wille aufrechterhält. Man merkt schon deutlich, daß wir die 8000-m-Grenze überschritten haben. Die Sauerstoffknappheit lähmt den Geist und die Muskeln. Werde ich noch die Kraft haben, den Gipfel zu erreichen? Die Steilheit hat zwar schon merklich nachgelassen — es kann also nicht mehr weit sein. Da spüre ich, wie mich jemand am Rücken anschiebt. Ich weiß, es ist ein braver Engel, der mir behilflich ist, aber meine Dankesworte,

die ich ihm zurückrufe, verschlagen sich im Wind. Ich strecke meine Linke aus, weil mich jemand aufwärtsführen will, und ich bin wieder unendlich glücklich, daß es stärkere Mächte gibt, als der Mensch es ist.

Allmählich wird der Gipfelhang ganz flach. Im Hintergrund erhebt sich ein mächtiger Berg, der mächtigste und höchste der Erde. Es ist der Mount Everest. Jetzt muß das Ziel bereits ganz nahe sein. Pasang, den ich schon längst aus den Augen verloren habe, sitzt plötzlich vor uns. 50 m dahinter steckt sein Pickel auf der Spitze, an dem die Wimpel wehen. Wir drei hängen uns ein und stapfen gemeinsam zum Ziel.

Der Gipfel ist erreicht, die unendlichen Strapazen sind zu Ende. Wer kann es ermessen, welch großer Stein jedem von uns vom Herzen fällt? Und welches Glücksgefühl sich eingeschlichen hat, inmitten Tausender von Bergen zu stehen, erhaben — und doch so winzig klein? Es ist nur ein kleines Zeichen meines Dankes, wenn ich nun das Kruzifix, das mir meine Mutter mitgab, in den Schnee stecke, während Pasang Reis und Schokolade vergräbt.

Ich will jetzt nicht niederschreiben, was ich damals auf dem Gipfel des Cho Oyu empfunden habe. Es würde mich kein Mensch richtig verstehen. Haben sich diese neun Stunden ununterbrochenen Kämpfens mit dem Berg und sich selbst, der Aufenthalt in der Todeszone und der Einsatz des Lebens auch wirklich gelohnt? Ja, gewiß! Nicht des Ruhmes willen, sondern der inneren Befriedigung wegen: den Berg der Sehnsucht, den Cho Oyu, als Freund angetroffen zu haben und dem Himmel so nahe gewesen zu sein!

Nanga Parbat   8125 m

Der deutsche Schicksalsberg

An keinem anderen Achttausender haben Bergsteiger mehr gelitten und größere Opfer gebracht als die deutschen am Nanga Parbat. Aber auch für die nepalischen Träger ist er zum Schicksalsberg geworden; bis zur Erstbesteigung mußten 17 dieser tapferen Männer dort ihr Leben lassen.

125 km nördlich von Srinagar, der Hauptstadt Kaschmirs, erhebt sich dieser westlichste Achttausender des Himalaya, auch von den Einheimischen in den Tälern gefürchtet seit Menschengedenken. 1841 hat ein Bergsturz den Indus gestaut und ihn zu einem See verwandelt, dessen gewaltige Wassermassen dann bis in die Ebene hinaus alles verwüsteten, was ihnen im Wege war. »Nanga Parbat« — Nackter Berg — hat sich als Name gegenüber Diamar, Diamir, Deomir durchgesetzt.

Ein tollkühner Mann war es, der sich im Sommer 1895 an die Nordwestseite des Berges heranwagte: Albert Frederick Mummery, 40 Jahre alt, Gerbereibesitzer in Dover und einer der erfolgreichsten Alpinisten seiner Zeit. Mit zwei Trägern stieß er — selbstmörderisch, würde man heute sagen — in der Diamirflanke (Nordwestseite) bis in etwa 6400 m vor... und ist seitdem verschollen.

Rund vier Jahrzehnte später kamen die ersten Deutschen zum Nanga Parbat, und zwar von Norden in die Rakhiot-Seite: 1932 und 1934 unter Willy Merkl, 1937 unter Karl Wien. 1934 starben zehn Männer, wohl an Erschöpfung: unter ihnen Willy Merkl, Alfred Drexel, Willo Welzenbach, Uli Wieland. Der Besteigungsversuch von 1937 forderte 16 Todesopfer: Karl Wien, Pert Fankhauser, Adolf Göttner, Hans Hartmann, Günther Hepp, Peter Mühlritter, Martin Pfeffer und andere; eine Eislawine hat sie begraben. Fast die gesamte deutsche Bergsteigerelite war am Berg geblieben. 1938 führte der Münchner Paul Bauer eine Expedition zum Nanga Parbat. Seine Leute erreichten eine Höhe von 7300 m. An dem »Mohrenkopf« genannten Felsturm stießen sie auf die Leichen Willy Merkls und seines Begleiters Gay-Lay. Bei Merkl wurde ein Zettel mit der von Welzenbach geschriebenen Nachricht, datiert mit 10. Juli 1934, gefunden: »An die Sahibs zwischen L. 6 und L. 4, insbesondere Dr. Sahib. Wir liegen seit gestern hier, nachdem wir Uli (Wieland)

im Abstieg verloren. Sind beide krank. Ein Versuch, nach 6 vorzudringen, mißlang wegen allgemeiner Schwäche. Ich, Willo (Welzenbach), habe vermutlich Bronchitis, Angina, Influenza. Bara Sahib (Merkl) hat allgemeines Schwächegefühl und Erfrierungen an Füßen und Händen. Wir haben seit 6 Tagen nichts Warmes gegessen und fast nichts getrunken. Bitte helft uns bald hier in L. 7. — Willo und Willy.« Diese erschütternden Zeilen lassen ihre letzten Stunden erahnen.

1939 arbeitet eine Expedition unter dem Kitzbühler Peter Aufschnaiter wieder in der Diamirflanke. Dann schiebt der Zweite Weltkrieg einen Riegel vor den Himalaya. Erst 1950 wird der Nanga Parbat erneut umworben: Drei Engländer machen eine Wintererkundung, zwei von ihnen kehren nicht mehr zurück.

Nach dieser mörderischen Bilanz reist im April 1953 die »Deutsch-Österreichische Willy-Merkl-Gedächtnis-Expedition« nach Pakistan. Unter der Leitung des Münchner Arztes Karl Maria Herrligkoffer, 37, eines Stiefbruders von Willy Merkl, stehen Peter Aschenbrenner, 51, der 1934 eine Höhe von 7850 m erreicht hatte, Fritz Aumann, 36, Albert Bitterling, 41, Hermann Buhl, 29, Hans Ertl, 45, Walter Frauenberger, 45, Otto Kempter, 27, Hermann Köllensberger, 27, und Kuno Rainer, 38. Als durchschlagskräftigster und härtester Alpinist gilt Hermann Buhl aus Innsbruck. Er kennt keine Halbheiten. Er ist einer der ganz wenigen Bergsteiger, die bis zur letzten Konsequenz gehen. Er ist zum Nanga Parbat gekommen, um ihn zu bezwingen.

Am 1. Juli 1953 steigen Buhl, Ertl, Frauenberger und drei Hunzas zum Lager IV in 6700 m auf. Die Rakhiot-Eisfläche und die Querung zum Ostgrat versehen Buhl und Ertl dann mit Stufen und Fixseilen. Einen Tag später stößt Kempter mit einem Träger zur Spitzengruppe. Gemeinsam wird in 6865 m Höhe das Lager V eingerichtet. Es soll für Buhl und Kempter das Sturmlager sein; Frauenberger und Ertl gehen mit den vier Hunzas wieder zum Lager IV zurück. Bis zum Nanga-Parbat-Gipfel sind es vom Lager V aus sechs Kilometer Luftlinie, 1300 Höhenmeter. Normalerweise, das heißt, wie bei anderen Expeditionen üblich, müßten dazwischen noch mindestens zwei Lager stehen. An der Annapurna zum Beispiel mußte die Gipfelseilschaft 680 Höhenmeter vom höchsten Lager aus bewältigen, am Mount Everest waren es 360 m.

Am 3. Juli 1953 verläßt Hermann Buhl das kleine Zelt. Otto Kempter will nachkommen. Die Nacht ist mondhell. Buhl tritt alleine einen Gang an, der aus dem Himalaya-Bergsteigen nicht mehr wegzudenken ist. Gegen 5 Uhr kriecht die Sonne über die Berge des Karakorum herauf. Weit unten entdeckt Buhl einen kleinen dunklen Punkt: Otto Kempter. Ein unbändiger Wille treibt Buhl vorwärts. Zwei Stunden später ist der Silbersattel erreicht, hier kann man das Hochplateau übersehen. Hermann Buhl erzählt:

Lange darf ich mich nicht aufhalten, der Weg ist noch weit, ich muß die Zeit nützen. Ich überlege noch kurz: soll ich auf Otto warten? Aber er wird mich schon noch einholen, der Weiterweg ist furchtbar mühsam, ein ständiges Auf und Nieder, ein Hindernislauf über meterhohe Stufen! Man stützt sich auf die Stöcke, drückt sich auf eine harte Schneeplatte, springt dann wieder in die nächste Einbuchtung. Eine aufgewühlte, jäh erstarrte Wasserfläche! Das soll drei Kilometer so dahingehen? Es erscheint mir nicht so lang ... Es ist so lang. Es ist länger. Es ist endlos ...

Langsam schleicht sich bleierne Müdigkeit in alle Glieder. Ich bin wie ausgewechselt. Was ist das? Ist es die Todeszone? 7500 m zeigt der Höhenmesser. Ich weiß, daß es manche Bergsteiger gegeben hat, die in dieser Höhe noch sehr aktionsfähig waren. Auch ohne künstlichen Sauerstoff wie ich. Und ich bin doch ganz gut höhenangepaßt. Doch fünf Atemzüge erfordert nun jeder Schritt. Das Weiterkommen ist furchtbar mühsam. Die Sonne nimmt an Kraft zu, es wird zu warm — heiß! Ist es die Strahlungstemperatur? Eigenartig, denke ich mir, der Schnee ist trocken, die Luft ist kalt, doch die Sonne heizt erbarmungslos ein, dörrt den Körper aus, trocknet die Schleimhäute und legt sich wie Zentnerlast auf den ganzen Menschen. Es wird immer unerträglicher. Ich setze mich in den Schnee — raste, versuche etwas zu essen, aber nichts will hinunter. Wenn ich jetzt bloß den Speck bei mir hätte, denke ich mir. Ich bilde mir ein, daß ich ihn leicht schlucken könnte. Aber den hat Otto im Rucksack. Also wieder weiter.

Mühsam raffe ich mich auf. Immer häufiger muß ich rasten. Ich schleppe mich an den Rand des Hochplateaus hinüber. Vielleicht kommt aus der Südwand ein frischer Wind? Doch unfaßbar ruhig ist die Luft! Ist das immer so in den Tagen knapp vor Beginn des Monsuns? Auch die Engländer nützten wohl diese Phase am Everest. Es sind die wenigen Tage des ganzen Jahres, wo es auch in diesen Höhen windstill ist. Diese Zeit ist aber auch sehr gefährlich, denn unvermittelt setzen dann oft die Stürme ein. Ich denke an Aschenbrenner und Schneider, die vor 19 Jahren doch schon hier oben unterhalb des Vorgipfels waren. Der Rauch ihrer Zigaretten stieg senkrecht in die Höhe, erzählten sie. Aber anderentags schon war das Inferno los ...

Steiler ziehen die Hänge zum Vorgipfel empor. Es ist 10 Uhr vormittags. Ich liege im Schnee, das Gesicht auf dem Rucksack, und schnaufe, schnaufe. Es will anscheinend nicht mehr ... Dort draußen, am Silbersattel, ein Punkt — es ist Otto. Es wäre gut, wenn der Kamerad jetzt hier wäre. Nicht nur wegen des Specks. Ich bin so müde. — Ist es nur der Hunger, ist es der Durst, oder spüre ich wirklich so die Höhe? Nun sehe ich hinüber zur Bazhinscharte, fast waagrecht, gar nicht weit weg. Doch dazwischen liegt eine Wand, von senkrechten Felsen durchsetzt, die Südwand. Ein Versuch allein wäre schon Selbstmord! Wie könnte ich diese Erhebung, den Vorgipfel umgehen? Ich zerbreche mir den Kopf. Vielleicht geht es doch auf der Nordseite? Abends könnte ich wieder zurück sein. Aber dann muß ich mich erleichtern. Der Rucksack drückt schon gewaltig auf die Schultern. Wenn er auch nicht schwer ist, aber hier spürt man jedes Gramm. Proviant ist für mich wertlos, ich bringe ohnedies nichts Eßbares hinunter, so bleibt auch dieser Bestand zurück. Noch ein Blick zu Otto. Der Punkt scheint sich nicht zu bewegen. Ich kann nicht warten.

Ich verstaue den Rucksack im Hohlraum einer Windfurche, binde den Anorak um die Hüfte, stecke den Eispickel wie ein Schwert an die Seite, Feldflasche, Reservebekleidung und Gipfelwimpel verschwinden in die Tiefen der Taschen, den Photo umgehängt, noch einen Reservefilm stecke ich ein, und auf die beiden Stöcke gestützt, setze ich den Weiterweg fort. Da fällt mir ein, der dicke Pullover ist noch im Rucksack ... Aber ich habe nicht die Energie, die Schritte zurück zu tun. Ich tröste mich: der dünne Pullover, den ich anhabe, würde auch genügen. Gegen Abend bin ich sicher wieder hier zurück. Im ersten Moment fühle ich mich erleichtert, aber gar bald stellen sich die wohlbekannten Erscheinungen neuerdings ein. Das Aufraffen nach jeder Rast erfordert unheimliche Überwindung. Am liebsten würde ich liegen bleiben, einschlafen. Wohltuend für die Augen ist der dunkle Hintergrund, das Industal, das hinter dem Silbersattel hervorkommt. Wie gerne möchte man einmal die lästigen Schneebrillen abnehmen, doch nicht einmal zum Fotografieren ist es erlaubt. Das Licht ist zu grell. Hier und da treten vereinzelt kleinere Spalten auf, die man aber schon deutlich erkennen kann und denen ich bewußt aus dem Wege gehe. Ich befinde mich bereits auf einer Höhe von ungefähr 7800 m, also knapp unterhalb des Vorgipfels, und quere nun an desen Nordseite entlang, ziehe durch endlose Mulden meine einsame Spur. Wenn ich einen Blick zurückwerfe, so sehe ich, gerade noch erkennbar, wie einen Stecknadelkopf so klein, Otto etwas hinter dem Silbersattel. Er scheint aufgegeben zu haben, er bewegt sich nicht weiter. So gehe ich eben allein meinen Weg. Der Vorgipfel ist mir jedenfalls sicher und als unerstiegener Gipfel mit 7910 m eine ganz ansehnliche Erhebung. Doch damit gebe ich mich nun doch nicht zufrieden. Eine Mulde löst die andere ab. 40 m unterhalb des Vorgipfels erreiche ich eine kleine Scharte, den obersten Rand des Hochfirns. Ein kurzer Hang führt noch zum Vorgipfel hinauf. Doch ich gehe ihn nicht. Ich muß meine Kräfte sparen.

Unter mir nun die Diamirscharte, ein sicherer Übergang, doch schade um den Höhenverlust. Es müßte ja auch hier eine Möglichkeit geben, zur Bazhinscharte hinabzukommen. Ein steiler, felsiger Abbruch liegt vor mir. Neuland. Hier hat noch kein Mensch seinen Fuß hingesetzt. Tief unten ein stei-

les Schneefeld und jenseits ein scharfer Felsgrat, eine plattige Wand von etlichen Rinnen durchzogen und dort oben die Schulter. Als besonders schmerzlich empfinde ich nun den gewaltigen Höhenverlust. Wäre ich nur schon dort drüben! Durch eine Rinne steige ich ab, quere auf Blockbändern nach links, aber bald stehe ich vor einer senkrechten Felswand. Ihre Überwindung scheint mir unmöglich zu sein. Ich kann mich kaum noch aufrecht halten. Immer wieder setze ich mich auf einen Felsen, möchte am liebsten einschlafen, fühle mich furchtbar müde, aber ich muß weiter. Das Ziel lockt noch immer, eine geheime Kraft treibt mich vorwärts, ein Dämon, läßt mich Fuß vor Fuß setzen.

Ich steige wieder zurück, versuche es weiter oben, hier scheint eine Möglichkeit gegeben. Steile Rinnen ziehen hinab, eisdurchsetzt. Dann bewegt mich wieder die bange Frage: Komme ich dort hinter jenem Felseck noch weiter, wird die Kraft reichen, um anderenfalls auch hier wieder zurückzukommen? Ich erinnere mich des Pervitins. Ich weiß von seiner Wirkung, aber auch von der Reaktion, und führe einen wahren Kampf mit mir selbst. Der Körper verlangt sehnlich danach, der Geist aber verbietet es. Vielleicht geht es noch bis zur Bazhinscharte!

Um 2 Uhr mittags stehe ich endlich dort, in der tiefen Senke zwischen Vor- und Hauptgipfel, 7820 m hoch. Erschöpft lasse ich mich in den Schnee fallen. Der Hunger nagt, der Durst quält, aber ich muß mir den letzten Schluck noch solange es irgend geht aufsparen. Vielleicht hilft das Pervitin darüber hinweg. In wenigen Stunden müßte ich ja wieder zurück sein und bis dahin würde die Wirkung schon reichen. Zögernd stecke ich zwei Tabletten in den Mund. Ich warte auf die Wirkung. Sie bleibt aus, ich spüre nichts. Oder hat es doch geholfen, wäre ich sonst vielleicht überhaupt hier liegen geblieben? Bei Tabletten kann man das nicht sagen!

Ich raffe mich wieder auf, steige entlang einer riesigen Wächtengalerie, und nun sehe ich auch den Felsgrat zur Schulter unmittelbar vor mir aufstreben. Oft hatte ich ihn vom Lager IV oder vom Mohrenkopf betrachtet, doch so ganz sicher konnte ich mir keine Meinung bilden. Ich war skeptisch. Nun wird mein Pessimismus hier bestätigt. Ein scharfer Felsgrat zieht zur Höhe. Sägezahnartig steilen einzelne Aufschwünge nach oben. Felstürme schauen wenig einladend herab. Alles noch stark verschneit und vereist. Dort oben: eine drohende Messerschneide, überdacht von einem Wächtensaum. Rechts fällt eine plattige Felswand einige hundert Meter weit in die Diamirseite ab. Wie es darunter weitergeht, ist meinem Auge verschlossen, links weiß ich nur die ungeheure Südwand. Gewohnheitsmäßig suche ich auch die rechte Wand nach Möglichkeiten ab und kann darin schließlich einige schwache Stellen finden. Sollte der Grat nicht gehen, so wäre dies der einzige Ausweg. Jäh setzt eine steile Felsstufe vom letzten Schnee an.

Ich stehe auf scharfer Firnschneide, unmittelbar am Beginn des Felsgrates, und schaue an den Füßen vorbei hinab in die Senke des Rupaltales — 5000 m tiefer. Gleichgültig nehme ich dieses Bild in mich auf, ich bin schon zu apathisch, als daß diese Eindrücke auf mich wirken könnten. Vielleicht geht es im Fels besser, vielleicht lenkt die Kletterei ab?

Sie lenkt ab, aber nur für Augenblicke, für eine kurze Wandstelle. Dann ist die Erschöpfung wieder da. Vollkommen ausgepumpt muß ich mich auf dem nächsten Absatz hinsetzen und längere Zeit verschnaufen. Nun bin ich bei der »Messerschneide«. Um den plattigen Felsen rechts auszuweichen, muß ich auf den Schnee der Wächte hinaustreten. Hält er? Durch einen Spalt sehe ich in den grausigen Absturz nach Süden: der oberste Teil — eine Eiger-Nordwand. Zierliche Wächten spannen sich wie baufällige Brücken von Felskopf zu Felskopf.

Eine senkrechte Stufe steht vor mir. Hoffentlich reicht meine Kraft! In einer mit Schnee gefüllten Ritze winde ich mich höher, nur noch wenige Meter. Mit letzter Kraft drücke ich den Körper über die Felskante und liege nun lange Zeit flach auf einer Plattform und ringe nach Luft. Ich richte mich auf. Dort hinten erst — immer noch gleich weit entfernt — der Gipfel. Ich könnte verzweifeln. Aber jetzt kann ich doch nicht mehr aufgeben! Ich will gar nicht dorthin schauen, der Gipfel kommt doch nicht näher. Ich setze mir mein Ziel selbst! Und so heftet sich das Auge auf einen nahen Punkt, wenige Meter entfernt, der eben mein vorläufiges Ziel be-

deutet. Der nächste Aufschwung, eine Kanzel oder ein Felsturm, ist es, der mein Auge anvisiert, und erst wenn ich dort bin, will ich wieder weiter schauen, aber dann auch nur für die nächsten zehn oder zwanzig Meter. Der Gipfel interessiert mich nun nicht mehr. Ich denke nicht an ihn, denke überhaupt nicht. Ich gehe und gehe, ich klettere und klettere, es vergehen Stunden. Ich will nur da hinauf, sehe nur die nächsten paar Meter vor mir, solange bis ich oben bin, bis es nicht mehr höher hinauf geht. Schon von meinen früheren Bergfahrten her bin ich gewöhnt, nicht vor dem Ziel aufzugeben. Ein Umkehren, ein Verzichten nur aus einer Schwäche heraus, das hat es bei mir noch nie gegeben. Aber hier ist es anders. Hier ist ein unbegreiflicher, unwiderstehlicher Zwang, der den erschöpften Körper weitertreibt.

Endlich rückt die Schulter in mein Blickfeld. Der Grat wird flacher, jedoch zerrissener. Ich glaube das Ärgste schon hinter mir zu haben, da stellt sich unverhofft ein steiler Felsturm in den Weg, ein Gratgendarm. Gendarmen versperren gerne den Weg, doch dieser scheint mir unerbittlich Halt gebieten zu wollen. Ungefähr 60 m schießt er fast senkrecht aus einer nur angedeuteten Gratscharte empor. Seine Flanken sind arg vereist und verschneit. Muß ich mich nun hier, so nahe dem Ziel, geschlagen geben? Es scheint fast so! Eine direkte Überkletterung halte ich für unmöglich. Ich habe ja kein Seil oder sonstige Kletterausrüstung bei mir, und was hätte es auch für einen Sinn. Ich bin doch allein! In die Südseite werfe ich erst gar keinen Blick und versuche — die einzige Möglichkeit — ihn im Norden zu umgehen. Ich quere eine brüchige Felsrinne, Eis schiebt sich dazwischen, eine kleine senkrechte Wandstufe, ebenfalls äußerst brüchig. Felsklötze hängen lose am Bergkörper. Ich biege um eine Kante, und nach 30 m stehe ich vor einem überhängenden Abbruch. Gut 5 m unter mir zieht eine steile, teilweise schneeige Rinne dahin und führt auf die Grathöhe. Doch wie komme ich in die Rinne hinein? Nach oben wie nach unten begrenzt sie ein überhängender Abbruch. Ich bin zum Äußersten bereit, versuche das Letzte! Noch mit den Steigeisen an den Füßen klettere ich den immer steiler werdenden brüchigen Fels. Ein Riß bildet die einzige Möglichkeit.

Wieder stecke ich die Handschuhe ein, verkralle mich im Grund des Risses, wie ich das in meinen heimatlichen Bergen schon so oft getan habe. Aber nun muß es schnell gehen! Es sind ungefähr zehn Meter. Doch da verklemmen sich die Steigeisen im schmalen Felsspalt, die Finger drohen zu erlahmen. Es ist schwerste Kletterei, man könnte sie vergleichen mit den schwierigen Stellen des Salzburger Weges in der Watzmann-Ostwand. Ich habe schon ganz meine Umgebung vergessen, denke gar nicht mehr, daß ich am Nanga Parbat bin. Nur noch eines beherrscht mich, ich muß durchhalten!

Ich beiße die Zähne aufeinander, noch einige schwere Meter, die Finger werden schon weich, aber da finde ich endlich einen Stand. Eine senkrechte Wandstelle liegt unter mir. Nahe am Absturz ging es diesmal noch vorüber. Doch ich bin noch nicht in der Rinne. Hier besteht nur eine Möglichkeit, endlich hineinzuqueren. Durch den etwas überhängenden Fels zieht eine handbreite Leiste. Darüber sind abschüssige Griffe. Die Steigeisenzacken kratzen am glatten Fels. Noch einmal biete ich meine ganzen Kräfte auf, es ist eigenartig, ich schaue gar nicht in den Abgrund. Nur noch die paar Meter vor mir, an die zehn Griffe und einige Tritte sind meine Welt. Die Kletterei nimmt mich ganz in Anspruch. Wieder dieses peinliche Gefühl in den Fingern, doch es muß gehen, nur noch wenige Meter, ich sehe ja schon den Weg frei zur Schulter hinauf. Endlich stehe ich in der Rinne. Es waren bange Momente.

Der Turm liegt hinter mir. Noch eine kurze flachere Wandstufe, und ein steiles hartes Schneefeld zieht vor mir nach oben. Die Spannung läßt nach. Nun bin ich wieder am Nanga Parbat! Unheimliche Müdigkeit überfällt mich. Erschöpft sacke ich zusammen. Ich ringe nach Luft und führe einen wahren Kampf um dieses lebensnotwendige Element. Wieder die alten Höhenerscheinungen, in noch stärkerem Maße — oder ist es der Durst? Jeder Meter ein Willenskampf, ich zwinge mich weiter, und endlich stehe ich am äußersten Rand der Schulter. Über 8000 m hoch. Es ist 6 Uhr abends. Bei dieser Feststellung erschrecke ich. Mir schien der Weg von der Bazhinscharte nur gut eine Stunde. Ich kann nicht mehr! Für meine Augen erscheint der Gipfel nun ganz nahe,

direkt greifbar mir gegenüber — eine Schneekuppe, doch ich fühle mich nun außerstande, ihn noch zu erreichen. Für meinen Zustand ist er noch unendlich weit entfernt. Ein letzter Schluck aus der Feldflasche, er muß helfen!

Der Cocatee tut anscheinend doch seine Wirkung. Ich fühle mich wieder etwas frischer, und nachdem ich alles Entbehrliche auf einem Block hinterlegt habe, richte ich mich wieder auf. Nur noch der Eispickel, die Gipfelfahne und der Fotoapparat begleiten mich. Unsagbar mühsam schleppe ich mich einen waagrechten Felsgrat entlang. Ich weiß, hier befiehlt nur mehr der Geist, der Geist, der an gar nichts anderes mehr denkt als an das Hinauf. Der Körper kann schon lange nicht mehr. Wie in einer Selbsthypnose bewege ich mich vorwärts.

Die Südseite bricht in steilen Schnee- und Eisflanken ab. Im Norden tritt erstaunlicherweise Fels und grobes Blockwerk zutage. Steil zieht es nach oben. Ich bin ganz erstaunt. Was mag die Ursache sein, ist es der Sturm, der den Schnee vom Gestein reißt, der ihn gar nicht ansetzen läßt? Ich quere Rinnen und kurze Schneefelder und mühe mich über Blockwerk. Der Fuß des Gipfelaufbaues ist erreicht. Über mir sehe ich einen Felsvorsprung, der höchste erkennbare Punkt. Dahinter muß der Gipfel sein. Wie weit noch? Hoffentlich reicht die Kraft noch bis dahin! Immerfort beschäftigt mich diese bange Frage. Ich kann mich nicht mehr aufrecht halten, ich bin nur noch das Wrack von einem Menschen. Kriechend auf allen vieren komme ich nur langsam weiter, immer näher kommt dieser Felsvorsprung, dem ich voll banger Erwartung zustrebe.

Was ist dahinter?

Ich bin angenehm überrascht. Nur noch eine kleine Mulde, ein kurzer Schneehang, wenige Meter nur, es geht schon leichter …

Und dann stehe ich auf dem höchsten Punkt dieses Berges, auf dem Gipfel des Nanga Parbat. 8125 m hoch.

Nirgends geht es mehr höher hinauf, eine kleine ebene Schneefläche, zwei Höcker und nach allen Seiten fällt das Gelände nur ab. Es ist sieben Uhr abends. Hier stehe ich nun, seit Erdenbestehen der erste Mensch, auf diesem Fleck,

am Ziel meiner Wünsche! Doch nichts von berauschendem Glück, nichts von jauchzender Freude, nicht das erhebende Gefühl des Siegers verspüre ich in mir. Ich bin mir der Bedeutung dieses Augenblicks nicht im geringsten bewußt. Ich bin vollkommen fertig! Todmüde lasse ich mich in den Schnee fallen, stecke ganz automatisch, als ob ich dies schon trainiert hätte, den Pickel in den sturmgepreßten Schnee. Siebzehn Stunden war ich nun dauernd unterwegs, jeder Schritt war ein Kampf, eine unbeschreibliche Willensanstrengung. Ich bin nur froh, nicht mehr nach oben steigen, nicht an den Weiterweg denken zu müssen, nicht mehr da hinaufschauen zu brauchen mit der bangen Frage, wird es noch gehen?

Aus dem Anorak hole ich meinen Tiroler Wimpel und binde ihn an den Pickelstiel. Die Sonne berührt schon bald den Horizont, und ich muß mich beeilen, will ich noch einige Aufnahmen erhaschen. Ich knie nieder — im Vordergrund der Pickel mit dem Wimpel, und dahinter schaut gerade noch der Silbersattel, ein Teil des Hochplateaus und der Absturz in die Südwand hervor. Dort unten ziehen schon lange abendliche Schatten dahin, und am Silbersattel kann man deutlich die Windgangeln erkennen. Der Grat zum Lager V kommt auch noch drauf und über den Pickel, weiter weg und viel kleiner und niedriger, nun die Berge des Hindukusch und Karakorum.

Der Film ist aus. Ich spule um. Öffne vorsichtig die Rückwand meiner »Karat 36«, denn ich bin mir der Bedeutung dieser Aufnahme bewußt, und lege den neuen »Agfa-Color« ein. Trotz meines Erschöpfungszustandes kontrolliert der Geist diese Vorgänge genau. Der Wunsch der Innsbrucker Clubfreunde ist erfüllt, ich nehme den Tiroler Wimpel ab, stecke ihn wieder ein und nun befestige ich an dem Pickel, wie verabredet, die pakistanische Flagge! Schnell noch einige Aufnahmen — die Beleuchtung ist schon etwas schlecht, ich muß den Belichtungsmesser zu Hilfe nehmen. Ein »Schuß« zum Vorgipfel hinüber, einer zum Rakhiot-Peak, zum Lager V hinunter und nun noch direkt steil ins Rupaltal abwärts, um auch diesen Tiefblick festzuhalten. Das sind Dokumente genug. Ich klappe die Kamera wieder zu.

Nun kann ich erst mit Ruhe den Rundblick wieder in mich aufnehmen. Von der kleinen Gipfelfläche fallen nach allen Seiten steile Flanken ungeheuer tief in die Täler ab. Sie entschwinden dem Auge völlig, und erst tief unten sieht man nach allen Richtungen die schuttbedeckten Talgletscher hinausziehen. Man hat das Gefühl, über allem zu schweben, in keinem Zusammenhang mehr mit der Erde zu stehen, losgelöst von der Welt und der Menschheit. Ich komme mir vor, wie auf einem winzigen Eiland inmitten eines riesigen Ozeans. Im Norden, in über 100 km Entfernung verebben gewaltige Gebirge. Im Osten das gleiche Meer von ungezählten Gipfeln, eisbedeckt, unerstiegen, unerforscht — das ist der Himalaya. Doch ist es nur ein bescheidener Teil dieses mächtigen Gebirges, den ich von hier aus übersehen kann. Auch im Westen, soweit das Auge reicht, brandet ein Wall von Bergen, und nur der Süden fällt tief in eine schwarze, dunstige Ebene ab: Indien und Pakistan. Unmittelbar unter mir, wie eine Hügellandschaft, eine Kette von Fünftausendern. An den gerade noch schneebedeckten Kuppen kann man die Höhe erkennen, und darüber hinweg fällt weit in das Land hinein der mächtige Schatten einer Pyramide, auf deren Spitze ich stehe.

Der Himmel ist makellos, weit und breit keine Wolke. Dies ist beruhigend. Die Sonne senkt sich hinter eine Bergkette und im Nu wird es empfindlich kalt. Es mag eine halbe Stunde verstrichen sein. Ich erhebe mich zum Abstieg. Als Beweis der Ersteigung — denn es konnte mich niemand beobachten — und als Symbol zugleich hinterlasse ich meinen Eispickel mit dem Zeichen Pakistans, dem weißen Halbmond mit Stern auf grünem Grund. Außerdem trage ich zu den obersten Steinen noch einige Blöcke zusammen und stelle sie zu einem kleinen Steinmal auf — doch muß ich diese Arbeit bald lassen, sie ist zu anstrengend — es genügt auch so. Ein von Menschenhand geschaffenes Gebilde steht!

Noch einen letzten Blick zurück — dann wende ich mich ab. Da fällt mir noch ein anderes Versprechen ein, und ich gehe nochmals die paar Meter zurück, stecke vom höchsten Punkt einen kleinen Stein ein — er ist für meine Frau, die zu Hause wartet und bangt — und steige gegen die Schulter ab. Es ist mir aber nun, als ob eine Veränderung in meinem Körper vor sich gegangen wäre. Ich fühle mich plötzlich viel frischer. Was ist wohl die Ursache? Vielleicht doch die Erreichung des Zieles? Wo ich im Aufstieg kroch, springe ich nun fast von Stein zu Stein und bin bald bei meinen zurückgelassenen Sachen an der Schulter. Ich bin mir der Schwierigkeiten dieses Felsgrates bewußt, der sich von hier zur Tiefe senkt. Im Abstieg dürften sie kaum zu überwinden sein. Der letzte Felsturm — im Aufstieg konnte ich ihn ja gerade noch bewältigen. Ich habe kein Seil! So bleibt mir keine andere Wahl, als nach einem anderen Abstieg Ausschau zu halten.

Vor mir zieht ein steiles Eisfeld zur Tiefe, weiter unten verschwindet es meinen Blicken. Vielleicht komme ich da hinab. Vielleicht führen unten Rinnen weiter. Ich hatte mir doch schon im Anstieg die rechte Flanke näher betrachtet und sah auch verschiedene Möglichkeiten. Es müßte hier schon gehen, 400 m tiefer am Ende der Felsen könnte ich dann leicht die Schneehänge zum Fuße des Vorgipfels ansteigen. Dort unten muß die Rippe emporziehen, an der sich vor bereits 58 Jahren Mummery, einer der größten Bergsteiger aller Zeiten, versuchte. Der Nanga Parbat und seine Gletscher wurden dem kühnen Mann zum erhabenen Grabmal. Der Nanga Parbat, dessen Gipfel ich als erster betreten durfte. Ich kann diese Tatsache noch nicht ermessen. Ich will nur wieder ins Tal, zu Menschen, ins Leben . . .

In nördlicher Richtung steige ich nun diese Eisflanke abwärts und gewinne auch rasch an Tiefe. Das Gelände sieht noch gut aus, doch wie mag es weitergehen? Die Steigeisen leisten mir vortreffliche Dienste, denn die beiden Skistöcke sind kein Ersatz für den Eispickel. Doch lieber jetzt ohne Pickel als später ohne Skistöcke! Ich hoffe, noch vor Einbruch der Dunkelheit die Bazhinscharte zu erreichen, um dann bei Nacht im Mondschein über das Hochplateau zum Lager V zu gelangen und mir so ein Freilager in dieser Höhe ersparen zu können. Plötzlich verspüre ich ein lockeres, unsicheres Gefühl am linken Fuß. Was ist das? Ganz erschreckt sehe ich, daß der Befestigungsriemen des Steigeisens unter mir verschwindet. Das Eisen hat sich gelöst, und dies wäre mir beinahe zum Verhängnis geworden. Ein rascher Griff nach

dem Steigeisen — ich kann es gerade noch ertappen. Doch ich habe keine Ersatzriemen bei mir, nicht einmal ein Stückchen Schnur. Und wenn auch — wie sollte ich in dieser exponierten Lage das Steigeisen anschnallen?

Nur auf einem Bein stehe ich, die beiden Skistöcke bilden die einzige Stütze. Rechts und links, über und unter mir steiler, vom Sturme beinhart gepreßter Schnee und Eis. Wie soll ich hier herauskommen? Ich versuche mit den Stockspitzen eine schwache Kerbe zu ritzen. Es gelingt. Keine Kerbe, aber eine Ritze, in der der blanke Schuh für einen Augenblick Halt findet, genau so lang, bis der andere steigeisenbewehrte Fuß einen Schritt weitermachen kann und die Zacken greifen. Ein abenteuerlicher Gang. So erreichte ich vorerst eine Schneerippe. Weiter absteigen kann ich nun nicht mehr. Ich versuche, auf dem kürzesten Weg der Flanke zu entrinnen und quere gegen den Grat hinüber, halte mich von einer Schneerippe zur anderen, bis ich wieder Fels unter der Gummisohle fühle. Ich bewege mich wie ein Traumwandler. Nur so ist es zu erklären, daß ich dieser Flanke entrinne . . .

Wieder bin ich in der Rinne hinter dem steilen Felsturm. Hier komme ich doch rascher weiter. Die Kletterei nimmt wieder meine ganze Aufmerksamkeit in Anspruch, so daß ich darüber beinahe die Höhe vergesse. Der Fels wird plattiger. Ich mühe mich einen glatten, ziemlich grifflosen Riß abwärts. Doch plötzlich wird es düster! Bricht etwa schon die Nacht herein? In meinem Eifer habe ich die Zeit übersehen! Fieberhaft suche ich nach einem besseren Platz, denn hier kann ich nicht einmal stehen. In überraschend kurzer Zeit ist es auch gänzlich finster. Es gibt hier anscheinend keine Dämmerung. Wo ist ein Platz, wo ich die Nacht verbringen kann?

Endlich spüre ich wieder etwas Festes unter mir — und schon fühle ich mich gerettet. Der Stand bietet beiden Füßen Platz. Zum Sitzen ist er allerdings zu klein, so muß ich eben stehend abwarten. Da drüben, dem Grat zu, sehe ich einen schwarzen Schatten aus der Wand ragen. Ein riesiger Block. Dort könnte ich sogar sitzen oder liegen! Doch der Fels dorthin ist glatt, vereist und in der Dunkelheit erscheint mir dies zu riskant. Ich muß mich wohl oder übel mit meinem Platz begnügen, ziehe alles Verfügbare an, die Wollhaube über die Ohren, die Kapuze tief über den Kopf, zwei Paar Handschuhe, alles dicht verschlossen. So warte ich ab. Als Rückenlehne dient mir eine 50 bis 60 Grad geneigte Wandfläche. Den dicken Pullover könnte ich nun gut gebrauchen! Aber der ist weit, im zurückgelassenen Rucksack... Sonst bin ich vortrefflich ausgerüstet. Dank dem Sporthaus Schuster in München, das meinen persönlichen Wünschen so weitgehend Rechnung getragen und vor allem mit den guten Schuhen soviel zu meiner Beruhigung in dieser Stunde beigetragen hat. Zwar fehlt mir jetzt der Biwaksack zum richtigen Kälteschutz, und auch ein Seil, um mich vor dem Absturz zu sichern, aber trotzdem erweckt der Gedanke an die bevorstehende Nacht in mir kein Grauen. Ich bin von seltsamer Gelassenheit. Alles ist so selbstverständlich. Es muß doch so sein. Das gehört eben dazu! Fast gleichgültig sehe ich dieser Nacht in 8000 m Höhe entgegen. Natürlich hätte ich weiter oben viel bessere Möglichkeiten gehabt, hätte sogar liegen können, aber nun bin ich schon einmal hier! Da fällt mir das Padutin ein! Ein kreislaufförderndes Mittel, ein Schutz gegen Erfrierungen. Fünf dieser kleinen Pillen würge ich hinunter, sie bleiben mir fast im Halse stecken. In der linken Hand halte ich die beiden Skistöcke. Hoffentlich entfallen sie mir nicht, ich brauche sie noch! Die Rechte klammert sich an einen Griff. Ich schaue nochmals auf die Uhr — 9 Uhr abends. Hoffentlich hält das Wetter...

Jähe Müdigkeit überkommt mich. Ich kann mich kaum mehr aufrecht halten. Der Kopf fällt nach vorne, die Augenlider drücken schwer herab, ich döse ein...

Plötzlich erwache ich, reiße den Kopf hoch. Was ist? Wo bin ich? Erschreckt stelle ich fest: in einer steilen Felswand, schutzlos — am Nanga Parbat — unter mir gähnende Leere, ein schwarzer Abgrund. Doch dann kommt es mir wieder gar nicht so vor, als ob ich in 8000 m Höhe wäre, ich habe keinerlei Atembeschwerden mehr. Ich versuche, mich gewaltsam wach zu halten, aber immer wieder will mich der Schlaf übermannen. Ich döse ständig von neuem ein, und es ist nur ein Wunder, daß ich das Gleichgewicht nicht verliere. Wo sind meine Stöcke? Jäher Schreck! Ruhe! Ruhe! Da sind sie ja. Eisern umklammere ich sie. Kälteschauer laufen mir über den Rücken, aber das macht nichts. Daß diese Nacht hart wird, weiß ich. Beherrscht der Wille so den Körper, daß ich kein Gefühl mehr für körperliche Pein empfinde? Es muß doch sicherlich —20 Grad haben, wenn nicht noch mehr? Ich hoffe auf den Mond. Um Mitternacht müßte er herauskommen, und dann könnte ich schon weiter absteigen. So würde diese Nacht nicht so lang. Halb dösend verbringe ich die Zeit. Als ich wieder die Augen aufreiße, glänzt das Hochplateau bereits silbern. Dort unten der Vorgipfel, der Nordgipfel, alles ist gespensterhaft beleuchtet, daneben wieder schwarze Schatten. Auch in meiner Wand ist es dunkel. Wo bleibt der Mond? Er verbirgt sich hinter dem Gipfel. Muß ich nun doch die ganze lange Nacht hier verbringen? Den Morgen auf diesem winzigen Platz abwarten? Es scheint mir jetzt fast unmöglich.

Dort drüben glänzt etwas. Es ist Schnee, eine Wächte in der Einschartung am Grat, und immer wieder schaue ich zu dem dunklen Schatten, dem Block hinüber und stelle mir vor, wie angenehm es dort zu sitzen wäre. Hie und da streicht ein Windhauch um die Flanken. Dann ist es wieder still. Totenstill. Das Schweigen der Unendlichkeit. Der Körper ist doch nicht unempfindlich geworden... Die Kälte wird immer unerträglicher. Ich spüre sie im Gesicht, trotz der dicken Handschuhe auch an den Händen. Sie sind beinahe starr. Vor allem aber an den Füßen. Die Kälte kriecht immer höher den Körper herauf. Die Zehen sind schon lange wie tot. Anfangs versuchte ich sie zu bewegen, trampelte auf meinem kleinen Stand. Aber ich muß achtgeben, alles worauf ich stehe, ist locker. Ist auch gleich, denke ich mir. Kalte gefühllose Füße habe ich schon öfters gehabt, ohne mir ernsthafte Erfrierungen zugezogen zu haben.

Dann nimmt mich wieder die Größe dieser Nacht gefangen... Ein wunderbarer Sternenhimmel wölbt sich über mir. Lange Zeit schaue ich da hinauf, suche den großen Wagen und den Polarstern dort am Horizont. Draußen im Industal blinkt ein Licht auf, ein Fahrzeug wohl — dann ist es wieder dunkel.

Der Körper beginnt sein Recht geltend zu machen. Hunger

und Durst machen sich wieder bemerkbar. Ich habe aber nichts bei mir. Langsam verrinnt die Zeit. So langsam ... Ich glaube schon nicht mehr an ein Ende dieser Nacht. Dann taucht doch dort in der Ferne hinter einer gezackten Bergkette ein Lichtstreifen auf, steigt immer höher herauf, der neue Morgen! Er ist wie eine Erlösung.

Noch stehen die Sterne am Himmel. Will es denn gar nicht Tag werden? Sehnsüchtig schaue ich dort hinüber, blicke fast starr zu dem Streifen, hinter dem die Sonne hervorkommen muß. Endlich verblaßt auch der letzte Stern — es wird Tag! Bewegungslos lehne ich am Felsen, die rechte Hand hält sich immer noch an den Griff und die linke umklammert eisern die Skistöcke. Die Füße sind wie Holzklumpen, die Schuhe gefroren, die Gummisohlen voller Reif. Die ersten Sonnenstrahlen treffen mich. Wie wohltuend das ist. Es löst die Erstarrung. Ich beginne wieder zu klettern, quere in den Riß zurück. Doch jetzt heißt es aufpassen! Es ist doppelt gefährlich, alles ist furchtbar glatt. Tiefer steige ich in die Rinne ab, endlos lang — noch immer nur mit dem einen Steigeisen, das andere ist in der Brusttasche meines Anoraks.

In diesen Stunden höchster Anspannung erfaßt mich ein eigenartiges Gefühl. Ich bin nicht mehr allein! — Da ist ein Gefährte, der mich behütet, bewacht, sichert. Ich weiß, daß das Unsinn ist, aber das Gefühl bleibt ... Eine steile Wand unterbricht die Rinne. Der Fels ist kleinsplitterig, brüchig. Ich muß die Handschuhe ausziehen, stecke sie in die Hosentaschen und versuche in die Ruine zu kommen. Doch alles bröckelt ab. Zu riskant erscheint mir das. Ein Rutscher, ein kleiner Sturz wäre mein Ende! Bestimmt würde ich auch den Gefährten mitreißen, den Freund — der gar nicht da ist ... Jeder Meter muß vorsichtig abgeklettert werden.

Bei uns in den heimatlichen Bergen würde ich einfach in die Schneerinne springen! Ich steige wieder zurück, will wieder meine Handschuhe anziehen. Sie sind fort. Erschreckt frage ich den rätselhaften Begleiter: »Hast du meine Handschuhe gesehen?«

»Die hast du doch verloren.« Deutlich höre ich die Antwort. Ich drehe mich um — sehe aber niemand. Bin ich schon wahnsinnig?

Narrt mich ein Spuk? Deutlich vernahm ich doch die bekannte Stimme. Welchem meiner Freunde gehört sie? Ich weiß es nicht. Ich kenne sie nur ... Ich suche nach den Handschuhen, doch nirgends sind sie zu sehen. Sie müßten doch irgendwo liegen, oder sind sie die Wand hinuntergefallen? Nochmals durchstöbere ich meine Taschen, dabei fällt mir mit Schrecken die Tragödie von der Annapurna ein — doch da entdecke ich meine Reservehandschuhe. Nun ist die Situation wieder gerettet.

Ich steige weiter ab, komme auch zurück in die Schneerinne, quere aus ihr heraus und jenseits abermals in die Felsen. Rechts, fast in gleicher Höhe — die Bazhinscharte! Doch ich muß nun noch weiter hinab, bis zum Ende der Felsen. Und während des ganzen Ganges begleitet mich der Gefährte, den ich nie sehe und der doch so vertraut ist. Besonders an schwierigen Stellen ist dieses Gefühl betonter. Es beruhigt mich, es lullt ein: wenn ich stürze oder rutsche, hält mich doch der andere am Seil. Aber da ist kein Seil. Da ist kein »anderer«. Im nächsten Augenblick weiß ich wieder ganz genau, daß ich allein bin und weiß auch, daß ich mir hier nicht die geringste Unachtsamkeit leisten kann.

Noch ein steiler Abbruch, ein senkrechter Riß, der mich ganz außer Atem bringt — und nun stehe ich endlich im Schnee. Die Wand läßt mich frei, sie liegt hinter mir. Steile, beinharte Schneefelder ziehen zu den Felsen, die vom Vorgipfel herabstürzen. Die Steigeisen sind hier wieder unentbehrlich. Ich versuche das zweite am Fuß zu befestigen. Mit der Verschnürung der Überhose binde ich es an den Schuh, aber schon nach wenigen Schritten steht das Steigeisen quer zur Schuhsohle. Geduldig schnalle ich abermals fest, doch bald stehen die Zacken neben den Schuhen seitlich weg. Alle zehn bis 20 Meter wiederholt sich dieses gefährliche Spiel. Das Bücken allein strengt mich schon furchtbar an. Diese Anstrengung verwirrt mich vollkommen. Ich schimpfe auf meinen Begleiter hinter mir, der mir dieses schlechte Eisen gegeben hat. Ich merke nun auch, wie er mir nachfolgt, immer hinterdrein!

Dann sitze ich wieder im Schnee, den Kopf in die Hände gestützt, und raste und verschnaufe. Die Knöchel schmerzen

vom Abwinkeln, das Gehen ist furchtbar anstrengend, doch endlich bin ich bei den Felsen, unterhalb der Diamirscharte. In einem riesigen Schneekolk, einer Mulde, tauche ich unter. Es ist schon wieder Mittag, wo bleibt bloß die Zeit? Durst — furchtbarer Durst quält mich. Ich habe nichts mehr zu trinken. Die Sonne brennt hernieder, es ist qualvoll, doch nirgends Wasser. Eis klebt an den Felsen, aber kein Wasser rinnt daran herab.

Nun steht mir der Gegenanstieg zum Vorgipfel bevor, der mich schon früher beunruhigt hat. Ich will mich noch etwas erholen und setzte mich in den Schnee. Mein Denken ist plötzlich wie ausgelöscht. Wie angenehm ist das doch!

Ich reiße die Augen auf, schaue umher! Habe ich jetzt geschlafen? Ein Blick auf die Uhr, eine Stunde ist bereits vergangen. Wo bin ich denn überhaupt? Überall sehe ich Spuren, dort Steinmänner! Bin ich auf einer Skitour? Allmählich kommt es mir wieder zum Bewußtsein: ich bin am Nanga Parbat in fast 8000 m Höhe — allein! Und die Spuren — das sind ja nur Windverwehungen und die Steinmänner dort — das sind Felstürme! Droben in den Felsen unter dem Vorgipfel höre ich Stimmen. Ruft mich jemand? Oder ist es nur der Wind? Vielleicht warten dort oben meine Freunde? Mühsam raffe ich mich wieder auf. Steige um einen steilen Felsen herum. Eine Geröllhalde zieht hinauf. Von Stein zu Stein mühe ich mich vorwärts, hänge nur noch in den Skistöcken. Nach jedem Schritt sinkt der Körper müde auf das Geröll. Ich glaube schon am Ende meiner Kräfte zu sein. Doch ich muß weiter! Wie oft habe ich das nun schon gesagt? Ich weiß, es gibt keine andere Möglichkeit, will ich wieder zurück zu den Menschen. So muß ich diesen Weg da hinaufsteigen. Für 30 Meter benötige ich eine Stunde. Immer unwahrscheinlicher ist für mich in diesem Zustand nun der lange Anstieg des gestrigen Tages. Noch flache Schneehänge, die endlos erscheinen. Dann aber stehe ich auf der Diamirscharte in der tiefsten Senke zwischen Vor- und Nordgipfel.

Vor mir liegt nun wieder diese riesige wellige Schneefläche, zerfurcht und zerpflügt. Weit, weit draußen der Silbersattel. Meine Augen suchen den Horizont ab, peilen über die Kim-me des Silbersattels, streichen am Hochfirn entlang herauf. Vielleicht kommt mir jemand entgegen? Doch nichts ist zu erkennen. Wenn ich nur einen Schluck Tee hätte, einen einzigen Schluck — er würde mich schon über die nächsten Stunden hinwegbringen. Mein ganzes Denken ist nur mehr bei etwas Trinkbarem, der Durst wird zur höllischen Qual, er raubt mir förmlich die Sinne. Gestern der letzte Schluck. Und dabei diese mörderische Hitze, diese Trockenheit. Der Gaumen ist wie Stroh, das Blut muß dick und zäh sein.

Während ich weitersteige, sind meine Augen unentwegt am Silbersattel. Nun sehe ich Punkte. Täuschung? Nein, das müssen die Freunde sein. Ich will rufen, jauchzen, bringe aber keinen Laut heraus. Aber die anderen kommen. Soll ich auf sie warten? Doch die Entfernung ist zu groß — ich gehe ihnen entgegen. Schritt für Schritt, müde, stolpernd, mechanisch. Als ich wieder über die wellige Schneefläche blicke, sind die Punkte verschwunden — grenzenlos die Enttäuschung... doch — da sind die Punkte wieder — nein — abermals ist die Schneefläche dort draußen leer! Narrt man mich? Allein stehe ich in dieser schier endlosen Weite, dieser hoffnungslosen Eiswüste.

Der Hunger wird fast ebenso unerträglich wie der Durst! Eine Packung Ovosport weiß ich noch im Rucksack, dort drüben muß er sein! Dort drüben... Wo drüben? Endlose Steilhänge quere ich. Einen langen Umweg muß ich machen. Alles wegen eines Bissens. Ich hoffe, dadurch wieder zu neuen Kräften zu kommen. Wie muß ich doch achtgeben, daß ich mit den Steigeisen nicht meine empfindlich gewordenen Knöchel verletze. Eine kleine Verstauchung und aus wäre es! Wieder schaue ich zum Silbersattel. Nun sehe ich die Punkte woanders und merke erst jetzt, daß es Felsen von dahinter aufragenden Bergen sind.

Doch jetzt höre ich Stimmen, ganz deutlich. Meinen Namen höre ich rufen: »Hermann — Hermann!« Ich höre sogar, wie sich Leute unterhalten! Aber zu sehen ist nichts. Täuschen mich die Sinne? — Halluzinationen? Ist dies der Anfang vom Ende — das Ende selbst? Wo mag wohl der Rucksack liegen? Ich kann ihn nicht finden.

Vielleicht ist die alte Spur noch sichtbar — so steige ich ab und quere abermals nach rechts. Ein endloses Hin und Her, ein Auf und Nieder! Es geht schon bald nicht mehr. Nur der Gedanke, etwas in den Magen zu bekommen, treibt mich weiter. Beinahe hätte ich das Suchen aufgegeben, da sehe ich noch deutlich einen Schuhabdruck — die Spur! Muß ich nun wieder hinauf oder hinab? Ich steige an, aber schon wieder kommen Bedenken. Es ist zum Verzweifeln — man müßte ihn doch sehen.

Endlich liegt der Rucksack vor mir. Ich falle nieder und krame im Liegen herum, aber kein Ovosport. Dafür finde ich etwas anderes — eine Packung Dextroenergen. Ich versuche eine Tablette zu essen, doch sie bleibt mir wie Mehl im Munde kleben. Die einzige Möglichkeit — ich greife zum Schnee. Ich tue es nicht gern, denn ich weiß, daß das schlimme Folgen haben kann, aber nun geht es nicht mehr anders. Ich zerdrücke die Tabletten, vermische sie mit dem Schnee und esse nun diesen Brei. Er mundet köstlich und bringt die erwartete Erfrischung. Nun kann ich wieder schlucken, spüre sogar wieder Speichel und versuche nun weiterzugehen. Doch bald wird der Durst noch brennender, die Zunge klebt mir am Gaumen, der Hals ist offen, rauh wie ein Reibeisen, und der Mund schäumt mir förmlich. Wieder rühre ich so einen Brei an, aber es ist nur eine kurze Labung, dafür tritt dann der Durst erneut stärker auf. Der Schnee raubt mir fühlbar die letzten Kräfte, und so wird dieser Weg über das Hochplateau zu einem wahren Leidensgang.

Nur langsam, im Schneckentempo komme ich weiter, muß nun für jeden Schritt bis zu 20 Atemzüge machen. Alle paar Meter falle ich in den Schnee. Nur mit Hilfe der beiden Skistöcke ist es mir überhaupt noch möglich weiterzukommen, sie sind mir Lebensretter und stützende Samariter.

Ich muß wohl hingefallen und eingeschlafen sein. Als ich erwache, sind die Augenlider wie Blei. Ich will mich erheben, doch es geht nicht, erschöpft sinke ich wieder zurück. Es ist also aus. So ist das Ende . . . Aber der Lebenswille ist noch nicht erloschen. Wo sind meine Skistöcke? Es ist nur einer da. Wo ist mein zweiter? Ich erschrecke. Dieser Schreck fährt aufpeitschend, belebend durch den Körper. Ich sehe, daß der

zweite Skistock ein Stückchen abgerollt ist. Auf allen vieren krieche ich dorthin. Dann habe ich wieder beide Stöcke in Händen. Ich richte mich auf — stehe — gehe . . .

Nun sehe ich auch wieder zum Rakhiot Peak hinüber, sehe einen Punkt, das Zelt. Dort am Hang — sind es Felsen oder die Freunde? Die Entfernung ist wohl zu groß, doch ich versuche zu rufen. Aber ich habe keine Stimme. Vielleicht sieht man mich? Ich schwinge die Skistöcke . . .

Es geht schon gegen Abend, die Sonne senkt sich aufs neue, und lange Schatten fallen über den Schnee. Ich kämpfe mich mit letzter Energie weiter. Eine zweite Nacht im Freien überstehe ich nicht! Vom eigenen Schatten gezerrt, getrieben und genarrt taumle ich dahin. Ich bin nicht mehr ich — nur noch ein Schatten — ein Schatten hinter einem Schatten. Diese elenden Windgangeln, die mir den Weg so furchtbar erschweren! Endlich bin ich in der tiefsten Einsenkung des Plateaus und nur noch einige hundert Meter trennen mich von der weiten torähnlichen Fläche des Silbersattels. Wie mag hier der Sturm gehaust haben — eine furchtbar aufgewühlte Fläche. Wo ich auch auszuweichen versuche, überall meterhohe Schneegebilde. Ich taumle wie ein Betrunkener, stürze, krieche, stehe, gehe, taumle . . . Ich erinnere mich wieder des Pervitins. Wenn noch etwas hilft, dann ist es das. Nur noch ein kurzes Aufleben der Kräfte soll es bewirken, denn bald würde ich beim Zelt sein. Aber sind nicht alle Reservekräfte schon aufgebraucht — ich fühle mich vollkommen ausgehöhlt. Blut und Speichel kommt aus dem Mund; er ist gänzlich verklebt, und die drei Tabletten drücke ich hinunter, als ob es Holzspäne wären. Ich zähle schon die Meter, immer näher kommt der Rand des Schnees.

Um halb 6 Uhr abends stehe ich draußen am Silbersattel und schaue wieder hinunter zum Rakhiotgletscher, zu den Lagern. Ausgebreitet liegt der ganze Anstieg vor mir. Ich sehe die Zelte im Schnee vergraben an den Hängen kleben. Unendlich tröstlich ist dieser Anblick. Als ob ich nach Hause käme. Doch was ist, da drunten rührt sich ja niemand? Hat man die Lager leer gelassen? Heilige Ruhe weit und breit, keine Menschenseele, kein Laut! Ich schaue hinüber zum Rakhiot Peak, und da bemerke ich wieder den schwarzen

Punkt, das kleine Sturmzelt und in der Nähe — noch zwei Punkte! Dort in der Rakhiotquerung muß auch jemand sein, vielleicht die Träger. Das ist keine Täuschung mehr. Das sind wirklich Menschen!

Ich weiß, ich bin gerettet. Ich bin in der Nähe der Kameraden, und dies gibt mir wieder neue Zuversicht. Die alten Spuren sind noch erhalten, ich nutze sie und quere zum Grat hinüber. Augenblicklich fühle ich mich wieder frischer. Ist es das Pervitin oder die seelische Entlastung? Zudem kann ich nun wieder leichter atmen. Aber die Vorsicht darf ich keinesfalls außer acht lassen! Wieder macht sich das eine Steigeisen selbständig. Ich nehme es verärgert ab und werfe es kurzerhand über die Südwand. Verhältnismäßig rasch komme ich den ausgesetzten Grat abwärts, vorbei an der Schaumrolle, durch den Bruchharsch, und um 7 Uhr abends, 41 Stunden, nachdem ich diesen Platz verlassen hatte, trete ich in die Nähe des Zeltes.

Hans kommt mir nun entgegen. Er weiß nicht, wie er seine Rührung verbergen soll und vergräbt sich hinter sein Aufnahmegerät. Wir fallen uns in die Arme, keiner bringt mehr ein Wort heraus. Ich bin so ausgedörrt, daß ich keinen Laut hervorbringe, und Hans ist nur froh, daß ich wieder zurück bin. Wir setzen uns vor das Zelt, und nun ruft er Walter zurück, der eben am Mohrenkopf steht und absteigen will, um uns beiden Platz zu machen. Walter ist glücklich, mir nun die Hand schütteln zu können, beinahe Tränen hat er in den Augen. Es gibt Augenblicke, da es keine Schande ist, wenn Männer weinen . . .

Die beiden wußten noch nicht, was mit mir los war und hatten schon das Schlimmste befürchtet. Sie wären ohne mich nicht mehr ins Hauptlager abgestiegen. Bis abends wollten sie warten. Dann wären sie losgezogen, über den Silbersattel, über die endlose Hochfläche, Richtung Gipfel. Nicht um diesen zu bezwingen, sondern um mich zu suchen. Großartig, solche Freunde. In diesem Augenblick fühle ich mich glücklich wie nie zuvor. Ich vergesse, daß alle Lager auf dem Rakhiotgletscher leer stehen.

Walter und Hans — aus ihren Augen lese ich Freude und Dank, und in väterlich-freundschaftlicher Art sind sie nun um mich bemüht. Hans gießt mir literweise Tee und Kaffee ein, dies bewirkt, daß langsam wieder Leben in meinen ausgetrockneten Körper dringt. Sie fragen gar nicht, ob ich den Gipfel gemacht habe. Ihnen ist dies gleichgültig. Die Hauptsache ist, daß ich gesund zurück bin. Dieses Zusammensein ist das eindrucksvollste Erleben während der ganzen Expedition. Wir wissen nun: wir sind nicht nur Expeditionskameraden — wir sind Freunde geworden! Walter zieht mir indessen schon die Schuhe aus, und nun erst merke ich, daß der Berg seinen Tribut gefordert hat. Die beiden ersten Zehen des rechten Fußes sind schon etwas verfärbt und gefühllos. Hatte ich das im Abstieg gar nicht gemerkt? Walter behandelt nun die Erfrierungen.

Zu dritt drängen wir uns nun in das enge Sturmzelt, ich muß doch berichten und erzähle und rede — wie ein Wasserfall — wie ein aufgezogenes Uhrwerk, das nicht so schnell zum Stillstand kommen kann. Ich bin wieder fabelhaft frisch! Was ist das, sind es die Nerven? Ich schildere den beiden den schweren Weg, und sie lauschen gespannt meinen Worten. Es wird immer ruhiger, und um Mitternacht merke ich erst, daß sie bereits eingeschlafen sind. Nun versuche auch ich zu schlafen, doch offenen Auges liege ich im Zelt. Ich fühle mich wohl, ich bin wieder bei den Kameraden, weiß mich warm und geborgen. Die Gedanken sind immer noch droben, und ich kann es selbst noch nicht fassen, daß ich wirklich auf dem Gipfel des Nanga Parbat gestanden bin. Wie oft habe ich mir diesen Augenblick erträumt, und nun war es so ganz anders, so unglaubwürdig. — Und das Biwak — auch mir erscheint es nachträglich wie das große Wunder einer gütigen Macht.

Annapurna 8091 m

Leidensweg am ersten Achttausender

28. März 1950. In der Geschäftsstelle des »Club Alpin Français« in der Rue La Bóetie im Herzen von Paris ist das »Comité de l'Himalaya« zusammengekommen, um die Mitglieder der Himalaya-Expedition zu verabschieden. Lucien Devies, Präsident des Komitees, umreißt ein letztes Mal die Ziele des Unternehmens: Erstbesteigung des Dhaulagiri oder der Annapurna. Falls beide Berge nicht möglich sind, soll ein »Trostgipfel« erstiegen werden. Anschließend fordert Devies die Bergsteiger zum Eid auf: »Ich verpflichte mich ehrenwörtlich, dem Expeditionsleiter unter allen Umständen und vor allem in entscheidenden Augenblicken zu gehorchen.«

In ähnlicher Form, mit einem sogenannten Expeditionsvertrag, werden in den meisten Fällen die Pflichten und Rechte der Expeditionsmitglieder vor der Abreise festgelegt. Derartige Verträge waren in der Vergangenheit häufig Anlaß zu Streitigkeiten, die dann nach der Rückkehr vor den Gerichten ausgetragen, und in der Presse hochgespielt wurden. Warum konnte bis 1950 noch kein Achttausender bestiegen werden? Lucien Devies meint, daß die verschiedenen Mannschaften bis dahin nicht homogen genug waren. Aus dieser Erkenntnis hat man in Frankreich eine Gruppe zusammengestellt, die homogen ist und zugleich eine »Nationalmannschaft« im Alpinismus verkörpert: Jean Couzy aus Nérac, Flugzeugbau-Ingenieur, mit 27 Jahren der Jüngste; Marcel Schatz, zwei Jahre älter als Couzy und dessen Seilgefährte in schwierigsten Alpenwänden, leitet ein großes Modehaus in Paris; Louis Lachenal, 30, aus Annecy, Bergführer in Chamonix; Lionel Terray, 29, aus Grenoble, Begleiter von Lachenal bei der zweiten Durchsteigung der Eiger-Nordwand, ebenfalls Führer in Chamonix; der hochgewachsene Gaston Rébuffat aus Marseille, auch Führer in Chamonix; Kameramann Marcel Ichac, der schon 1936 im Himalaya war; und der Pariser Chirurg Jacques Oudot. Verbindungsoffizier ist Francis de Noyelle von der französischen Botschaft in Neu-Delhi. Geführt wird die Gruppe von dem 32jährigen Ingenieur Maurice Herzog aus Lyon, dem späteren Minister für Jugend und Sport.

Mit sechs Tonnen Material und Proviant wird die indische Grenze überschritten. Nach dreiwöchigem Marsch nordwärts in Richtung Tibet erreicht man den alten Handelsplatz Tukucha, das »Chamonix« von Nepal. Es liegt am wilden Gebirgsfluß Kali Gandaki zwischen Annapurna (ostwärts) und Dhaulagiri (westwärts). Gegenüber einer Karawanserei wird vorerst ein Lager aufgeschlagen. Nach dem feuchtheißen Urwald am Himalaya-Südfuß mit den Terrassen, auf denen die armseligen Dörfer liegen, sind die nun folgenden Erkundungen am Nilgiri und zum Dhaulagiri für die an eisige Gletscher gewöhnten Franzosen geradezu eine Erholung.

Am 14. Mai 1950 entscheidet sich die Expedition für die Annapurna. An ihr sind, nach Meinung Herzogs, die Erfolgschancen größer als am Dhaulagiri.

Die Annapurna erhebt sich 33 km östlich vom Dhaulagiri und etwa 30 km nordwestlich der Senke von Pokhara. Das Wort Annapurna entstammt der altindischen Schriftsprache des Sanskrit und bedeutet soviel wie »Göttin der Ernten«. Der Berg, der aus Graniten und Mischgneisen besteht, ist die höchste Erhebung der Annapurna-Gruppe in Zentral-Nepal. Ungefähr 20 km östlich des Hauptgipfels, auch Annapurna I genannt, erhebt sich die Annapurna III (7555 m), die in südöstliche Richtung einen Grat mit den Gipfeln Annapurna IV (7525 m) und Annapurna II (7937 m) entsendet. Südlich der Annapurna III steht über dem Grat das Gabelhorn des Machapuchare.

Die Franzosen gehen sofort zum eigentlichen Angriff über. Vom Base Camp (Hauptlager) in 4600 m werden über den Annapurna-Gletscher von Norden die Lager vorangetrieben: I in 5100 m, II in 5900 m an der Basis der Steilhänge, III in 6400 m, IV in 6900 m als Zugang zum Gipfelfirn. Und am 2. Juni steht in 7400 m das Sturmlager.

Ob sich die Bergsteigergruppe bereits vollständig akklimatisiert hat, sollte nach Abschluß der Expedition bezweifelt werden. Anlaß zu solchen Überlegungen geben vor allem die Amputationen, die dann bei Herzog und Lachenal an den Fingern und Zehen vorgenommen werden mußten.

Vom höchsten Lager bis zum Gipfel sind 700 Höhenmeter zu bewältigen. Herzog und Lachenal brechen am 3. Juni ge-

Annapurna von Osten. Links vom Gipfel (die Spitze ganz rechts) senkt sich der lange Grat über dem Kessel des Südlichen-Annapurna-Gletschers.

gen sechs Uhr zum Gipfelgang auf. Statt des Frühstücks haben sie Maxiton-Tabletten, ein sogenanntes »Weckamin«, eingenommen. Es regt zwar zu Höchstleistungen an, kann aber nach dem Abklingen der Wirkung auch zum Zusammenbruch führen.

Der Gipfelhang ist technisch nicht schwierig, ohne Spalten, so daß Maurice Herzog und Louis Lachenal auf die Mitnahme eines Seiles verzichteten. Aber schon allein das Gehen ist in diesen Höhen äußerste Anstrengung und wird zur Qual. Jeder Schritt bedeutet eine ungeheure Überwindung. Und es sind viele Schritte bis zum Gipfel, den die beiden Franzosen um 14 Uhr betreten. Zum ersten Mal stehen Menschen auf einem Achttausender! Maurice Herzog:

Die Mission ist erfüllt. Doch noch Größeres hat sich vollendet. Wie schön wird das Leben nun sein!

Es ist unfaßbar, wenn man plötzlich sein Ideal verwirklicht und zugleich sich selbst. Das Gefühl überwältigt mich. Nie habe ich eine so große und reine Freude empfunden.

Dieser bräunliche Stein, der höchste in der Runde, dieser Eisgrat ... sind sie das Ziel eines ganzen Lebens? Ist hier die letzte Chance menschlichen Stolzes?

»Steigen wir ab?«

Lachenal faßt mich am Arm. Was für Gefühle bewegen ihn? Ich weiß es nicht. Denkt er, er habe irgendeine beliebige Fahrt gemacht wie in den Alpen? Meint er, jetzt brauche er nur so mir nichts dir nichts wieder abzusteigen?

»Eine Sekunde, ich muß Aufnahmen machen.«

»Beeil dich!«

Ich suche fieberhaft in meinem Rucksack, nehme den Apparat heraus, hole die kleine französische Fahne hervor, die sich zuunterst verkrochen hat, die Wimpel. Bloße Gesten sicherlich, aber mehr als Symbole: sie sind der lebendige Ausdruck liebevoller Gedanken. Ich knüpfe die Leinwandstücke, die im Rucksack von Schweiß und Eßwaren schmutzig geworden sind, an den Stiel meines Pickels, die einzige Fahnenstange, die ich zur Verfügung habe. Dann stelle ich den Apparat auf Lachenal ein.

»Da, willst du mich aufnehmen?«

»Gib her ... mach rasch!« erwidert Lachenal.

Er macht mehrere Fotos, dann gibt er mir den Apparat zurück. Ich lege den Farbfilm ein, und wir wiederholen die Prozedur, um auf alle Fälle ein paar Andenken mitzubringen, die uns eines Tages lieb und wert sein werden.

»Du bist wohl verrückt!« sagt Lachenal. »Wir haben keine Zeit zu verlieren ... müssen sofort hinunter!«

Ich blicke um mich: tatsächlich, das Wetter ist nicht mehr so herrlich schön wie heute morgen. Mein Gefährte wird ungeduldig:

»Wir müssen absteigen!«

Er hat recht. Es ist die instinktive Reaktion des Bergführers, der sein Reich kennt.

Doch ich kann mich noch immer nicht an den Gedanken gewöhnen, daß wir den Sieg errungen haben, es scheint mir ganz unglaubhaft, daß wir hier oben im Schnee stehen.

Einen Steinmann können wir hier unmöglich errichten: es sind keine Steine da, alles ist vereist.

Lachenal stampft mit den Füßen: er fühlt, daß sie erstarren. Ich auch. Aber ich achte kaum darauf. Der höchste Gipfel, den Menschen je bezwangen! Er liegt unter unseren Füßen!

Vor meinem Geist zieht die Reihe unserer Vorgänger, der großen Pioniere des Himalaya, vorüber: Mummery, Mallory und Irvine, Bauer, Welzenbach, Tilman, Shipton ... Wie viele sind tot, wie viele fanden in diesen Bergen ein Ende, wie sie es sich schöner nicht wünschen konnten?

Demut mischt sich in meine Freude. Nicht eine einzelne Seilschaft bezwang heute die Annapurna — nein, eine ganze Mannschaft. Ich gedenke aller meiner Kameraden, die sich in den Lagern an den Hängen zu unseren Füßen festgenistet haben, und weiß: dank ihren Anstrengungen, dank ihren Opfern ward heute der Sieg unser. Es gibt Augenblicke, in denen das vielfältigste Geschehen sich zur Einheit ordnet und verdichtet und einem in lichtvoller Klarheit vor Augen tritt: so jetzt mir das unwiderstehliche Vorwärtsdringen aller Kameraden, das unsere Expedition bis hierher geführt hat.

Und andere Bilder tauchen in meiner Erinnerung auf ...

Das Tal von Chamonix, wo ich die schönsten Stunden meiner Jugend verbrachte, der Montblanc, von dem ich einen so tiefen Eindruck empfing! Schon als Kind staunte ich »die vom Montblanc«, wenn sie von droben zurückkamen, wie Wesen aus einer anderen Welt an und sah in ihren Augen ein seltsames Licht leuchten.

»Vorwärts! Geradewegs hinunter!« ruft Lachenal.

Schon hat er seinen Rucksack wieder um und macht sich an den Abstieg. Ich ziehe den Höhenmesser aus der Tasche: 8500. Ich lächle vor mich hin. Ich schlürfe etwas Kondensmilch und werfe die leere Büchse weg: sie bleibt als einzige Spur unseres Hierseins zurück . . . Ich verschnüre meinen Rucksack, ziehe die Handschuhe wieder an, setze die Schneebrille auf, ergreife meinen Pickel; noch einen Blick in die Runde . . . dann tauche auch ich ab, den Hang hinunter. Ehe ich in der Rinne verschwinde, sehe ich noch einmal zu dem Gipfel hinauf, der hinfort all unsere Freude, all unser Trost sein wird.

Lachenal ist schon tief unten; er hat bereits das untere Ende der Rinne erreicht.

Ich stapfe in seiner Spur abwärts.

Ich beeile mich wie nur irgend möglich, doch das Terrain ist gefährlich. Man muß bei jedem Schritt fürchten, daß der Schnee unter dem Gewicht des Körpers abrutscht. Lachenal ist schon auf der großen Diagonale. Er geht mit einer Schnelligkeit dahin, deren ich ihn nicht für fähig gehalten hätte. Jetzt muß auch ich die Zone traversieren, wo Fels und Schnee miteinander abwechseln. Endlich bin ich unterhalb der Wand. Ich habe mich sehr beeilt und bin ganz außer Atem. Ich nehme den Rucksack ab, ziehe die Handschuhe aus. Was will ich? Ich weiß nicht. Da, plötzlich . . .

»Oh, die Handschuhe! . . .«

Ehe ich noch Zeit hatte, mich zu bücken, sehe ich sie schon dahinrollen, dahingleiten, immer weiter, den Hang hinunter . . . Da stehe ich bestürzt, sehe sie langsam entschwinden, unaufhaltsam. Die Bewegung dieser Handschuhe prägt sich meinem Auge ein wie etwas Unvermeidliches, Endgültiges, gegen das ich nichts vermag. Das kann sehr schwere Folgen haben. Was soll ich tun?

»Nur schnell zum Lager V!«

Rébuffat und Terray müssen schon dort sein. Meine Unruhe ist wie durch ein Wunder verflogen. Ich habe nur noch den einen Gedanken: das Lager zu erreichen. Nicht einen Augenblick denke ich daran, die Socken aus dem Rucksack zu nehmen, die ich für solche Fälle immer bei mir habe; ich stürze drauflos und versuche, Lachenal einzuholen. Es war 14 Uhr, als wir den Gipfel erreichten; um 6 Uhr waren wir aufgebrochen. Ich muß mich erst besinnen, ich habe kein Zeitgefühl mehr. Ich bilde mir ein zu laufen, in Wirklichkeit gehe ich normal, vielleicht sogar langsam. Immer wieder muß ich stehenbleiben, um Atem zu schöpfen. Wolken bedecken jetzt den ganzen Himmel. Alles ist trüb geworden, schmutziggrau. Ein eisiger Wind erhebt sich, der nichts Gutes verheißt. Vorwärts!

Doch wo ist Lachenal? Und ich dachte, er sei nicht besonders in Form! Ich sehe ihn mindestens 200 m vor mir. Er denkt nicht daran, stehenzubleiben.

Die Wolken werden dichter, senken sich auf uns herab; der Wind bläst stärker, doch ich leide nicht im mindesten unter der Kälte. Vielleicht steigert das rasche Bergabgehen meine Blutzirkulation.

Werde ich im Nebel die Zelte finden?

Ich halte den Felsgrat des Vogelschnabels im Auge, der über dem Lager aufragt. Nach und nach verschwindet er im Nebel, aber glücklicherweise sehe ich weiter unten die lanzenspitzenförmige Felsrippe noch. Sollte der Nebel noch dichter werden, gehe ich direkt auf den Grat zu. Wenn ich ihn dann entlang gehe, muß ich unbedingt auf das Zelt stoßen.

Lachenal verschwindet immer wieder, dann wird der Nebel so dicht, daß ich ihn überhaupt nicht mehr sehe. Ich gehe, so schnell ich kann und so lange mein Atem durchhält.

Der Hang wird steiler; vereiste Flächen unterbrechen da und dort die gleichförmige Schneedecke. Gut so! Ich nähere mich dem Lager. Wie schwer es ist, sich in diesem Nebel zu orientieren.

Ich halte die Richtung nach der Linie der stärksten Neigung. Nun wird das Terrain schwieriger; mit Hilfe der Steigeisen steige ich die Böschungen aus nackten, losen Eisblöcken ab.

Verschwommene Flecke . . . noch ein paar Schritte . . . Ja, da ist das Lager — und zwei Zelte sind da!

Rébuffat und Terray sind also angekommen. Welches Glück! Gleich werde ich ihnen sagen können, daß der Sieg unser ist, daß wir auf dem Gipfel waren. Wie werden sie sich freuen!

Da bin ich! Ich nähere mich von oben her. Die beiden Zelte stehen »ausgerichtet«. Die Plattform ist verlängert, die Eingänge liegen einander gegenüber. Ich zupfe an einem Spannseil des ersten Zeltes. Jemand rührt sich drin, man hat mich gehört. Da ist Rébuffat. Auch Terray steckt seinen Kopf heraus.

»Wir haben's geschafft! Wir kommen von der Annapurna!« Meine Gefährten nehmen die große Neuigkeit enthusiastisch auf.

»Aber . . . wo ist Biscante?« fragt Terray verwundert.

Seine Stimme verrät Unruhe. »Oh, er muß gleich kommen, er war unmittelbar vor mir. Das war ein Tag! Heute um 6 Uhr früh brachen wir auf, machten keinen Augenblick halt . . . Und nun ist es gelungen!«

Mir fehlen die Worte. Ich hätte so viel zu sagen . . .

Der Anblick der vertrauten Gesichter verscheucht das fremdartige Gefühl, das mich seit heute morgen beherrscht. Plötzlich bin ich wieder nur noch Bergsteiger.

In seiner übergroßen Freude faßt Terray mich an den Händen . . .

Das Lächeln erstirbt in seinem Gesicht:

»Maurice! Deine Hände! . . .«

Dann unheimliches Schweigen.

Ich dachte nicht mehr daran, daß ich keine Handschuhe anhatte: meine Finger sind violett oder weiß und hart wie Holz — ein deutlicher Beweis für den Ernst des Unfalls.

Ich bin, ohne es zu wissen, noch immer in einer euphorischen Stimmung. Ich lehne mich an Terrays Schulter und sage aus übervollem Herzen:

»Und du warst so gut in Form! Du hast dem Berg so viele Kräfte geopfert! Es ist ein Jammer, daß du nun nicht mit oben warst!«

»Was ich getan habe, tat ich für die Expedition, mein lieber Maurice . . . Und da du oben warst, ist es unser aller Sieg, der Sieg der ganzen Mannschaft.«

Ein ungeheures Glücksgefühl überkommt mich. Wie kann ich ausdrücken, wie ihm sagen, was diese Antwort für mich bedeutet! Er hat meine Freude über die Bezwingung des Gipfels, die vielleicht selbstsüchtig erscheinen könnte, in die reinste, schattenloseste Freude verwandelt. Seine Antwort gewinnt in meinen Augen einen umfassend-allgemeinen Sinn. Sie bezeugt: dieser Sieg ist nicht der Sieg eines einzelnen, ein Triumph des Stolzes — nein, Terray hat es als erster begriffen: es ist der Sieg aller, ein Sieg menschlicher Brüderlichkeit.

»Oh! Oh! Oh! Zu Hilfe!«

»Biscante!« rufen Rébuffat und Terray.

Ich habe nichts gehört; in einer Art Rausch befangen, habe ich allen Kontakt mit der Wirklichkeit verloren.

Terrays Herz erstarrt: er denkt an seinen Seilgefährten, an dessen Seite er so viele unvergeßliche Abenteuer erlebte, so oft dem Tod ins Auge blickte, so viele herrliche Siege errang. Aus dem Zelt tretend, sieht er Lachenal mehr als hundert Meter weiter unten am Hang in bedrohlicher Lage. Hastig fährt er in die Schuhe, kleidet sich an.

Und stürzt davon.

Doch der Hang ist leer, von Lachenal keine Spur mehr! Ein furchtbarer Schreck durchzuckt Terray; er stößt unartikulierte Schreie aus. Ein entsetzlicher Augenblick, da der Gefährte der schönsten Tage seines Lebens vor seinen Augen verschwunden ist.

Unter einem heftigen Wind treibt der Nebel mit großer Schnelligkeit dahin. In seiner Aufregung hat Terray nicht bedacht, daß im Nebel alle Entfernungen täuschen.

»Biscante! Biscante!«

Er hat ihn wieder erblickt. Er ruft laut. Als der Nebel an einer Stelle reißt, gewahrt er den Freund, der auf dem Hang liegt, tiefer unten, als er ursprünglich glaubte.

Wie ein Rasender stürzt er sich hinunter, fährt kurz entschlossen in Gleitspur über den Hang ab. Wie wird das enden? Wie wird er auf der im Wind hart gefrorenen Schneedecke ohne Steigeisen bremsen? Doch Terray ist ein hervorragender Skiläufer. Mit einem Stemmbogen stoppt er neben Lachenal, der einen schweren Sturz getan hat. Er liegt hingestreckt, mit leerem Blick, ohne Pickel, ohne Schneehaube, ohne Handschuhe, nur noch mit einem Steigeisen an den Füßen.

»Meine Füße sind erfroren! Führ mich hinunter... führ mich hinunter, damit Oudot mich behandeln kann!«

»Unmöglich«, antwortet Terray gequält. »Sieh dir doch das Unwetter an, in das wir geraten sind ... Es wird Nacht.«

Doch Lachenal ist außer sich bei dem Gedanken, daß ihm vielleicht die Füße amputiert werden müßten.

Mit einer Gebärde der Verzweiflung reißt er Terray den Pickel aus den Händen und versucht mit Gewalt weiterzugehen. Aber bald sieht er die Nutzlosigkeit seines Beginnens ein und entschließt sich, wieder zum Lager hinaufzusteigen. Terray schlägt Stufen und weicht nicht von seiner Seite. Vollkommen erschöpft schleppt Lachenal sich auf allen vieren hinauf ...

Mittlerweile bin ich in Rébuffats Zelt gekrochen. Beim Anblick meiner Finger krampft sich ihm das Herz zusammen. Sofort bemüht er sich um mich. Ich erzähle ihm bruchstückweise, wie unser Tag verlief, doch er, ganz der Realität zugewandt, nimmt ein Stück Seil und beginnt meine Finger zu klopfen. Dann zieht er mir die Schuhe aus, mit großer Mühe, denn meine Füße sind geschwollen; er schlägt meine Füße, frottiert sie. Bald hören wir, wie Terray im anderen Zelt Lachenal ebenso behandelt.

Tragische Augenblicke!

Ja, die Annapurna ist bezwungen, der erste Achttausender ist erstiegen. Jeder von uns war bereit, alles dafür hinzugeben. Und doch, was denken unsere Kameraden heute, wenn sie unsere Hände und Füße sehen?

Draußen tobt der Sturm, ist dichter Nebel. Die Nacht fällt rasch ein. Es schneit. Wie in der Nacht vorher müssen wir uns an die Zeltmasten klammern, damit der Sturm die Zelte nicht fortreißt.

Es sind nur zwei Luftmatratzen da. Sie bleiben den Verletzten vorbehalten. Rébuffat und Terray, im Zelt hier und drüben, setzen sich auf die Seile, die Rucksäcke, die Proviant-

vorräte, um nicht mit dem Schnee in Berührung zu kommen. Sie frottieren, schlagen, peitschen. Manchmal fallen die Schläge auf lebendige Stellen. Aus beiden Zelten ertönen Schreie. Rébuffat läßt nicht locker; wenn die Prozedur auch schmerzhaft ist, er darf nicht aufhören. Nach und nach kommt wieder Leben in meine Füße und Hände. Die Blutzirkulation setzt wieder ein. Ähnlich geht es auch drüben bei Lachenal.

Terray hat die Energie, ein heißes Getränk zu bereiten. Durch Rufen verständigt er Rébuffat, er werde ihm einen Becher voll hinüberreichen. Aus jedem Zelt reckt sich ein Arm hinaus. Sie sind im Nu mit Schnee bedeckt. Die Flüssigkeit kocht, obwohl sie kaum 60 Grad hat. Ich trinke gierig. Das tut mir ungeheuer wohl.

Die Nacht ist eine Hölle. Wütende Sturmböen folgen einander ohne Pause. Es schneit unaufhörlich, und die Schneelast drückt auf das Zeltdach.

Manchmal höre ich Stimmen aus dem anderen Zelt; Terray frottiert seinen Kameraden noch immer mit bewundernswerter Zähigkeit und hält nur inne, um ihm wieder einen Becher des kochenden Getränks einzuflößen. Rébuffat, herüben bei mir, ist todmüde; er ist zufrieden, als er sieht, daß die Wärme in meine Glieder zurückkehrt.

Halb ohne Bewußtsein, merke ich kaum, wie die Stunden vergehen. Ab und zu sehe ich unsere Situation in ihrem richtigen dramatischen Licht, doch die übrige Zeit befinde ich mich in einem unerklärlichen Rauschzustand, ohne an das zu denken, was nun nach dem Sieg noch kommen muß.

Die Nacht rückt vor, und der Schnee wuchtet immer schwerer auf dem Zelt. Ich habe neuerlich das furchtbare Gefühl, langsam und geräuschlos zu ersticken. Dann und wann setze ich mich zur Wehr und versuche mit aller mir zu Gebote stehenden Kraft, mit beiden Unterarmen die auf mir lastende Masse emporzuheben. Nach der gewaltigen Anstrengung ringe ich jedesmal nach Atem, und alles ist wie zuvor. Der Druck ist noch stärker als in der vergangenen Nacht.

»Gaston! Gaston!«

Ich erkenne Terrays Stimme. Er ruft:

»Wir müssen aufbrechen!«

Ich höre die Laute, ohne recht zu begreifen. Sollte es schon Morgen sein?

Ich wundere mich nicht im geringsten, daß meine Gefährten darauf verzichten, zum Gipfel aufzusteigen, gebe mir keine Rechenschaft von der Größe ihres Opfers.

Draußen verstärkt sich der Sturm. Das Zelt erzittert, die Zeltplanen flattern und klatschen beunruhigend. In der Regel war das Wetter am Morgen schön. Ist dies nun der Monsun? Wir wußten, er sei nicht mehr weit . . . Führt er seinen ersten Angriff?

»Gaston, Gaston, seid ihr fertig?«

Terray mahnt von neuem.

»Einen Augenblick noch!« sagt Rébuffat.

Er hat nämlich keine leichte Arbeit: er muß mir die Schuhe anziehen, mich vollkommen für den Marsch ausrüsten. Ich lasse alles mit mir geschehen wie ein Kind. Terray, in seinem Zelt drüben, kleidet Lachenal fertig an; seine Füße sind noch immer angelaufen, er kommt nicht in die Schuhe hinein. Terray gibt ihm die seinen, die größer sind. Um selbst Lachenals Schuhe anziehen zu können, macht er Einschnitte in das Leder. In einer vorsichtigen Regung steckt er einen Schlafsack und etwas Proviant in seinen Rucksack und ruft uns zu, wir mögen es auch tun. Gingen seine Worte im Sturm unter? Oder maßen wir in unserer übergroßen Ungeduld, diese Hölle zu verlassen, seinem Rat keine Bedeutung bei?

Lachenal und Terray sind schon draußen. Sie rufen: »Wir gehen los!«

Gleich darauf sind wir auch soweit. Es sind für uns vier nur zwei Pickel da. Rébuffat und Terray nehmen sie ohne lange Diskussionen an sich. Ehe wir aufbrechen, nimmt mich Rébuffat ans Seil.

Wir lassen die beiden Zelte, die das Lager V bildeten, zurück. Ein kindisches Gefühl der Scham überkommt mich, daß wir das Material so ohne weiteres aufgeben.

Die erste Seilschaft ist, wie mir scheint, schon ziemlich weit unten. Infolge der Schneeböen sehen wir gar nichts. Man hört keinen Meter weit. Wir haben unsere Wettermäntel angezogen, denn es ist sehr kalt. Die Schneedecke ist ungemein glatt, Rébuffats Seil erweist sich mehrere Male als sehr nützlich.

Die beiden anderen vor uns verlieren keine Zeit. Lachenal, an der Spitze und von Terray gesichert, stürmt dahin, er hat es eilig, hinunterzukommen. Keine frühere Spur zeigt uns den Weg an, doch wir haben ihn alle noch in Erinnerung: erst 100 m geradeaus über den Hang hinuntersteigen, dann bis zu 150 oder 200 m Gefälle nach links hin traversieren, um auf das Lager IV zu stoßen.

Es schneit nicht mehr so heftig, der Wind läßt nach. Wird es aufhellen? Wir wagen es nicht zu hoffen.

Vor einer Mauer von Eisblöcken zögern wir.

»Nach links«, sage ich, denn ich erinnere mich genau.

Nach rechts, meinen die anderen. Wir setzen den Abstieg fort. Der Wind legt sich völlig, doch der Schnee fällt in großen Flocken. Der Nebel ist dicht. Um einander nicht zu verlieren, gehen wir im Gänsemarsch. Ich bin der dritte und sehe Lachenal kaum, der als erster geht. Unmöglich, eine bestimmte Strecke wiederzuerkennen. Jeder von uns hat genügend Erfahrung im Gebirge, um zu wissen, daß man bei einem solchen Wetter selbst in einem gut bekannten Gelände fehlgehen kann. Die Entfernungen täuschen, das plastische Bild des Terrains kehrt sich um: wir stoßen an Erhebungen, die wir für Löcher gehalten haben. Der Nebel, die fallenden Flocken, die Schneedecke — alles verschwimmt in einem gleichen weißlichen Ton, der die Sicht bestimmt. Die hohen Silhouetten der Eisbrüche nehmen phantastische Formen an und scheinen sich langsam um uns zu bewegen.

Unsere Situation ist nicht verzweifelt, wir sind nicht etwa verloren! Wir müssen nur noch weiter hinabsteigen, dann geht es wieder nach links weiter, ich erinnere mich an den Eisblock, der als Richtzeichen dient . . . Der Schnee haftet an unseren Wettermänteln. Wir sind weiße Gespenster, die sich ohne jedes Geräusch in einer immer gleichen weißen Dekoration fortbewegen. Wir beginnen abscheulich im Schnee einzusinken. Es gibt nichts Anstrengenderes für ohnehin schon erschöpfte Menschen. Sind wir zu hoch oben, zu tief unten? Keiner vermag es zu sagen. Halten wir uns nach links!

Dieser lockere Schnee bildet eine Gefahr, von der wir keine ganz deutliche Vorstellung mehr haben. Schließlich müssen wir uns eingestehen: hier geht es nicht weiter. Kehren wir um und steigen wir bis zum oberen Ende des Eisbruchs, der über uns aufragt; zweifellos ist dort die richtige Passage. Mit Rébuffat an der Spitze legen wir die Strecke, die uns soviel Mühe kostete, noch einmal in umgekehrter Richtung zurück. Ich folge ihm mit unregelmäßigen Schritten, ohne ein Wort zu sprechen, entschlossen, bis zum Ende weiterzumachen. Falls Rébuffat stürzt, könnte ich ihn nicht halten.

Unermüdlich gehen wir von einem Eisbruch zum anderen. Jedesmal glauben wir, die richtige Passage gefunden zu haben. Immer erleben wir die gleiche Enttäuschung. Wenn nur dieser Nebel sich einmal teilte, dieser Schnee zu fallen aufhörte! Die Schneedecke auf den Hängen wird unheimlich schnell dicker ... Einzig Terray und Rébuffat sind fähig, einen Weg zu bahnen, sie lösen sich in regelmäßigen Intervallen ab, wortlos, ohne Zaudern.

Ich bewundere diese Hartnäckigkeit Rébuffats, die ihn berühmt gemacht hat. Er will nicht sterben. Mit unglaublicher Zähigkeit, unter verzweifelten Anstrengungen, arbeitet er sich durch den Schnee. Die Langsamkeit seines Weiterkommens würde den Ausdauerndsten entmutigen, doch er — er gibt nicht nach: schließlich kapituliert der Berg vor seiner Beharrlichkeit.

Terray wiederum dringt wie ein Rasender vorwärts. Das ist wie ein Naturereignis: er will um jeden Preis die Mauern des Gefängnisses sprengen, in dem wir eingeschlossen sind. Seine Körperkräfte sind ungeheuer, doch sein Wille steht ihnen nicht nach.

Lachenal gibt ihm allerhand aufzulösen. Ist er ganz bei Verstand? Er sagt, es lohne sich nicht, weiterzugehen, wir sollten ein Loch in den Schnee graben und besseres Wetter abwarten. Er beschimpft Terray, nennt ihn einen Narren. Doch wer sonst wäre imstande, sich seiner anzunehmen, ihm herauszuhelfen, wenn nicht Terray? Er schleppt ihn rücksichtslos am Seil hinter sich her, und Lachenal ist gezwungen, ihm zu folgen.

Wir haben uns vollständig verirrt ...

Das Wetter will sich anscheinend nicht so bald bessern. Noch vor kurzem hatten wir irgendwelche Vorstellungen, welchen Weg wir einschlagen müßten, jetzt haben wir überhaupt keine Ahnung mehr; dahin oder dorthin ... Wir gehen aufs Geratewohl weiter, denn so könnte sich vielleicht noch ein Wunder ereignen; doch auch das erscheint uns immer unmöglicher. Bei den beiden Unverletzten weicht der Lebenswille dann und wann einer Mutlosigkeit, die sie an den Rand völliger Selbstaufgabe führt. Der Reihe nach unternehmen sie die tollsten Dinge: Terray traversiert steile, lawinöse Hänge mit nur einem Steigeisen, das noch dazu schlecht befestigt ist.

Rébuffat und er vollbringen äquilibristische Kunststücke, ohne ein einziges Mal auszugleiten.

Das Lager IV muß jedenfalls links am Rande der Sichel liegen. Darüber sind wir uns alle einig. Doch es ist sehr schwer zu finden. Die Eiswand, die es so großartig schützte, ist unser Verhängnis! Sie verbirgt es uns. Man müßte eine verteufelt gute Nase haben, um die kleinen Zelte in diesem Nebel zu entdecken.

Vielleicht hört man uns, wenn wir rufen? Lachenal macht den Anfang, doch der Laut erstickt wohl in einer Entfernung von ein paar Metern. Der Schnee verschluckt jedes Geräusch. Wir tun uns alle vier zusammen und schreien gemeinsam:

»Eins ... zwei ... drei ...: Zu Hilfe!«

Nichts!

Terray zieht wiederholt die Schuhe aus und frottiert seine vor Kälte erstarrten Füße. Beim Anblick unserer Erfrierungen kam ihm die Gefahr zum Bewußtsein, und er hat Energie genug, etwas dagegen zu unternehmen. Wie Lachenal hat er Angst vor einer Amputation. Bei mir ist es zu spät. Ich fühle, daß meine Hände und Füße, die schon gestern arg mitgenommen waren, neuerlich erfrieren.

Wir haben seit gestern nichts gegessen. Aber trotzdem lassen wir keinen Augenblick lang in unseren Bemühungen nach. Die Kräfte des Menschen angesichts des Todes sind unerschöpflich. Wenn scheinbar schon alles zu Ende ist, hat er noch immer Reserven, doch es bedarf eines starken Willens, sie einzusetzen.

Die Zeit vergeht, ohne daß wir es richtig merken. Es wird schon Abend. Wir sind in großer Angst. Doch niemand läßt eine Klage laut werden.

Wir stoßen auf eine Stelle, die Rébuffat und mir bekannt vorkommt, aber der Hang wird so steil, daß wir wieder innehalten; im Nebel scheint es, als würde er zu einer senkrechten Wand. Am nächsten Tag sahen wir, daß wir an dieser Stelle nur dreißig Meter vom Lager entfernt waren und gerade diese Wand das Zelt schützte, das uns gerettet hätte.

»Wir müssen eine Gletscherspalte suchen!«

»Dort können wir doch nicht die ganze Nacht bleiben!«

»In einem Loch übernachten, ist die einzige Möglichkeit.«

»Dabei werden wir alle umkommen!«

Die Nacht ist plötzlich eingebrochen; wir müssen unbedingt einen Entschluß fassen, ohne einen Augenblick zu verlieren; wenn wir hier auf den Hängen bleiben, sind wir tot, noch ehe der Morgen kommt. Im Freien übernachten zu müssen — wir können uns die Einzelheiten vorstellen und wissen alle, was das in einer Höhe von über 7000 m bedeutet.

Terray beginnt, mit seinem Pickel eine Höhle zu graben. Lachenal geht ein paar Schritte weiter und wagt sich auf eine mit Schnee ausgefüllte Gletscherspalte. Plötzlich verschwindet er mit einem Aufschrei vor unseren Augen. Wir sind ratlos: werden wir, oder vielmehr, werden meine beiden Gefährten die Kraft haben, ihn mit allen erforderlichen Manövern am Seil herauszuziehen? Auf der von Schnee vollkommen überdeckten Spalte bezeichnet nur ein kleines Loch die Stelle, wo er eingebrochen ist. Terray ruft:

»Ohe! Ohe! Lachenal!«

Durch meterhohes Eis und Schneewächten gedämpft, dringt seine Stimme bis herauf zu uns. Unmöglich zu verstehen, was er sagt.

»Ohe! Lachenal!«

Terray zieht einige Male heftig am Seil. Diesmal verstehen wir.

»Ich bin da! . . .«

»Nichts gebrochen?«

»Nein. Hier ist's die Nacht über auszuhalten. Kommt nach!«

Der Unterschlupf ist wunderbar. Wir hätten alle zusammen nie die Kraft gehabt, im Eis eine genügend große Höhle auszuhauen, die uns gegen den Wind geschützt hätte. Ohne zu zaudern, läßt Terray sich in die Spalte fallen, und ein kräftiges: »Vorwärts, los!« sagt uns, daß er glücklich unten angekommen ist. Nun lasse ich mich hinabgleiten: es ist eine richtige Rutschbahn. Durch einen über zehn Meter langen, sehr abschüssigen, gewundenen Schlauch, der sich tiefer unten erweitert, lande ich mit großer Geschwindigkeit auf dem Grunde der Spalte. Durch einen Zug am Seil verständige ich Rébuffat, daß er folgen kann.

Die Höhlung ist sehr klein. Eisige Kälte umfängt uns. Die uns umgebenden Eiswände sind feucht. Ein frischer Schneeteppich bildet den Boden. Wenn wir uns zusammendrängen, werden wir gerade genug Platz haben, um zu viert hier unterzukommen. Stalaktiten hängen von oben herab. Wir brechen einige ab, um mehr Raum zu haben, und behalten die dünnen Enden, um daran zu lutschen, denn wir haben seit langer Zeit nichts mehr getrunken.

Das ist nun unsere Unterkunft für die Nacht.

Hier werden wir wenigstens vor dem Wind geschützt sein, und die Temperatur wird fühlbar gleich bleiben. Die Feuchtigkeit ist äußerst unangenehm. Wir richten uns im Dunkel ein, so gut wir können. Wie in jedem Nachtlager ziehen wir die Schuhe aus; ohne diese Vorsichtsmaßnahme würden die beengten Füße sofort erfrieren.

Terray entrollt den Schlafsack, den er in kluger Voraussicht mitnahm und der ihm eine relative Bequemlichkeit bietet. Wir haben alle warmen Sachen an, die wir besitzen. Um die Berührung mit dem Schnee zu vermeiden, setze ich mich auf die Filmkamera. Wir drängen uns aneinander, um womöglich irgendeine Stellung zu finden, in der die gemeinsame Körperwärme aller ohne Verlust erhalten bliebe. Aber wir rühren uns immer wieder.

Wir sprechen nicht miteinander. Gesten sind weniger mühsam als Worte. Jeder verkapselt sich in sich selbst, flüchtet in eine innere Welt. Terray frottiert Lachenals Füße. Auch Rébuffat fühlt, daß seine Füße erstarren, doch er hat die Kraft, sie selbst zu frottieren. Ich verharre unbeweglich in einem Dämmerzustand. Meine Füße und Hände erfrieren

Die etwa 3000 Meter hohe Annapurna-Südwand wurde 1970, also 20 Jahre nach der Erstbesteigung des Berges, von britischen Kletterern bezwungen – ohne Sauerstoffgeräte: Don Whillans und Dougal Haston erreichten am 27. Mai den Gipfel.

mehr und mehr, aber was soll ich tun? Ich trachte, nicht zu sehr zu leiden, krümme mich zusammen und versuche die Zeit zu vergessen, die langsam vergeht, die Kälte nicht mehr zu fühlen, die unmerklich immer weiter vordringt, von mir Besitz ergreift und mich empfindungslos macht.

Terray teilt seinen Schlafsack mit Lachenal. Er zieht ihm die schützende, daunengefütterte Hülle bald über die Füße, bald über die Hände. Zugleich setzt er die Massagen fort. So wird die Erfrierung wenigstens nicht fortschreiten, denkt er. Jede geringste Bewegung, die einer von uns macht, stört alle anderen. Die bedachtsam gewählten Stellungen werden ununterbrochen geändert; dann muß man wieder von vorne anfangen. Das beschäftigt uns dauernd. Rébuffat klagt über seine Füße und frottiert sie beharrlich weiter. Wie Terray, sagt er sich: Ich muß bis zum Morgen durchhalten, dann wird man ja sehen!

Aber dieses »dann«, das verhehlt er sich nicht, ist ein furchtbares Fragezeichen.

Terray möchte auch mich in hochherziger Weise von seinem Schlafsack profitieren lassen. Er hat den Ernst meines Zustandes bemerkt, er versteht, warum ich nichts sage, warum ich so still dasitze. Er hat begriffen, daß ich mich verloren gebe. Er frottiert mich fast zwei Stunden lang. Auch seine Füße könnten erfrieren, doch daran scheint er nicht zu denken. Die unwillkürliche Bewunderung, die mir sein Edelmut einflößt, gibt mir vorübergehend wieder etwas seelische Kraft: wenn er mir hilft, dann wäre es undankbar von mir, nicht leben zu wollen.

Ich leide nicht. Das wundert mich. Mein Herz scheint völlig zu erstarren. Es ist, als fiele alles Stoffliche von mir ab. Ich glaube, hellwach zu sein, und doch dämmere ich in einer Art stillem Glücksgefühl dahin. Ein schwacher Hauch von Leben ist noch in mir, aber er wird schwächer und schwächer, indes die Stunden vergehen. Ich reagiere nicht mehr auf Terrays Bemühungen. Es geht zu Ende, denke ich. Ist diese Höhle hier nicht das schönste Grab? Es fällt mir nicht schwer zu sterben, ich fühle kein Bedauern, ich lächle darüber.

Stunde um Stunde verbringen wir in solcher Erstarrung.

»Es wird Tag!« stammelt eine Stimme.

Die Worte verfehlen ihre Wirkung auf meine Gefährten nicht. Ich selbst bin eher verwundert, denn ich dachte nicht, daß man den Tag in dieser Tiefe sehen könnte.

»Noch zu früh zum Aufbruch«, sagt Rébuffat.

Häßliche Dämmerung verbreitet sich in der Grotte.

Undeutlich zeichnen sich die einzelnen Köpfe ab.

Ein merkwürdiges Geräusch dringt von Ferne zu uns, ein anhaltendes Zischen. Das Geräusch wird stärker. Plötzlich bin ich verschüttet und sehe nichts mehr. Eine Lawine Neuschnee geht auf uns nieder. Der eisige Schnee ergießt sich in die Höhle, dringt in alle Ritzen der Kleider. Ich beuge den Kopf zwischen meine Knie und halte die Arme schützend über mich. Der Schnee strömt und strömt . . .

Eine furchtbare Stille breitet sich aus.

Wir sind nicht völlig begraben, doch alles ist voller Schnee. Wir richten uns auf, vorsichtig, um nicht mit den Köpfen an die Eisdecke zu stoßen, und versuchen uns zu schütteln. Wir sind alle barfuß. Zuerst müssen wir unsere Schuhe wiederfinden. Rébuffat und Terray wollen suchen, da merken sie, daß sie blind sind. Um uns zu führen, nahmen sie gestern die Schutzbrillen ab.

Lachenal gelingt es als erstem, ein Paar Schuhe zu erwischen. Er versucht sie anzuziehen: es sind nicht die seinen, sondern die Rébuffats. Rébuffat bemüht sich, die Rutschbahn zu ersteigen, über die wir gestern herunterfuhren und über die auch die Lawine sich zu uns herein ergoß.

»He, Gaston? Wie ist das Wetter?« ruft Terray hinauf.

»Sehe nichts! Es bläst . . .«

Wir suchen unsere Ausrüstung. Terray hat eben seine Schuhe gefunden und zieht sie unbeholfen an, weil er nichts sieht. Lachenal hilft ihm. Er ist sehr nervös und vor allem furchtbar ungeduldig, ganz im Gegensatz zu meiner dumpfen Gleichgültigkeit.

Nun macht Terray sich auf: schnaubend und brummend arbeitet er sich durch den Eisschlauch hinauf und gelangt schließlich ins Freie. Ein entsetzlicher Wind empfängt ihn, der ihm durch und durch geht und ihm ins Gesicht schneidet. Schlechtes Wetter, denkt er. Das ist das Ende. Wir sind verloren . . . da kommen wir nicht mehr heraus!

*Die dreigipfelige Annapurna aus dem Mukut-Himal, jenseits des
Kali-Gandaki-Taleinschnitts. Die »Sichel« des nördlichen Annapurna-
gletschers am (mittleren) höchsten Gipfel markiert ein Stück Anstiegsweg der Erstbesteiger.*

Auf dem Grund der Gletscherspalte suchen wir zu zweit unsere Schuhe. Lachenal durchwühlt den Schnee wild mit dem
Pickel. Ich bin ruhiger und trachte systematisch vorzugehen.
Nach und nach graben wir Steigeisen aus, einen Pickel, aber
noch immer keine Schuhe.

Nun denn . . . diese Höhle wird unsere letzte Wohnung sein!
Der Raum ist eng. In unserer gebückten Stellung behindern
wir uns gegenseitig. Lachenal entschließt sich, ohne Schuhe
fortzugehen. Er stößt verzweifelte Rufe aus, zieht sich am
Seil hoch, versucht sich anzuklammern, sich festzuspreizen.
Er gräbt seine Zehen in den Schnee der Wand. Terray zieht
ihn von draußen mit aller Kraft: ich sehe, wie er schneller
und schneller hinaufsteigt und verschwindet.

Als er droben aus dem Schacht auftaucht, stellt er fest, daß
der Himmel ganz blau ist. Er rennt wie ein Irrer umher und
schreit: »Es ist schön! Es ist schön!«

Ich beginne die Grotte noch einmal abzusuchen. Ich muß die
Schuhe finden, sonst sind Lachenal und ich verloren. Auf
allen vieren, mit bloßen Händen und Füßen, scharre ich im
Schnee, durchwühle ihn nach allen Seiten und hoffe jeden
Augenblick auf einen harten Gegenstand zu stoßen. Ich
überlege nicht mehr, ich bin wie ein Tier, das um sein Leben
kämpft.

Da ist einer! Und der zweite darangebunden: ein Paar!

Ich grabe weiter, hartnäckig, starrköpfig; nachdem ich überall in der Höhle das Unterste zuoberst gekehrt habe, stoße
ich endlich auf das letzte Paar.

Die Filmkamera? Trotz aller Bemühungen kann ich sie nicht
finden. Schweren Herzens gebe ich sie verloren. Ich bin nicht
imstande, die Schuhe anzuziehen: meine Hände sind wie aus
Holz, und ich habe kein Gefühl in den Fingern; meine Füße
sind angeschwollen, sie gehen nicht mehr hinein. Dann eben
nicht! Ich schlinge das Seil um die Schuhe und brülle durch
den Schlauch nach oben: »Lionel! Schuhe!«

Keine Antwort. Er muß doch gehört haben, denn mit einem
Ruck werden die kostbaren Schnürstiefel hochgezogen.
Gleich darauf kommt das Seil wieder herunter: das gilt nun
mir. Ich wickle mir das Seil um, und da ich nicht greifen
kann, mache ich eine Reihe kleiner Knoten. Ihr summierter

Widerstand wird, hoffe ich, genügen, mich zu halten. Ich habe nicht mehr die Kraft, noch einmal zu rufen; ich ziehe nur
heftig am Seil. Terray versteht.

Gleich beim ersten Ausschreiten muß ich mit dem Fuß eine
Kerbe in den harten Schnee schlagen, um die Zehen einsetzen zu können. Weiter oben werde ich gewiß leichter steigen,
indem ich mich gegen die Wände stemme. So bringe ich
einige Meter hinter mich. Ich versuche, mit den bis zur
Handwurzel verhärteten Händen einen Halt an der Wand
zu gewinnen, dann mit den Füßen, die bis zum Knöchel unempfindlich sind. Die Gelenke sind steif. Das behindert mich
sehr.

Mit Müh und Not komme ich so weit, daß ich mich anstemmen kann. Terray zieht an, daß ich fast ersticke. Ich sehe
schon deutlicher, bin also schon nahe am Ausstieg. Mehrere
Male gleite ich zurück: ich klammere mich fest, spreize mich,
so gut ich kann, und es gelingt mir jedesmal, mich in dem
Schlauch zu halten. Mein Herz klopft zum Zerspringen. Ich
muß rasten. Mit einem neuen Energieaufwand gelingt es
mir, die Kriechpartie zu beenden. Indem ich mich an Terrays
Beine klammere, der selbst erschöpft ist, ziehe ich mich hinauf. Ich bin absolut am Ende meiner Kräfte. Terray ist bei
mir. Ich flüstere ihm zu:

»Lionel! . . . Ich sterbe!«

Er stützt mich und hilft mir vollends aus der Spalte. Wir
müssen zu Lachenal und Rébuffat hinüber, die ein paar Meter weiter im Schnee sitzen. Sobald Lionel mich losläßt, falle
ich und schleppe mich auf allen vieren dahin.

Es ist herrliches Wetter. Eine Menge Schnee ist gestern gefallen. Die Berge strahlen im Licht. Nie sah ich sie so schön.
Unser letzter Tag wird ein schöner Tag sein.

Rébuffat und Terray sind vollkommen blind; Terray stößt,
während er mich geleitet, an jedes Hindernis, und ich muß
ihn führen, Auch Rébuffat ist außerstande, allein einen
Schritt zu gehen. Es ist furchtbar, blind zu sein, wenn überall die Gefahr lauert. Lachenals Füße sind erfroren, darüber
verliert er völlig die Nerven. Sein Verhalten ist beängstigend, er hat verrückte Ideen:

»Ich sag' dir . . . wir müssen absteigen . . . hier hinunter!«

»Du bist ja barfuß!«

»Ach, meinetwegen . . .«

»Du bist verrückt . . . doch nicht hier . . . Wir müssen nach links!«

Er hat sich schon erhoben und will geradewegs über den Gletscher hinunter. Terray hält ihn zurück und zwingt ihn, sich wieder zu setzen. Blind wie er ist, hilft er ihm, die Schuhe anzuziehen.

Hinter ihnen lebe ich wie in einem Traum. Mein Ende ist nahe, ich fühle es, doch es ist ein Ende, wie alle Alpinisten es sich wünschen, im Einklang mit der Leidenschaft, die sie ihr Leben lang beseelt. Ich bin den Bergen mit weitoffenen Sinnen dankbar dafür, daß sie sich mir heute in ihrer ganzen Schönheit zeigen. Ich empfinde ihr Schweigen wie die Stille in einer Kirche. Ich leide nicht und fühle nicht die geringste Bangigkeit. Meine Ruhe ist erschreckend. Terray tritt schwankend auf mich zu. Ich sage zu ihm:

»Mit mir ist es aus! Geht ihr nur weiter . . . ihr könnt noch durchkommen . . . ihr müßt es versuchen . . . Geht nach links hin . . . dort hinüber!«

Ich fühle mich besser, nachdem ich ihm diesen Rat gegeben habe. Jetzt geht es mir gut. Doch Terray will davon nichts wissen:

»Wir helfen dir . . . Wenn es uns gelingt, dann kommst auch du heil zurück!«

In diesem Augenblick schreit Lachenal:

»Zu Hilfe! . . . Zu Hilfe! . . .«

Es ist klar: er weiß nicht mehr, was er tut . . .

Bei näherer Überlegung ist sein Schreien aber noch nicht so sinnlos. Er ist der einzige von uns vieren, der möglicherweise das Lager II tief unten sieht. Vielleicht hört man seine Rufe.

Dieses Schreien hat etwas Verzweifeltes. Es erinnert mich auf tragische Weise an jene Bergsteiger, die eines Tages im Montblanc-Massiv in Bergnot waren und zu denen ich aufstieg, um sie zu retten. Heute ist die Reihe an uns . . . Dieses Gefühl ist plötzlich sehr lebhaft in mir: ja, wir sind in Bergnot.

Ich vereinige meine Stimme mit denen meiner Kameraden:

»Eins . . . zwei . . . drei . . .: Zu Hilfe!«

»Eins . . . zwei . . . drei . . .: Zu Hilfe!«

Wir versuchen im Chor zu rufen, doch es gelingt uns nicht recht; unsere Stimmen tragen wohl keine drei Meter weit. Es ist mehr ein Säuseln, das sich meinen Lippen entringt, als ein Ruf aus voller Kehle.

Terray verlangt, ich solle meine Schuhe anziehen. Doch meine Hände sind steif, ich bin dazu nicht imstande. Rébuffat und Terray sind blind und können mir nicht helfen. Ich sage zu Lachenal:

»Komm, hilf mir die Schuhe anziehen.«

»Bist du verrückt? Ich muß fort . . .«

Und wieder will er in der falschen Richtung davongehen, geradewegs hinunter. Ich bin ihm wegen seiner Antwort keinen Augenblick böse. Die Ereignisse und die Höhe haben ihn arg mitgenommen.

Terray nimmt entschlossen sein Messer, tastet mit seinen erstarrten Fingern und schneidet das Oberleder meiner Schuhe hinten auf. So aufgeschlitzt werde ich sie anziehen können. Ich muß mehrmals dazu ansetzen, denn es ist eine schwierige Arbeit. Einen Augenblick später erlahme ich wieder. Wozu das alles, da ich ja doch hierbleiben muß? Aber Terray müht sich mit aller Kraft. Schließlich gelingt es ihm. Er schnürt mir die Schuhe zu, die unförmig auseinanderklaffen.

Somit wäre ich marschbereit. Doch wie soll ich mit meinen steifen Gelenken gehen?

»Nach links, Lionel!«

»Sei kein Narr, Maurice«, sagt Lachenal. »Wir müssen nach rechts und geradewegs hinunter!«

Terray weiß nicht, was er von den beiden einander widersprechenden Weisungen halten soll. Er ist nicht resigniert wie ich, er ist eine Kampfnatur. Doch was kann er in diesem Augenblick tun? Meine drei Gefährten debattieren über die einzuschlagende Richtung.

Ich bleibe im Schnee sitzen. Nach und nach schwindet mein klares Bewußtsein . . . Warum sich wehren? Besser, alles gehen lassen, wie es geht. Verschiedene Bilder tauchen vor mir auf: schattige Hänge, harmlose Wege . . . Harzgeruch . . .

Gasherbrum I 8068 m

Amerikaner am »Verborgenen Berg«

Das tut wohl . . . Ich sterbe in meinen Bergen . . . Mein Körper ist gefühllos, ganz vor Kälte erstarrt . . .

»Aaa! . . . Aaa!«

Ist dies ein Todesröcheln? . . . Ein Ruf?

Ich nehme meine ganze Kraft zusammen, um meinen Gefährten zuzurufen:

»Es kommt jemand!«

Sie hören mich, sie brechen in Jubel aus.

Eine wunderbare Erscheinung! »Schatz! . . . Es ist Schatz!«

Kaum 200 m entfernt, gleich einem Schiff auf hoher See, kämpft Marcel Schatz sich langsam vorwärts, bis zum Bauch im hohen Pulverschnee watend.

Ein erschütternder Augenblick: der Retter naht — stark, mächtig, unüberwindlich! Mein Herz schlägt ihm entgegen. Ich bin wie zermalmt. Schon hatte der Tod seine Hand nach mir ausgestreckt, ich hatte mich ihm ergeben. Ich kehre zurück, das Leben ruft mich wieder. Eine ungeheuerliche Umkehr vollzieht sich in mir . . . Nein, noch ist nicht alles verloren!

Er kommt näher . . . meine Augen hängen an ihm . . . zwanzig Meter . . . zehn Meter . . . er kommt gerade auf mich zu . . . Warum? . . . Wortlos beugt er sich über mich . . . drückt mich an sich, küßt mich . . . sein warmer Atem belebt mich aufs neue . . .

Ich bin nicht imstande, mich zu rühren, bin wie aus Stein. Mein Herz vergeht in tiefer, tiefer Bewegung! . . . Meine Augen bleiben trocken.

»Es ist schön, was ihr geleistet habt!«

Der Gasherbrum I, auch Hidden Peak (nach Conway) genannt, der »Versteckte Gipfel«, ist der zweithöchste Berg im Karakorum und zugleich die höchste Erhebung der Gasherbrum-Gruppe im nördlichen Kaschmir. Benachbarte Achttausender sind im Nordwesten der Broad Peak und dahinter der K 2. Besonders eindrucksvoll erscheint der Gasherbrum I von Südwesten aus betrachtet, als nahezu dreieckige, riesige Eis- und Felspyramide, die für spätere Bergsteigergenerationen mit ihrer Südwand ein faszinierendes Ziel darstellt.

Im Jahre 1958, als sich eine amerikanische Expedition den Berg zum Ziel gesetzt hat, war er einer der wenigen damals noch unbestiegenen Achttausender. Das Unternehmen entsprang einer geradezu spaßigen Situation: Im Haus von Robert Swift in Berkeley (Kalifornien) trafen sich Bergsteigerfreunde zu einem geselligen Abend. Während Swift zusammen mit Dick Irving das Geschirr abwusch, plauderten die anderen im Nebenzimmer. Ein stürmisches Gelächter brach dort plötzlich los. Nick Clinch mußte eine besonders gute Geschichte zum besten gegeben haben. Schließlich erfuhren die beiden den Grund der allgemeinen Heiterkeit, denn Clinch kam zu ihnen in die Küche und fragte auch sie: »Was meint ihr, möchtet ihr mit mir den Hidden Peak besteigen?«

»Wir gehen überall hin mit dir, Nick, wenn du es bezahlst«, war die spontane Antwort.

Vorläufig stand die Finanzierung an erster Stelle, denn es ist in den USA enorm schwierig, für das dort unpopuläre Bergsteigen Mittel zu bekommen. Doch Clinch brachte das Kunststück fertig: 25 000 Dollar standen schließlich zur Verfügung. Bergsteigerischer Leiter wird Peter K. Schoening, ein 32jähriger Chemiker aus Seattle, der 1953 mit Fritz Wießner am K2 war. »Bob« Swift und Tom McCormack sind Kalifornier. Außerdem sind noch Andrew (»Andy«) J. Kauffmann und der Arzt Tom Newison in der Mannschaft.

Der Weg von den Staaten in den Karakorum ist weit: 20 000 km. Über den oberen Baltoro-Gletscher, der die Gasherbrum-Kette im Südwesten begrenzt, und über den Duca-degli-Abruzzi-Gletscher gelangen die Amerikaner schließlich Anfang Juni an den Berg. Sie kennen seine Geschichte: 1934 erreichten Hans Ertl und der Schweizer André Roch am sogenannten »I. H. E.-Sporn« (auch »Roch-Sporn«) — laut Expeditionsleiter Dyhrenfurth »die wahrscheinlich beste Route« — eine Höhe von etwa 6200 Meter. Zwei Jahre später verbissen sich Franzosen unter Henry de Ségogne vergeblich am schwierigen Südsporn des Südgipfels.

Und nun ist Nick Clinch mit seinen Leuten im oberen Teil des Abruzzi-Gletschers und erstellt an der Basis des »I.H.E.-Sporns« sein Hauptlager. In der Folge berichtet Peter K. Schoening:

Am 15. Juni errichteten Nick, Andy, Mac und drei Hochgebirgsträger in 6340 m Höhe Lager II. Das Wetter während der nächsten paar Tage war unbeständig, doch wurden der Materialtransport vom Basislager zum Lager II und die Erschließung der Route zum Lager III fortgesetzt. Dabei hatten wir Zeit, uns zu akklimatisieren und uns in der Führung abzuwechseln. Am 21. Juni erreichten Andy und ich den Gratrücken (6700 m), wo Lager III geplant war. Von dort konnten wir den überwächteten Grat sehen, der zum oberen Plateau führt und der den Sia Kangri mit dem Hidden Peak verbindet. Die günstige Route führte quer über das Plateau und weiter über den Sattel zwischen dem Südgipfel und dem Hauptgipfelkamm. Das Problem lag in der großen Entfernung, denn auf dem Plateau konnten wir, wenn der Monsun einsetzte, von schweren Schneefällen überrascht werden. Unser Plan war, Lager III vollständig auszustatten und dann Teams für den Gipfelsturm zu bilden. Wesentlich war dabei, den Nachschub zu sichern und bei guter Witterung dennoch rasch voranzukommen.

Sahibs und Träger leisteten harte Arbeit beim Materialtransport ins Lager III. Die Lasten wogen zwischen 15 und 25 kg. Um Abwechslung zu schaffen, lösten wir einander beim Spuren und Tragen immer wieder ab. Alle paar Tage, jedenfalls einmal pro Woche, legten wir einen Ruhetag ein, den uns gewöhnlich das Wetter ohnehin aufzwang. Wir versuchten, uns frühmorgens auf den Weg zu machen, um La-

winen zu vermeiden, und obgleich vier bis sechs Stunden Steigarbeit pro Tag ausgereicht hätten, wurde viele Tage acht bis zwölf Stunden lang gearbeitet, vor allem zwischen Lager I und II. Unterhalb von uns transportierten die Hochträger in einer Gruppe mit einem oder mehreren Sahibs die Lasten. Leider mußten zwei Träger schon zu Beginn des Unternehmens im Basislager zurückbleiben, der eine hatte sich eine Beinverletzung zugezogen und der andere war krank geworden. Später wurde ein dritter Träger höhenkrank.

Doch die meisten von uns blieben einigermaßen gesund. Akram, der mit der italienischen Expedition gekommen war, hatte sich erholt und akklimatisierte sich erstaunlich rasch. Mac hatte eine leichte Lungenentzündung, die seine Aktivität beeinträchtigte, doch war er noch imstande weiterzumachen. Andere unbedeutendere Krankheitsfälle waren störend. Zwar konnte man in diesen Höhen anscheinend leicht zum Hypochonder werden, doch die Tatsache, daß Dr. Tom Nevison uns jederzeit medizinisch versorgen konnte, machte uns Mut. Zur Bekämpfung von Lungenentzündungen war für jedes Lager ein Vierundzwanzigstundenvorrat an Sauerstoff und Penicillin unentbehrlich. Daher statteten wir jedes neue Lager als erstes mit diesen Mitteln aus.

Am 28. Juni war Lager II versorgt, und am Abend versammelten wir uns in einem der Zelte. Wir entwarfen den Endplan, zwei weitere Lager zu errichten und auszustatten. Dann stimmten wir über die erste, zweite und dritte Gipfelmannschaft ab.

Am 29. Juni brachen wir mit drei Hochträgern in Richtung Plateau und Lager IV auf. Mac und Captain Rizvi, der zur zweiten Mannschaft gehörte und im Lager IV bleiben sollte, wurden krank und mußten umkehren. Es gelang uns, uns mit Hilfe eines fixen Seils, das wir durch ein Wächtenloch warfen, vom Grat zum Plateau abzuseilen. Bob, Tom, Nick, Andy und ich belegten Lager IV und bereiteten uns auf den Marsch nach Lager V vor. Aber da machte ein Wetterumschwung leider jede Hoffnung auf einen raschen Aufstieg zunichte.

Doch erlaubten uns zwei Dinge, unseren Angriff wie geplant fortzusetzen, sowie das Wetter endlich aufklaren soll-

te. Erstens transportierten zwei Hochträger, Rehim Khan und Qasim, selbst bei dem Wetter Lasten von Lager II ins Lager IV; so brauchten wir die nächste Schönwetterperiode nicht mit Umkehren zu vergeuden, um Nachschub zu holen. Zweitens spurte die zweite Mannschaft, bestehend aus Nick, Bob und Tom, an zwei verschiedenen Tagen einen Weg auf dem Plateau, der fast die halbe Strecke zum Lager V ausmachte, und obgleich Neuschnee und Wind diesen Weg wieder zudeckten, war es dann viel leichter, in der präparierten Spur zu gehen als im ungetretenen Schnee.

Am 4. Juli brachen wir fünf in Richtung Lager V auf, das wir auf dem ca. 7300 m hoch gelegenen Sattel zwischen Süd- und Hauptgipfel zu errichten hofften. Das Spuren war mühselig. Nachdem wir unser Hochlager erreicht hatten, wechselten wir uns in der Führung regelmäßig reihum ab, wobei der Kletterer an der Spitze, der auch die leichteste Last zu tragen hatte, Sauerstoff benutzte.

Es trennten uns vom Sattel noch 800 m bzw. 150 m Höhenunterschied, als wir Lager V errichteten. Nick, Tom und Bob setzten ihre Lasten ab und stapften langsam zum Lager IV zurück, um uns von dort mit Nachschub zu versorgen. An diesem Abend ruhten Andy und ich uns aus und bereiteten Sauerstoffgeräte, Kleidung und Lasten für den nächsten Tag vor. Um besser schlafen zu können, ließen wir nachts eine kleine Menge Sauerstoff dicht bei unseren Gesichtern ausströmen.

Am nächsten Morgen schulterten wir nach zweistündigen Vorbereitungen unsere Lasten. Es war kurz nach fünf. An unseren Steigeisen hatten wir dünne Sperrholzbrettchen von Lebensmittelkisten festgespießt, so hatten wir Schneeschuhe. Wir stiegen zum Sattel auf. Als der Schneehang steiler wurde, halfen auch die Sperrholzbrettchen nicht mehr, doch hatten sie uns bereits unschätzbare Dienste geleistet. Direkt unter dem Sattel entdeckten wir eine Stelle, wo ein Teil der Wächte abgebrochen war, so daß der Anstieg zum Sattel ein Minimum an Muskelarbeit erforderte. Hier auf dem Felsen des Sattels machten wir um neun Uhr kurz Rast, dann stiegen wir über die obere Schneewanne mehr oder minder in der Direttissima weiter. Alle paar Minuten wechselten

wir uns in der Führung ab. Der Schneehang wurde zunehmend steiler, dann wich er schnee- und eisbedecktem Fels, um schließlich auf dem Gipfel ganz in Fels überzugehen. Mittags schlossen wir die zweite Sauerstoff-Flasche an und erhöhten die Sauerstoffmenge von zwei auf drei Liter pro Minute.

Ein Schneecouloir genau östlich vom Gipfel sorgte für einen Durchstieg zum Grat des Gipfelkamms. Dieses Couloir erwies sich durch die windverharschten Schneeschichten, die unter den Steigeisen leicht einbrachen, als besonders trügerisch. Schließlich erreichten wir den Grat — es war wie ein plötzlicher Temperatursturz, als uns der scharfe Wind entgegenschlug. Dieser Grat und der Gipfel sind völlig schneebedeckt.

Um zirka drei Uhr erreichten wir den Gipfel. Es blieb uns nur eine Stunde, um Fotos zu machen und die gewaltigen Gipfel des Karakorum zu betrachten. Vier Achttausender lagen in einer Linie von unserem Aussichtspunkt bis hinüber zum Gipfel des K2, von dem uns etwa 30 km trennen mochten. Saltoro Kangri, Masherbrum, Chogolisa, Broad Peak, Mitre, Crystal und Mustagh-Turm — der Blick schweifte ins Endlose an diesem wolkenlosen Tag. Unten im Lager III und zwischen Lager III und IV entdeckten wir Bewegung. Schließlich gelang es uns, Spiegelkontakt aufzunehmen. An der anderen Flanke des Berges, Hunderte von Metern unter uns, konnten wir auf dem südlichen Gasherbrum-Gletscher eine dünne Linie ausmachen, die den Aufstieg der Italiener zum Gasherbrum IV anzeigte.

Der Abstieg verlief kurz nach dem Couloir mechanisch. Am Sattel entledigten wir uns der schweren Sauerstoff-Flaschen. Es war bereits dunkel, als wir um neun Uhr ins Zelt kamen. Am folgenden Tag konnten wir das zweite Team von Lager IV aufsteigen sehen; wir ließen also Lager V stehen und stiegen ab.

Etwa auf halbem Weg trafen wir Tom, Nick und Bob. Da sich am Gipfel Wolken zusammenbrauten, verzichteten sie darauf, den Gipfel zu bezwingen. Nick und Tom stiegen weiter auf, um Lager V abzubauen, während Bob, Andy und ich abstiegen.

Broad Peak   8047 m

Hermann Buhls letzter Gipfel

Als Hermann Buhl 1957 zum 8047 m hohen Broad Peak im Baltoro aufbricht, ist er 34 Jahre alt. Sein bereits legendärer Alleingang am Nanga Parbat liegt vier Jahre zurück. Buhl weiß, wie er seinem Freund Diemberger anvertraut, »daß es das, was ich auf dem Nanga Parbat erlebt habe, nur einmal im Leben geben kann«. Aber der Innsbrucker, der in einem Münchner Sportgeschäft arbeitet und dessen Familie in der Ramsau bei Berchtesgaden lebt, ist noch immer außergewöhnlich leistungsfähig.

Die vierköpfige »Karakorum-Expedition des Österreichischen Alpenvereins 1957« wird von dem Salzburger Marcus Schmuck, 32, einem erfahrenen Mann in Fels und Eis, geleitet. Er hat mit Buhl ein Jahr vorher die sechste Durchsteigung der Dru-Westwand in der schnellsten bis dahin bekannten Zeit geschafft. Fritz Wintersteller, Elektro-Ingenieur, ist ein Jahr jünger als Schmuck und kommt ebenfalls aus Salzburg. Der Benjamin der Gruppe ist Kurt Diemberger mit 25 Jahren. Diemberger wurde in Villach geboren, ist Diplom-Kaufmann und hat schon mit 19 Jahren die Matterhorn- und die Ortler-Nordwand durchstiegen.

Ihre Ausrüstung ist in 38 Alukisten und 19 Seesäcken verstaut. Sie wollen den Berg ohne Hochträger und Sauerstoffgeräte bezwingen. Die Kosten dieser Kleinst-Expedition belaufen sich auf etwa 32 000 Mark; das ist der zwanzigste Teil der Kosten der K2-Expedition.

Das Hauptlager entsteht auf dem riesigen Godwin-Austen-Gletscher, und zwar etwa drei Kilometer unterhalb des Basislagers der K2-Expedition. Weitere drei Kilometer südlich hatte sich 1954 die Herrligkoffer-Expedition eingerichtet, die den Broad Peak in der Nachmonsunzeit vergeblich berannte.

Der Broad Peak ist zweifellos einer der eindrucksvollsten Berge im Baltorogebiet des Karakorum, vor allem, wenn man ihn von Osten oder von Nordwesten betrachtet, von wo seine drei Gipfel gut zu erkennen sind.

Die Österreicher gehen den Berg über seinen Westsporn und in der Vormonsunzeit an. Sie halten sich an den Rat des Himalaya-Kenners Professor Dr. Dyhrenfurth. Schmuck will den Berg im Westalpenstil bezwingen. Dabei müssen täglich etwa 50 Pfund an Lasten hochgeschleppt werden. Die Kondition der Österreicher könnte besser nicht sein.

Der sogenannte »Eiswall« ist blank. Buhl und Diemberger versehen ihn mit fixen Seilen, wobei sie teilweise die von der Herrligkoffer-Expedition zurückgelassenen Seile benützen. Das höchste Lager (III) wird in 6950 m aufgestellt. Es liegt zwar 1100 m tiefer als der Gipfel, aber es befindet sich noch unterhalb der gefürchteten »Todeszone«, wo der menschliche Körper selbst im Schlaf nur noch abbaut. Von diesem Stützpunkt aus starten die Österreicher am 29. Mai 1957 bei gutem Wetter in Richtung Broad Peak. Erstes Ziel ist die 7800 m hohe Scharte zwischen Mittelgipfel und Vorgipfel. Die letzten 250 m zur Scharte erfordern stellenweise Kletterei im IV. Schwierigkeitsgrad — auf vereistem Fels in der »Todeszone«. Als die Scharte endlich um 17 Uhr betreten wird, verschlechtert sich das Wetter. Trotzdem kämpfen sich Diemberger und Wintersteller noch über den Nordgrat zum etwa 8030 m hohen Vorgipfel, von dem es, wie Diemberger schätzt, eine Stunde zum Hauptgipfel ist.

Inzwischen hat sich die Wetterlage ganz zum Schlechten hin verändert. 18 Uhr. Rückzug! Über Lager III gelangt die Gruppe am übernächsten Tag wieder ins Basislager und wartet dort auf eine Wetterbesserung.

Erst am 8. Juni 1957 ist Lager III wieder besetzt. Von den nun folgenden Ereignissen berichtet Kurt Diemberger, der Hermann Buhls persönliche Aufzeichnungen einschiebt:

Langsam verrinnt die Zeit. Ich starre auf das gelbe Tuch. Werden wir morgen wirklich oben stehen . . .? Morgen, am 9. Juni 1957. Wird morgen der Tag sein, die große Stunde meines Lebens, wo ich den immer rufenden, ferne erahnten Gipfel betrete, den Traumgipfel, den schimmernden Berg hoch über der Welt. Wird es wahr werden? . . . Ich finde keinen Schlaf. All meine Gedanken konzentrieren sich auf morgen . . . Und Hermann? — Schläft er?

»Ab ein Uhr nachts schaue ich immer wieder auf die Uhr. Es ist furchtbar kalt. Als ich um halb 3 Uhr aufstehe, bekomme ich Hustenanfälle und reiße schleunigst den Zelteingang auf. Der Mond ist weg. Das Anziehen ist eine Tortur: bis man in den Strümpfen und Schuhen ist, bis man die Hose mit den Schuhen dicht verbunden hat, dann die Überhose, die Schuhüberzüge, die beiden Pullover, den Anorak, und das alles auf engstem Raum ... Das Haferflockenmus schmeckt wunderbar. Markus und Fritz hauen ab, um halb 4 Uhr steigen Kurt und ich nach. —20 Grad zeigt das Thermometer, aber vorläufig ist's uns noch warm, nur die Hände sind schon kalt, trotz Leder- und dicken Wollhandschuhen ... Es ist Pfingstsonntag morgen. Es geht wieder an steilen Eisflanken hinauf. Manchmal queren wir einen Hang. Zwei Atemzüge pro Schritt, es geht langsam. Es wird hell, die Sonne setzt den höchsten Gipfeln goldene Harnische auf. Der Schnee auf dem Eis wird tiefer und lockerer. Wir haben Markus und Fritz nach stundenlangem Steigen eingeholt. Ich spure voran, durch angewehten Preßschnee. Ich schaue immer wieder zur Scharte über uns, das nächste Ziel. Die Füße sind jetzt eiskalt geworden, aber ich lasse mir keine Zeit zum Massieren, eins, zwei — eins, zwei, nur ja nicht aus dem Rhythmus kommen. Um dem grundlosen Schnee unter der Scharte auszuweichen, wollen wir diesmal rechts über Felsen. Der Schnee ist manchmal grundlos tief, dann kommen wieder tragende Platten. Kurt löst mich ab. Noch ein steiler steinharter Hang, eine neue Querung, wir treten in das helle Sonnenlicht, es ist acht Uhr morgens. Höchste Zeit, daß ich aus den Schuhen komme, die Füße sind bereits gefühllos. Wir messen —30 Grad. Jeder arbeitet in der Sonne sitzend an seinen Füßen, an meinem rechten Fuß ist es am schlimmsten. Erst nach 40 Minuten tauen sie auf, ich reibe sie mit Frostschutzsalbe ein und beginne wieder die umständliche Prozedur des Schuhanziehens. Markus und Fritz sind bereits weitergestiegen. Mir schien zunächst, es ginge diesmal leichter als beim letzten Versuch. Aber allmählich kommt eine bleierne Müdigkeit über mich. Nach einem schweren, extrem steilen Eishang erreichen wir am 9. Juni mittags, halb zwei Uhr, die Scharte zwischen Mittel- und Hauptgipfel. Mein Höhenmesser zeigt 7800 m an. Ich will schlafen, Kurt sucht mir aus dem Rucksack

Bonbons, Dörrobst, Haselnüsse — nichts will mir schmecken. Nicht einmal ein Schluck aus der Flasche ...«

Ich sitze im Schnee und blicke auf Hermann. Sein Fuß macht ihm sehr zu schaffen — ich kann es ihm ansehen. Und eben hat er gesagt, daß er so heute wohl kaum auf den Gipfel kommt. — Ich bin traurig: Hermann, mein Seilkamerad ... Gerade er, der Beste von uns — wie hat er sich die ganze Zeit für uns alle eingesetzt, Pläne entworfen, rastlos gearbeitet, das Letzte hergegeben! Hat hier am Berg alle Operationen geleitet ... und gerade heute, wo es endlich ans Ziel gehen soll ...
Sein Fuß ... Der Nanga Parbat ... er hat ein großes Opfer gefordert. Ich starre hinaus nach Westen, zu dem fernen, einsamen Riesen. Nanga Parbat — er war das Opfer wert.
Kleiner und kleiner werden droben auf dem Grat unter dem schwarzblauen Himmel die Gestalten von Fritz und Markus. Sie kommen nur langsam aufwärts ... Immer dünner wird die Luft, immer mehr wirkt sich die Höhe aus. Dabei haben wir heute wirklich das ideale Gipfelwetter. Es ist fast windstill, nur selten weht ein leichtes Lüftchen durch die Scharte. Heiß brennt die Sonne nieder. Wir sitzen im Schnee und warten.
Um halb 3 Uhr geht es Hermann ein wenig besser, und wir gehen wieder los. Viel Zeit haben wir jetzt nicht mehr, wir dürfen nicht allzuoft haltmachen. Vielleicht geht es; es muß doch ...
Langsam steigen wir höher. Direkt vor uns zieht der steile Schnee- und Felsgrat zum Vorgipfel hinauf. Er trägt riesige pilzförmige Wächten. Auch die ungeheuren Steilwände des Mittel- und Hauptgipfels zeigen ähnliche seltsame Schneegebilde: Pilze, Rippen, riesige Strebepfeiler. 3000 m ziehen hier im Osten die Wände in einem Schuß zur Tiefe. Und wir gehen an ihrem oberen Rand.
7900 m! Der Blick hinunter auf das Meer namenloser Sechstausender, auf die Gletscherströme tief unter uns ist schwindelerregend. Weit draußen ein Strich — der Horizont. — Wir sind schon sehr hoch, aber der Weg zum Gipfel ist noch endlos.

Wir bleiben nun immer öfter stehen. Erst alle zehn Meter — dann alle zehn Schritte ... Ich bewundere Hermanns Willen, wie er sich trotz seiner Verfassung Meter um Meter höherkämpft, immer wieder ... jeder andere würde schon aufgegeben haben. — Aber wir werden dennoch immer langsamer. Dabei ragt der 8000 m hohe Mittelgipfel hinter uns noch hoch über unseren Köpfen. Endlich sind wir bei den Felsen des großen Grataufschwungs. Da ist der Kamin! Er kostet viel Kraft. Mit eiserner Energie zwingt Hermann sich hoch. Doch dann ... Auf einer kleinen Schneeschulter bleiben wir stehen. Von dort aus sehen wir den weit entfernten Gipfel auftauchen.

S o w e i t ... Aussichtslos, da gehen wir ja in die Nacht hinein! Es ist bereits Viertel vor 5 Uhr, und in zwei Stunden geht die Sonne unter. Hinter uns liegt erst ein Drittel des Weges von der Scharte zum Gipfel — und allein für das haben wir schon zwei lange Stunden gebraucht. In unserem Tempo noch weitergehen? Hinein in eine Nacht in 8000 m? Und ein Biwak hier oben ... Es wäre Wahnsinn. Wir stehen traurig vor der Erkenntnis, daß es zu spät ist.

Aber ob ich allein es vielleicht noch schaffe? Ich fühle mich heute in ausgezeichneter Verfassung. Mein Blick bleibt an der fernen weißen Spitze hängen. Dort steht der Gipfel — Wunsch meines Lebens.

Ich bitte Hermann, es mich noch versuchen zu lassen. Er sagt ja ... Er versteht meinen Wunsch. Ich bin ihm dankbar. — Hermann will inzwischen auf dieser Schneeschulter warten, bis ich zurück bin. Dann werden wir gemeinsam absteigen.

Ich möchte Hermann noch ein gutes Wort sagen, ehe ich gehe ... aber ich weiß, daß es keinen Trost gibt. Hermann sitzt stumm auf dem Schnee der Schulter und schaut hinaus in die Ferne — sein Blick führt zum Nanga Parbat. Sein Berg! ...

Ich ahne seine Gedanken.

Ich will so bald wie möglich zurückkommen. Keuchend steige ich den Hang zum Vorgipfel hinauf. Gerade weil ich mich gut in Form fühle, habe ich viel zu schnell losgelegt. Ich beiße die Zähne zusammen, ich will nicht stehenbleiben!

Verbissen drücke ich die Knie durch, wuchte mich an den Stöcken höher ... So, da ist der Vorgipfel! Ich halte einen Augenblick inne, schnappe nach Luft; alles dreht sich ...

Dort drüben die weiße Spitze! Der Gipfel. Und da! In wohl einer Stunde Entfernung: zwei kleine Punkte, die auf dem letzten Schneehang langsam höhersteigen. Markus und Fritz. Es ist kurz nach 5 Uhr.

Weiter! Es ist keine Zeit zu verlieren. Hinunter in die erste Mulde, wieder einen Buckel hinauf; hinunter, hinauf ... ich fauche wie eine Lokomotive — es ist alles über 8000 m. Dann liegt das lange horizontale Gratstück vor mir — da ist freie Bahn. Vorwärts! Ich keuche mit aufgerissenem Mund dahin, gehe nun aufs Äußerste, stoße mich mit den Skistöcken links und rechts ab, konzentriere mich völlig auf den Weg vor mir, auf Schnee und Schutt — auf den Firstgrat, der sich wie eine riesige Brücke über ungeheure Tiefen spannt. Rasch rückt der Gipfel näher ...

Die Gegensteigung beginnt! Hinauf — dort oben auf dem höchsten Schneehang machen Markus und Fritz gerade ihre Gipfelfotos. Nur noch ein kurzes Stück! Nicht stehenbleiben! Es geht bergauf — wie wild schlägt mein Herz; die Knie wollen mir weich werden ... Aber da bin ich bei den letzten Felsen, da ist der Gipfelschneehang, auf dem die Kameraden stehen. Schwer atmend mache ich halt. Ich hab's geschafft.

Markus und Fritz sind eben im Begriff, den Abstieg anzutreten. Sie kommen auf mich zu, und wir begrüßen uns. Dann beginnen sie, den endlosen Grat zurückzugehen. Ich bin allein — todmüde, aber nun wirklich auf dem Gipfel des Broad Peak. Weit hinten sehe ich den Vorgipfel. Vor wenig mehr als einer halben Stunde bin ich noch dort drüben gestanden und habe hier herüben meine beiden Kameraden über den Schneehang emporsteigen sehen. — Ausgepumpt wie ich bin, steige ich nun nur noch langsam zehn Meter höher, wo ich bei den letzten Stapfen stehenbleibe. Vor mir habe ich die Gipfelwächte des Broad Peak; sie ist höher als ich, und ich kann nicht hinüberschauen. Ich nehme den Rucksack von den Schultern und setze mich zu kurzer Rast in den Schnee.

Es ist angenehm, endlich wieder einmal zu sitzen. Vor mir — so weit ich nur schauen kann — Gipfel; ein weißes Meer, das sich endlos bis in die fernste Ferne dehnt.

In der Nähe all die bekannten Gipfel des Baltoro. Mein Blick schweift vom Gasherbrum zur Chogolisa, vom spitzen, nur 200 m niedrigeren Masherbrum bis zum Mitre Peak, der mit seinen 6010 m von hier oben gar nicht mehr imposant aussieht; er steht vielmehr wie ein herziger Zwerg mit weißer Zipfelmütze da tief unten am Konkordiaplatz. Über den weiten Wellen des Baltorogletschers steht in der Ferne der Nanga Parbat, der von hier oben noch viel einsamer und mächtiger erscheint als vom Plateau aus. Rechts über dem Vorgipfel, ganz nahe und noch immer unglaublich hoch, der K 2 — 8611 m! — Ehrfürchtig schaue ich zu dem Riesen auf.

Längst bin ich aufgestanden, schaue rechts an der Wächte vorbei zu den Achttausendern der Gasherbrum-Kette, zu Hidden Peak und Gasherbrum II. Links der Wächte kann ich über den Schnee hinaus nach Osten blicken. Dort werden die Berge niedriger; braune, verschneite Ketten wechseln mit graubraunen Hochflächen, verlieren sich in der Ferne — das ist Tibet; das unbekannte Land.

Schade — diese Wächte! Wenn man so von ganz oben frei hinausblicken könnte, wenn rund herum nur noch Luft, nur unendliche Weite wäre . . . wie einmalig müßte das sein.

Ich starre auf die Wächte vor mir.

Nur einmal im Leben, heute, auf dem Achttausender . . .!

Ich sondiere: Eis oder ganz harter Firn. Ich steige einen Schritt höher. Noch einen. Und wieder . . .

Ich stehe. Frei blicke ich herum. Um mich nur Luft.

Ich senke den Blick. Vor mir ist ein schimmernder Schneescheitel. Hier hört der Broad Peak auf, denke ich verwundert und streiche mit dem Skistock über die höchste Wölbung. Da, vor mir . . . nur noch ein paar Schritte.

Lange schaue ich nach Osten . . .

Seltsam: dort — die Tiefe, das Weite, das Unbekannte — das ist also Tibet. Grenzenlose Einsamkeit . . .

Etwas ist unbegreiflich an diesem Land da draußen. Ich weiß nicht, was es ist.

Während ich schaue, fühle ich auf einmal auch hier oben diese ungeheure Einsamkeit, die lautlose Stille um mich, das Schweigen . . .

Ich bin allein. Und Hermann sitzt unten auf dem Grat.

Er, mit dem ich hier oben sein wollte, auf einem strahlenden Gipfel, in gemeinsamer, alles überstrahlender Freude, voll Glück über den Sieg, über die schönste Stunde eines Bergsteigerlebens . . . er ist nicht da. Und alles schweigt um mich — starr, kalt, unendlich.

Ich bin nicht glücklich.

Müde steige ich wieder den Grat hinunter, folge den Wellen der langgezogenen Schneide. — Jäh halte ich inne, drehe mich um. Da ist der Gipfel, da sind die Stapfen im Schnee. Doch, ich war oben. Es ist vorbei. Und das war wirklich der Höhepunkt eines Bergsteigerlebens? Schade . . . so ganz anders, als ich es immer dachte. Und mein Traumgipfel . . .? »Das war eben die Wirklichkeit«, sagt eine Stimme in mir. »Ich weiß«, sage ich enttäuscht und folge wieder den endlosen Wellen. Bald werde ich bei Hermann sein. Jetzt habe ich schon den halben Grat. Es ist gut, denn ich bin müde. Müde und allein.

Da vorne der K 2, vor mir die breite Schneide, die Buckel . . .

Ein gelber Punkt: Ein Anorak! . . . Hermann . . .!

Er ist es wirklich — er kommt trotz allem. Hermann Buhl . . .!

Mir schaudert vor solch ungeheurer Willenskraft.

Er kommt näher. Er geht ganz langsam, Schritt für Schritt.

Angespannt die Gesichtszüge, geradeaus sein Blick.

Er geht zum Gipfel. Hinein in die Nacht . . .

Hermann! Nun ist er da. Ich schaue ihn an. Ich kann nichts sagen — nur eines denken: Nun gehen wir doch noch gemeinsam hinauf. Ich bin mit einem Male froh und glücklich. Was war inzwischen geschehen? Wie war das nur möglich? Hermann wollte doch auf der Schulter des Vorgipfels auf mich warten . . .

». . . Ich setzte mich hin, um zu warten, bis die anderen vom Gipfel zurückkommen. Ich glaube zu sehen, wie Markus und Fritz den Hauptgipfel erreichen, zwei kleine Punkte auf einer schlanken Firnschneide, weit, weit rückwärts noch.

Meine Füße sind wieder gefühllos. Ich beobachte Kurt, wie gut er eigentlich vom Fleck kommt.

Aber wollten wir nicht alle am Gipfel stehen? denke ich. Es ist fünf Uhr. Ob die Zeit noch reicht? Aber wir haben ja den Mond als Begleiter rede ich mir zu und gehe weiter. Langsam komme ich dem Vorgipfel näher. Dicht darunter kommen mir Markus und Fritz entgegen. Sie haben den Gipfel ... Ich gebe ihnen zu verstehen, daß ich es versuchen wolle, so weit ich eben käme ... Dann gehe ich langsam weiter. Einige kurze Gegensteigungen, dann kommt die lange Querung über einen waagrechten Schneegrat hinüber zum Hauptgipfel. Jetzt in den Abendstunden geht es plötzlich etwas besser. Mitten auf dem Grat begegne ich Kurt, er kommt gerade vom Gipfel. Als ich ihm zu verstehen gebe, daß ich noch hinüber will, kehrt er wortlos um, um mit mir zu gehen.

Die Sonne senkt sich schon langsam zum Horizont, über den Gletschern hängen schon schwarze Schatten. Wir gehen in über achttausend Meter Höhe die letzten Meter zum Gipfel des Broad Peak hinan ... Es muß unfaßbar schön um uns sein ...«

Es ist wirklich unfaßbar schön.

Ich bin müde, zu müde zum Denken. Aber ich kann schauen und fühlen ... Die Welt dort unten ist bedeutungslos geworden. Auch der erste Gipfelgang liegt in weiter Ferne — und was war das schon ... Nun aber dringt durch meine Müdigkeit eine selige Gewißheit: Jetzt wird es wahr werden — das Traumbild.

Denn dort oben, vor uns ... da leuchtet er — unirdisch wie ein Traum — der Gipfel!

Immer phantastischer werden die Gestalten der riesigen Schneepilze. Seltsam, wie Gesichter, ihre Schattenbilder. Alles lebt — und vor mir wandert der lange Schatten Hermanns über die Schneefläche, er krümmt sich, dehnt sich, macht Sprünge.

Es ist totenstill.

Ganz tief steht die Sonne.

Das Leben! Kann es noch einmal so schön sein?

Zurückkommen? ... Vor mir liegt die Stunde, nach der ich mich ein Leben gesehnt habe. Daß ich sie erleben durfte, gerade ich!? Ich bin glücklich ... Schwer stütze ich mich einen Augenblick auf die Stöcke, bleibe stehen. Dann gehe ich lächelnd weiter. Vor mir ist Hermann. Wir gehen gemeinsam dem Gipfel zu. Ja, wir gehen in die Nacht; doch davor ahne ich ein Leuchten, das alles überstrahlt, das jeden Wunsch des Lebens in sich schließt; das Leben selbst.

Und dann wird es wahr. Wir stehen oben. Die Stille des Raums umfängt uns. Wir schweigen. Es ist die Erfüllung.

Zitternd neigt sich die Sonne dem Horizont zu. Unter uns ist Nacht — da liegt die Welt. Nur noch heroben bei uns das Licht.

Zauberhaft schimmern die nahen Gasherbrumgipfel, weiter draußen das eisige Himmelsdach der Chogolisa. Direkt vor uns im Gegenlicht ragt die dunkle Gestalt des K 2 auf.

Dunkler, leuchtender werden die Farben. Tieforange färbt sich der Schnee. Seltsam azurblau noch immer der Himmel. Ich wende den Blick: Der Schatten des Broad Peak! Eine dunkle, riesige Pyramide wächst hinaus in die endlose Weite Tibets. Sie verliert sich im Dunst der Ferne.

Immer noch stehen wir stumm. Dann drücken wir uns die Hände.

Am Horizont ist jetzt nur noch ein schmaler Sonnenrand. Ein Lichtstrahl greift über die Dunkelheit herüber zu uns. Er trifft gerade noch die letzten Meter des Gipfels.

Staunend blicken wir auf den Schnee zu unseren Füßen. Er scheint zu glühen. Wir schweben auf einer leuchtenden Insel im Raum ... Da erlischt das Licht.

». . . der Himmel wird immer blasser. Bleich steht der Mond über uns. Schnell hinunter. Um halb acht Uhr, am Vorgipfel, dämmert es. Dann hilft uns der Mond. Wir müssen sehr achtgeben, wenn er sich manchmal hinter einer Felsrippe versteckt. Sehr steile Absätze. Wo der Grat von Felsen unterbrochen wird, sichern wir mit dem Seil. Endlich sind wir an der Scharte. Wir sehen Markus und Fritz nicht mehr. — Mit zusammengeknüpften Seilen sichern wir uns die übersteile Eiswand hinunter in den Schnee. Es ist Nacht. Der

Abstieg im Bruchharsch ist sehr mühsam. Aber weiter, weiter. Die Kälte ist grausam ...«

Wir sind wieder herunten. Haben uns im schwachen Licht des Mondes hinuntergekämpft zu den Zelten des Lagers III; sind dann während der folgenden zwei Tage abgestiegen ins Basislager.

Nur ungenau erinnere ich mich noch an die Einzelheiten dieses endlosen nächtlichen Abstiegs durch die Riesenflanke: an die Steilheit der Hänge, die Gefahr eines Fehltritts im trügerischen Licht des Mondes; an den hellen Schimmer des Plateaus tief unten — des Plateaus, das nicht näher kommen wollte ... und schließlich an unsere baldige völlige Erschöpfung. Wie oft saßen wir im Schnee, um zu rasten; zu dösen — erfüllt nur von dem einen Wunsch: zu schlafen! Wenigstens ein bißchen ...

Aber trotz aller Stumpfheit, die sich unser bemächtigt hatte, wußten wir: Das durfte einfach nicht sein! — Wenn man erst einmal eingenickt war, würde man bald in einen immer tiefer werdenden Schlaf versinken ... der leise, unmerklich über alle Müdigkeit der Welt hinausführte ...

Es war gut, daß wir zu zweit waren. So riß sich doch immer wieder einer von uns hoch und sagte, daß es Zeit wäre, wieder ein Stück zu gehen. Dann gingen wir wieder ...

Um halb ein Uhr nachts merkten wir am Gelände, daß wir uns in der Nähe des Sturmlagers befanden. Nach einer Weile tauchten die Silhouetten der Zelte vor uns auf: wir wußten, daß wir nun endlich schlafen durften.

Noch ein paar Schritte, die letzten ... da: der Zelteingang ... der Schlafsack ... dann nichts mehr. —

Nun haben wir uns von den Strapazen schon wieder ziemlich erholt. Wir genießen die angenehme Geräumigkeit der großen Basiszeltlager, räkeln uns in den weichen Daunenschlafsäcken, essen, schreiben Briefe ...

Ich blicke zu Hermann hinüber. Er hat zu schreiben aufgehört und geht jetzt den Bericht noch einmal durch. — Und während er liest, schaue ich ihm über die Schulter, lese die letzten Zeilen mit:

»... der Broad Peak ist erstiegen, auf seinem kürzesten und idealsten Weg, ohne Hochträger, von allen vier Teilnehmern der Mannschaft. Was wollen wir mehr? Wir beginnen, langsam froh zu werden. Denken an die Freunde daheim, an die Lieben zu Hause — und dann kommt zufällig der Postläufer. Wir hatten ihn erst nach Tagen erwartet. — Und inmitten bizarrer Eisnadeln und immer tiefer furchender Gletscherbäche, inmitten Eis und wildem Geröll verbergen wir unsere Köpfe hinter den Briefen und lesen und lesen. Wir freuen uns ganz unsinnig auf das erste Grün. Zu Hause soll doch schon Sommer sein ...«

Zu Hause, in der Ramsau, ist schon Sommer. Da trifft im Berchtesgadener Land die erschütternde Nachricht ein: Hermann Buhl ist tödlich abgestürzt — am Südostgrat der 7654 m hohen Chogolisa.

Buhl und Diemberger wollten als Abschluß noch die Chogolisa besteigen. Ungefähr 300 m unterhalb des Gipfels zwang sie ein Sturm zur Umkehr. Beim Abstieg — sie gingen unangeseilt — kam Hermann Buhl einem Wächtenrand zu nahe und stürzte mit der abbrechenden Wächte in die Tiefe.

Markus Schmuck führt in seinem Buch »Broad Peak« das Verhalten Buhls auf einen »Denkfehler« zurück. »Also auf ein momentanes Versagen der Denkfunktion, bedingt durch die Einwirkung der ungewöhnlichen Höhe. Er machte am stark überwächteten Grat, der höchste Achtsamkeit erfordert, vermutlich rein mechanisch einen Abstecher, ohne daß er sich selbst dabei kontrolliert hätte; denn dies ist das Gefährliche in dieser über 7500 m liegenden Zone: der Körper reagiert völlig konträr. Das Stadium, das dem zeitweiligen Aussetzen der Denkfunktion folgt, ist dann jenes der Halluzinationen, wie sie Hermann Buhl ja auf dem Nanga Parbat selbst erlebte.«

Gasherbrum II   8035 m

Pyramide im Baltoro

Blick vom oberen Becken des südlichen Gasherbrum-
Gletschers zum (von links) Gasherbrum III (7952 m),
Gasherbrum II (8035 m) und Ostgipfel (7772 m),
der sich etwas im Hintergrund erhebt.

Als Mitte Juli 1956 bei der »Österreichischen Himalaya-Ge-sellschaft« in Wien die Telegrammnachricht eintrifft, »Am 7. Juli 1956, um halb 2 Uhr mittags, erreichten drei Expeditionsteilnehmer den Gipfel des Gasherbrum II (8035 m)«, ist die Freude über alle Maßen groß, denn nun sind die Österreicher die einzige Nation, deren Bergsteiger drei Achttausender erklommen haben. Die britischen und französischen Flaggen wehten bis 1956 auf jeweils zwei Achttausendern; Italien, Japan und die Schweiz konnten jeweils einen Achttausender erstbesteigen. Deutsche Bergsteiger mußten trotz ihrer Pionierarbeiten auf die Erstbesteigung eines Achttausenders verzichten.

Über den Gasherbrum II in der gleichnamigen Berggruppe des Karakorum war durch Professor Dyhrenfurth bekannt, daß es zwar kein leichter Achttausender — gibt es einen solchen überhaupt? — ist, daß aber der Aufstieg über den Südwestsporn wahrscheinlich verhältnismäßig sicher ist. Zwischen Südwest- und Südostsporn ist die riesenhafte Südwand eingelagert, eine Monte-Rosa-Ostwand von ungeheuren Ausmaßen. Der gigantische Gletscherkessel zu Füßen der Südwand wird von weiteren Bergriesen gesäumt: Gasherbrum III (7952 m), Gasherbrum IV (7925 m) im Norden, dahinter der Broad Peak. Im Südosten steht der Gasherbrum I; an seiner Westseite fließt der Südliche Gasherbrum-Gletscher in den Abruzzi-Gletscher.

Die Anreise der Österreicher hatte sehr abenteuerlich begonnen: Auf dem Flug von Rawalpindi nach Skardu fiel plötzlich der rechte Motor ihrer Maschine aus. Das Flugzeug geriet schon ins Trudeln, konnte dann aber glücklicherweise noch rechtzeitig abgefangen werden.

Die Stadt Skardu breitet sich an der Mündung des Shigar in den Indus, den längsten Strom Vorderindiens, aus und gehört zu Baltistan. Nördlich der Stadt steigt das Karakorum an.

In Skardu wurden 168 Tal- und Hochträger angeworben. Bis Askole, das rund 50 km nördlich von Skardu am Fluß Braldo liegt, bekamen die Träger den vorgeschriebenen Tageslohn von drei Rupien (etwa DM 2.40). Ab Askole, von wo sich die Expedition ostwärts wandte, um den Baltoro-Gletscher zu erreichen, mußten vier Rupien bezahlt werden. Der Trägertroß war auf 238 Leute angewachsen.

Bis zum Konkordiaplatz, dem etwa 4600 m hoch gelegenen Zusammenfluß des Godwin-Austen- und des Oberen Baltoro-Gletschers, sind es von Askole vier Tagesmärsche. Auf diesem Weg gab es Schwierigkeiten mit den Trägern — sie wollten mehr Geld und bessere Ausrüstung.

Am Nachmittag des 25. Mai 1956 gelangte die Spitzengruppe der Expedition zum Platz des Hauptlagers in 5320 m auf der orographisch linken Seitenmoräne des Südlichen Gasherbrum-Gletschers. Am 29. Mai war die gesamte Mannschaft im Hauptlager: Außer dem Leiter und den Sherpas noch der Geologe Dr. Erich Gattinger, Sepp Larch, Hans Ratay, Richard Reinagl, Heinrich Roiss, der Arzt Dr. Georg Weiler und Hans Willenpart. Es war eine gute Mannschaft. Die Bergsteiger kannten die schwierigsten Alpenwände und wollten jetzt ihrer Laufbahn das krönende Erlebnis einer Achttausender-Bezwingung zufügen. Fritz Moravec berichtet:

Zehn Tage der Akklimatisation folgten. Während dieser Zeit bauten wir das Hauptlager aus, überprüften die Kocher, packten die Ausrüstung in Traglasten zusammen und bereiteten sie für die Hochträger vor. Der Arzt kontrollierte jeden zweiten Tag den Blutdruck und zählte den Pulsschlag bei allen Expeditionsmitgliedern und Hochträgern in Ruhe und in Bewegung. Wenn die Bergsteiger keine Beschäftigung hatten, saßen sie auf der Moräne und schauten mit dem Feldstecher zu unserem Berg, zum Gasherbrum II. Alle sprachen nur von dem nun bevorstehenden Anmarschweg zum Fuße des Berges; betrug doch die Entfernung in der Luftlinie 8 bis 10 km bei einem Höhenunterschied von 700 m; außerdem mußten zwei Eisbrüche überwunden werden. Dieser lange Anmarschweg zum Fuß des Berges galt für uns als das große Fragezeichen. Unser Geologe unterstützte die Erkundungsarbeit, denn er berechnete die Neigung der einzelnen Flanken, Abbrüche und Grate; diese technische Grundlage war ein wertvoller Behelf bei der Planung und Festlegung unserer Anstiegsroute.

Am 4. Juni legten Larch und Willenpart eine Spur durch den unteren Gletscherbruch, und tags darauf erkundeten sie dort einen auch für Hochträger begehbaren Aufstiegsweg zum Gasherbrum II. Am nächsten Tag, die vorgearbeitete Wegführung benützend, querten sie unter den Südwesthängen des Hidden Peak (8068 m) westwärts, überschritten einen Felssporn und kamen bis zu 200 m an die Eiswand heran. Dort sperrte ihnen ein Spaltenlabyrinth den Weiterweg. Am 6. Juni versuchten Ratay und Roiss einen Weiterweg zu finden. Im unteren Teil benützten sie dieselbe Route wie Larch und Willenpart; auf ungefähr 5600 m, wo ein Gletscher vom Hidden Peak herabzieht, verfolgten sie eine Gletschergasse in der Richtung zum Gasherbrum V (7321 m), stiegen durch den zweiten Gletscherbruch und gingen in großem Bogen zum Fuß des Gasherbrum II zurück. Ein gut gangbarer Weg zu unserem Teilziel war damit gefunden worden.

Bereits am 7. Juni wollten Reinagl und ich mit den Hochträgern Lasten zum Felssporn unter dem Gasherbrum II (8035 m) schaffen und auf dem auslaufenden Gletscherboden das Hochlager I in 6000 m Höhe errichten. Schneefälle verhinderten unser Vorhaben; an einen Aufstieg war nicht zu denken.

Erst am 11. Juni konnten wir die Lasten nach Lager I schaffen. Der viele Neuschnee verdeckte die von Ratay und Roiss gesteckten Wegmarkierungsfähnchen, und wir suchten die Route nur nach den Berichten unserer Kameraden. Langsam gewannen wir an Höhe und versanken manchmal bis zu den Hüften im Schnee. Unsere Balti-Hochträger gingen mit ihren 20 kg schweren Traglasten ohne zu murren willig in unseren Spuren nach, und wir sahen es ihnen an, welche körperliche Anstrengung ihnen dieser Weg bereitete. Um die Mittagsstunde riefen die Träger nach einem Zwischenlager, obwohl erst der halbe Anstiegsweg hinter uns lag. Zwei Träger sanken mit ihren Lasten vor Erschöpfung um. Reinagl und ich teilten mit den Baltis unsere Verpflegung, unseren Fruchtsaft und versprachen ihnen für den kommenden Tag einen Rasttag, wenn sie bis zum Fuß des Berges gehen würden. Dieses Versprechen wirkte wie ein Wunder. Mit Aufbietung ihrer letzten Kräfte stapften sie weiter, und

um 14.30 Uhr, nach elfstündigem Anstieg, konnten sie unsere Packsäcke abwerfen; der geplante Lagerplatz war erreicht. Nicht nur der viele Neuschnee hatte den Trägern und uns so arg zu schaffen gemacht, sondern vor allem die intensive Sonnenbestrahlung. Die Temperatur betrug oft plus 45° Celsius. Die Sonne trocknete uns aus, das Durstgefühl quälte uns mehr als der Hunger. Die alte Erfahrung gilt auch im Karakorum: frühmorgens, wenn der Schnee hartgefroren ist und wenn die Sonne noch nicht über die Bergspitzen scheint, ist das Steigen im Schatten nur halb so anstrengend als später am Vormittag.

Ratay, Roiss und Dr. Weiler stiegen am 13. Juni zu Hochlager I auf, und Dr. Weiler führte die Träger zurück. Zwei Tage später taten dasselbe Larch, Willenpart und Dr. Gattinger. Dr. Gattinger brachte die Hochträger ins Hauptlager hinunter. Am 17. Juni übernahmen unsere beiden Pakistaner, der Begleitoffizier Capt. Quasim Ali Shah und der Student Hayat Ali Shah, den Nachschub nach Lager I. Planmäßig kamen jeden Tag Lasten ins erste Hochlager hinauf.

Neuerlich zehntägige Schlechtwetterperiode mit ununterbrochenem Schneefall. Zehn lange Tage Warten. In diese trübselige Stimmung kam ein Lichtblick — der Postläufer. Jeder vertiefte sich in seine Briefe, Karten und Zeitungen. Plötzlich teilte einer der Freunde aus einer Lektüre mit, die Japaner hätten den Manaslu erstiegen, die Schweizer den Lhotse (8511 m) und auch der Mount Everest (8848 m) sei ein zweites und noch ein drittes Mal bezwungen worden. Und wir waren über Lager I, 6000 m, nicht hinausgekommen. Der Tiefpunkt unserer Stimmung wurde erreicht, als uns der pakistanische Begleitoffizier aus der »Pakistan Times« vorlas, der Monsun käme heuer um drei Wochen früher als sonst. Sofort vermuteten wir, daß wir uns vielleicht schon inmitten der Auswirkungen des Monsuns befänden. In der Zwischenzeit waren auch alle Bergsteiger wieder in das Hauptlager herabgekommen.

Als es am 30. Juni überraschend aufklarte, stiegen Ratay und Roiss wieder zum ersten Hochlager auf; und als Larch, Reinagl und ich mit den Hochträgern zwei Tage später in Lager I eintrafen, empfingen uns die Freunde sofort mit der

Hiobsbotschaft von dem großen Lawinenunglück, von dem wir inzwischen betroffen worden waren. Fast alle abgestellten Hochlagertraglasten, wie Zelte, Seile, Haken, Karabiner, Seilwinde, Stahlseile und die gesamte hochwertige Verpflegung, lagen unter der Lawine. Wir konnten es nicht fassen; waren doch die Lasten an einem für lawinensicher gehaltenen Ort abgestellt worden. Sie hatten auf ebenem Gletscherboden gestanden und außerdem war der untere Teil des Berges terrassenförmig gestaltet; nur der viele Neuschnee hatte diese gewaltige Lawine verursacht. Von ungefähr 7500 m Höhe hatten sich die Schneemassen herabbewegt, verschütteten die Terrassen, wodurch eine schiefe Ebene entstand, über die der Schnee weit auf den flachen Gletscher hinausgetragen wurde.

Zwei Tage ließ ich nach den verschütteten Lasten graben. Kanäle und Schächte wurden ausgehoben, aber alles war zwecklos. Über unserer Ausrüstung und Verpflegung lag eine fünf bis zehn Meter hohe Schneedecke.

Dieser schwere Verlust änderte unseren Angriffsplan. In kürzerer Zeit, als vorgesehen, mußten nun die Hochlager errichtet werden; überdies konnten wir sie nicht so vollkommen ausbauen; ebenso mußte auch das Vorbereiten des Weges um vieles schneller vonstatten gehen.

Ratay und Roiss übernahmen es sofort (2. Juli), das Wegstück über den Eissporn von Lager I (6000 m) zu Lager II (6700 m) gangbar zu machen und dieses Lager II zu errichten. Sie schlugen Stufenleitern, spannten Quergangsseile und brachten hängende Seile an. Am 3. Juli war Lager II oberhalb des Eissporns (6700 m) beziehbar. Am 4. Juli stiegen Larch und Reinagl nach Lager II auf, spurten tags darauf höher und legten eine Spur über die Eiswülste zu einem flachen Firngrat, wo Lager III (7150 m) errichtet werden sollte. Für den 6. Juli bestand folgendes Programm: Larch, Reinagl, Willenpart, ich und vier Hochträger sollten Lager III und am folgenden Tag Lager IV am Fuße der Gipfelpyramide aufschlagen. Beim Aufstieg von Lager II zu Lager III gab es für die Träger keine Steighilfen (Stufen, Quergangsseile usw.) mehr. Das 20 kg schwere Gepäck machte ihnen an den steilen Flanken schwer zu schaffen, und sie mußten

sorgsam am Seil gesichert werden. Als die Träger am vorgesehenen Platz für Hochlager III eintrafen, fielen sie mit den Lasten ermattet in den Schnee. Für ihren bewundernswerten Einsatz und für ihre Aufopferung versprachen wir ihnen einen Rasttag. Die nun beginnende Flanke war wesentlich steiler als das Wegstück über den Eissporn; außerdem hatte diese Eiswand 30 cm Pulverschnee aufliegen. Es stand eindeutig fest: die Träger können wir weiter nicht verwenden. Hätten wir erst den Hang präparieren, dem Berg Fesseln anlegen wollen, dann hätte dies mindestens 14 wertvolle Tage gekostet. In dieser Zeit könnte längst wieder Schlechtwetter, vielleicht schon der Monsun, da sein. Für mich war folgende Überlegung von entscheidender Bedeutung: Entweder ich lasse den Hang für die Träger vorbereiten und wir kommen dann möglicherweise infolge eines Schlechtwettereinbruches zu keinem Gipfelangriff mehr, oder ich nehme das große Risiko auf mich, die Bergsteiger ihre Lasten selbst tragen zu lassen und von einem Hochbiwak aus den Gipfelsturm zu wagen. Nach Besprechung mit meinen Kameraden entschied ich für das Oder, und weil ich mir der Gefahren dieses Entschlusses voll bewußt war, ging ich selbst mit. Reinagl offenbarte seine menschliche Größe, indem er nur schlicht sagte: »Ich sichere die Träger hinunter, und euch wünsche ich den Gipfelsieg.« Mit diesem Entschluß verzichtete Reinagl freiwillig auf seine Gipfelchance.

Als am späten Nachmittag des 6. Juli die Sonne hinter dem Gasherbrum IV (7925 m) verschwand, stieg Reinagl mit den Trägern ab. Larch, Willenpart und ich arbeiteten uns aber mit den Biwakrucksäcken höher. Bei jedem Schritt rutschte der Neuschnee ab. Es war ein unsicheres Steigen. Weil keine Sicherungsmöglichkeit gegeben war, gingen wir seilfrei, damit nicht einer die anderen gefährde. Der Anstieg an dieser steilen Flanke war ein mühevolles Höherkommen. Larch und Willenpart, die beide die Matterhorn-Nordwand kennen, stellten fest, daß beide Wände die gleiche Neigung haben. Um 20.30 Uhr erreichten wir den Fuß der Gipfelpyramide (7500 m). Unter einem Felsblock richteten wir uns für die Nacht ein. Jeder kroch in seinen Dralonschlafsack; zusätzlich besaßen wir noch einen gemeinsamen Biwaksack. Die Nacht war bitter kalt; wir konnten nur wenig schlafen. Larch erfror sich in dieser Nacht trotz des Biwaksackes die Zehen, ich den Daumen.

Der Morgen brachte für uns die Erlösung. Es dauerte lange, bis wir mit den steifen Fingern den Trockenspirituskocher in Brand gesetzt hatten. Wir tranken heiße Milch, aßen eine Weizenkeimschnitte; dies war für den ganzen Tag unsere Verpflegung. Der Weiterweg, eine leicht ansteigende Querung unter der Südostwand des Gasherbrum II, blieb mir als ein sehr unangenehmes Wegstück in Erinnerung. Die Anstrengungen des Vortages, an dem wir doch mit einem Höhenunterschied von rund 800 Höhenmetern vom Lager II heraufgekommen waren, das Rucksacktragen, die schlaflose, kalte Nacht und nicht zuletzt der Sauerstoffmangel machten sich unangenehm bemerkbar. Erst wenige Minuten vor 9 Uhr erreichten wir eine kleine Scharte im Ostgrat (7700 m). Diesen Platz hatten wir alle als »Toten Punkt« bezeichnet. Wir wollten lange dort sitzen bleiben, doch über uns erhob sich die sehr steile Gipfelfirnwand, und immer wieder mußten wir zu dieser hinaufschauen. Noch trennten uns 335 Höhenmeter vom Gipfel! Die Sonne hatte den Schnee bereits aufgeweicht, und das Spuren in diesem nassen, schweren Firn war noch ermüdender als vorher das Steigen im noch hartgefrorenen Firn. Wenn wir zwei Schritte gespurt hatten, sanken wir erschöpft vornüber an die Wand. Lange mußten wir rasten und nach Luft ringen; dann gingen wir wieder zwei Schritte weiter. Und immer wieder begann diese Selbstüberwindung; immer wieder rafften wir uns für wenige Schritte auf, dann waren wir wieder erschöpft. Jeder Schritt erforderte eine ungeheure Willensleistung, und nur dieser eiserne Wille trieb uns weiter. Als letztes Bollwerk stellte uns der Berg eine Felsbarriere entgegen.

Um 13.30 Uhr betraten wir am 7. Juli den Gipfel des Gasherbrum II, ein Firnplateau, das von zwei eineinhalb Meter hohen Felszacken gekrönt ist.

Mit einem Seufzer der Erleichterung sanken wir in den Schnee. Kein Wort wurde vorerst gesprochen; später äußerte sich Willenpart: »Die Strapazen sind unsagbar, doch dies ist der schönste Augenblick meines Lebens.« Seine Worte konnten wir nur bestätigen. Nach ungefähr zehn Minuten, nachdem wir genügend verschnauft hatten, reichten wir uns die Hände zum Gipfelsieg. Ich pflanzte den Eispickel mit dem österreichischen und dem pakistanischen Wimpel auf. Durch diesen Erfolg war nun ein dritter Achttausender der Weltberge von österreichischen Bergsteigern bezwungen worden.

Eine Stunde verweilten wir bei schönem Wetter auf dem Gipfel. Bei den anderen Himalaya-Expeditionen (mit Ausnahme der der Franzosen am Makalu) gab es nach Betreten des Gipfels nur eines: die Flucht nach unten, die Flucht vor dem Sturm, die Flucht vor der Kälte. Am Gasherbrum II war es so schön, daß wir die Anoraks auszogen und eine unvergeßliche Gipfelschau genießen konnten. Wir sahen: im Westen den überragenden K 2 und weiter bis zu den Bergen von Afghanistan; im Süden die vielen Karakorumgipfel (Kaschmir); im Osten die ungezählten, schneebedeckten Gipfel Tibets; nach Norden in die chinesische Provinz Sinkiang. Dort im Norden sind die Berge nicht mehr so hoch, die Schneedecke ist nicht mehr so zusammenhängend, und auch die Gletscherströme reichen nicht so weit in die Täler hinab. Schließlich hieß es doch Abschied nehmen vom Gipfel. In einer leeren Filmdose hinterlegten wir in deutscher und in englischer Sprache die Ersteigungsdaten, gaben ein Muttergottesmedaillon dazu, wickelten die Blechbüchse in eine große österreichische Staatsflagge und bauten darüber einen Steinmann. Dann stiegen wir ab.

Der Abstieg war weniger anstrengend. Das Wetter verschlechterte sich aber immer mehr. Bei der letzten Wegstrecke umfing uns ein Schneesturm, und um 19.30 Uhr erreichten wir Lager III (7150 m). Wir nächtigten dort, und am 8. Juli stiegen wir weiter ab. Als wir im Lager II eintrafen, veranstalteten unsere Balti-Hochträger Freudentänze. So sehr freuten sie sich über die Besteigung des Gasherbrum II; es war, als ob sie ihn selbst bezwungen hätten. Immer lauter riefen sie: »Zindabad Austria Expedition, Zindabad Austria, Zindabad Pakistan!« (Es lebe die österreichische Expedition, es lebe Österreich, es lebe Pakistan!)

Sisha Pangma   8013 m

Der geheimnisvolle Achttausender

Die Sisha Pangma war der letzte Achttausender, den Menschen erklommen haben. Sie erhebt sich nämlich in Südtibet, also auf chinesischem Hoheitsgebiet. Der indische Name (Sanskrit) des Berges, Gosainthan, der kaum noch gebraucht wird, heißt soviel wie »Platz der Heiligen«.

Es gibt nur wenige Europäer, die den Gipfel zu Gesicht bekommen haben, obwohl er sich nur etwa 30 km nördlich der nepalisch-tibetischen Grenze aufschwingt bzw. ungefähr in der Mitte (90 km Luftlinie) zwischen Katmandu und dem Fluß Tsangpo steht. Im Winter 1945/46 zogen die Österreicher Heinrich Harrer und Peter Aufschnaiter bei ihrer abenteuerlichen Flucht von Indien nach Lhasa auf der Nordseite der Sisha-Pangma-Gruppe vorbei und skizzierten die Kette oberflächlich. Die ersten Fotos, Aufnahmen der Süd- und Südwestseite, lieferte der Schweizer Dr. Toni Hagen. Das war 1952. Die Süd- und Südwestabstürze der Sisha Pangma sind außergewöhnlich steil und zählen zu den schwierigsten Wänden der Welt. Geneigter ist die Nord- und Nordwestflanke über dem Yebokaugal-Gletscher, der den Bhang-Chu-Fluß speist. Sie dürfte den am wenigsten schwierigen Aufstieg zum Gipfel vermitteln.

Am 18. Mai 1964 entsteht auf der Nordseite der Sisha Pangma in 5000 m eine Zeltstadt als Basislager einer chinesisch-tibetischen Expedition. Das Wetter ist schlecht, die Verhältnisse sind noch winterlich; die Temperaturen liegen bei 20 Grad unter Null.

Die asiatische Gruppe ist bis dahin das größte Unternehmen in der Geschichte des Himalaya-Bergsteigens. Während die Engländer 1953 am Everest mit 7500 kg an Material auskamen, sind die Chinesen mit 19 000 kg an den Berg gekommen. Die grünen Zelte stehen streng angeordnet in einem Viereck. An einem Mast weht die rote Fahne mit den fünf Sternen. In der Zeltstadt sind fast 200 Personen untergebracht: Bergsteiger, Glaziologen, Geologen, Meteorologen, Kartographen, Höhenphysiologen. In den Mannschaftszelten wohnen jeweils 20 Mann. Das große Filzzelt kann 200 Personen aufnehmen. Dort finden Filmvorführungen und Versammlungen statt. In den etwas kleineren Zelten sind Küche, Kantine, Hospital sowie die Radio- und Wetterstation untergebracht. Das ganze Camp ist mit elektrischem Licht ausgestattet. Die Organisation ist perfekt.

Seit dem Beginn der sechziger Jahre hat das chinesische Bergsteigen einen steilen Aufschwung erlebt. Darin verflochten sind die Erfolge der Tibeter. In den chinesischen Bergsteigerzentren werden Ausbildungskurse veranstaltet. Die Erfolge blieben nicht aus: 1959 Mustagh Ata (7546 m) und als bisherige Krönung 1960 eine Mount-Everest-Besteigung über die Nordseite.

An der Sisha Pangma hatte bereits 1963 eine Erkundungs-Gruppe einen Vorstoß bis etwa 7160 m unternommen.

Leiter der Expedition 1964 ist der siebenunddreißigjährige Hsu Ching, »Meister des Bergsteigens«, 1960 stellvertretender Leiter am Everest. An der Sisha Pangma ist zweiter Mann im Kollektiv der um ein Jahr jüngere Chang Chunyen, der am Mount Everest für den Materialtransport und die Errichtung der Lager verantwortlich war. Auch die übrigen Mitglieder der Bergsteigergruppe sind durchwegs höhengewohnte und erfahrene Leute, von denen die meisten schon nahe, teilweise auch über der Achttausendmetergrenze waren. Leider konnte einer der fähigsten Tibeter, Konbu, der 1960 mit zwei Chinesen den Everestgipfel erreichte, nicht mit an der Sisha Pangma sein, da es sein Studium am Zentral-Institut für Staatswissenschaften in Peking nicht zuließ. Über die Erstbesteigung erzählt der 34jährige Chou Cheng, stellvertretender Leiter der Expedition:

Vom Basislager schlängelte sich unsere Route aufwärts immer entlang des ehemaligen Gletscherbettes bis in eine Höhe von 5300 m. Von dort bis 5800 m führte der Weg über Moränen. Weiter oben bilden riesige Séracs in den verschiedensten Formen und Größen ganze Wälder aus Eisstalagmiten, quer über die Gletscherzunge, bis hinauf in eine Höhe von etwa 6000 m.

Das Gebiet unterhalb des Hauptlagers ist ein weites Grasland, das sich nordwärts ausbreitet. Es ist bedeckt mit kleinen Hügeln und Seen, in deren kristallklarem Wasser sich Wildgänse, Enten und Schwäne tummeln. Tibetische Hirten

Von der Moräne (5600 m) des Jebokangjale-Gletschers überblickt man
große Teile der Anstiegsroute zur Shisha Pangma. Sie verläuft von
Lager 2 über die besonnte Firnfläche am rechten Bildrand, hinter dem
hier gut erkennbaren Vorberg zum Grat in der linken Bildhälfte und
über die Eisflanke zum Gipfel.

lassen ihre Rinder auf dem niederen Gras weiden. Das Klima im Bereich der Sisha Pangma ist annähernd das gleiche wie überall im Himalaya: November bis März ist dort die windige Jahreszeit, von Juni bis September dauert der Monsun. Nur die Monate April und Mai sind für Bergbesteigungen günstig. Sogar dann sinkt die Temperatur zuweilen bis unter −30° C. Der Gipfel ist oft eingehüllt in Wolken von Schneestaub, der durch die heftigen Winde aufgewirbelt wird, die oft Menschen einfach umwerfen. Eine Schönwetterperiode dauert nie länger als drei Tage. Riesige Schnee- und Eislawinen gehen von Zeit zu Zeit mit Donnergetöse nieder. Eine andere Schwierigkeit für die Bergsteiger lag in der außerordentlichen Länge der Wegstrecke vom Basislager zum Gipfel. Über 36 km zog sich diese hin, und es war dies der längste Weg, auf den sich chinesische Bergsteiger jemals wagten. Als weitere Schwierigkeit kam die Tatsache hinzu, daß die ganze Route und die höheren Lager dem Wind ausgesetzt waren.

Indem wir uns an die Topographie des Berges hielten, errichteten wir Lager I in einer Höhe von 5300 m und Lager II, das auch als vorgeschobenes Basislager diente, in einer Höhe von 5800 m. Aber von da an hatte sich die Expedition über sehr schwieriges Gelände vorzukämpfen, um Lager III (6300 m) und Lager IV (6900 m) errichten zu können. Bis zum 6. April waren schon 5 Tonnen Ausrüstungs- und Verpflegungsmaterial zu diesen Lagern geschleppt worden.

Inzwischen war am 25. März eine Gruppe von 37 Bergsteigern unter Leitung von Yen Tungliang und Liu Lien-man aufgebrochen, um die größeren Höhen zu erforschen, während eine weitere Gruppe mit den anderen 12 besten Bergsteigern, die für den Gipfelangriff bestimmt waren, einen Akklimatisierungsmarsch bis in eine Höhe von 6600 m antrat. Wang Fu-chou sollte sich dem Gipfeltrupp später anschließen.

Bis zum 21. April waren zwei weitere Lager errichtet worden, eines in 7500 m und ein anderes in 7700 m Höhe, ausgestattet mit genügend Verpflegungsmaterial und Sauerstoffgeräten für den endgültigen Gipfelangriff. Lager VI lag gerade 312 Höhenmeter unterhalb des Gipfels, somit das

dem Gipfel am nächsten gelegene Angriffslager, das jemals von chinesischen Bergsteigern erstellt worden war. Das letzte Sturmlager der Mount-Everest-Expedition war 382 m unterhalb des Gipfels gelegen.

Unsere Gipfelmannschaft bestand aus sechs Bergsteigern aus Han und sieben Männern aus Tibet, einschließlich des Expeditionsleiters Hsu Ching, des stellvertretenden Leiters Chang Chun-yen und des Mount-Everest-Helden Wang Fu-chou. Berichte aus der Wetterstation meldeten, daß in einer Woche gutes Wetter kommen würde. So hatten wir der Gipfelmannschaft am 25. April einen großen Abschied bereitet mit einer Feier im Basislager, begleitet von Trommelwirbeln. Zuletzt sangen wir alle die Nationalhymne, und eine Nationalflagge und die Büste des Führers Mao Tse-tung wurden der Gruppe anvertraut, damit sie sie mitnehme auf den Gipfel der Sisha Pangma.

Es folgen nun einige Auszüge aus dem Bericht, den Hsu Ching nach dem triumphalen Einzug der Gipfelmannschaft ins Hauptlager am 4. Mai erstattete:

Gegen einen heftigen Schneesturm ankämpfend, wanden wir uns dem Gletscher an dessen Nordseite entlang und zogen durch das Spaltenlabyrinth, um Lager III in 6300 m Höhe nach drei Tagen zu erreichen. Am frühen Morgen des 28. April war das Wetter ausgezeichnet. Wir beeilten uns, um Zeit zu gewinnen, und stiegen gegen das Schneetal in 6900 m auf. Nach Überwindung einer riesigen Eis- und Schneestufe fanden wir zu unserer Überraschung keine Spur von Lager IV, das ja früher schon von vorangegangenen Gruppen errichtet worden war. Der schwere Schnee hatte nicht nur die Zelte begraben, sondern auch sämtliche Markierungszeichen, die angebracht worden waren. Trotzdem machten wir uns abwechselnd an die mühsame Arbeit des Ausgrabens, und endlich, nach zwei Stunden, hatten wir Zelte und Verpflegung wieder freigelegt. Am nächsten Tag jedoch fesselte uns schlechtes Wetter ans Lager.

Am 30. April nahmen wir unseren Vorstoß wieder auf, wühlten uns durch knietiefen Pulverschnee einen langen, hartgefrorenen Eishang hinauf, der eine Neigung von etwa

40° hatte. Auf der einen Seite des Hanges waren schwindelerregende Felsen, die direkt bis zum Fuß des Berges abbrachen. Nach einem anstrengenden Aufstieg von sieben Stunden und 50 Minuten erreichten wir Lager V in 7500 m Höhe und brauchten dort wieder zwei Stunden, um die vom Schnee begrabenen Zelte auszuschaufeln.

Am 1. Mai erreichten wir das letzte Sturmlager in 7700 m Höhe. An diesem Abend erhielten wir aus dem Basislager eine Funkbotschaft mit einer ungewöhnlich guten Wettervorhersage für den nächsten Morgen. Ich berief einen »Kriegsrat« ein, und wir beschlossen, daß zehn Mann am endgültigen Gipfelangriff teilnehmen sollten, daß wir drei Kameraden, die an den Einwirkungen der Höhe litten, zurücklassen wollten, damit sie dann nötigenfalls der Gipfelmannschaft zu Hilfe kommen könnten.

Am 2. Mai um 6 Uhr morgens (Pekinger Zeit) brachen die Gipfelstürmer in drei Seilschaften auf. Der abnehmende Mond stand über dem Berg, es war jedoch noch so dunkel, daß wir zeitweise die Lampen benutzen mußten. Bei Tagesanbruch erreichten wir eine Höhe von 7800 m und kamen zu einem etwa 50° geneigten Eishang, der nach unten in einer steilen, mehrere hundert Fuß hohen Eismauer endete. Das Eis schimmerte in einem bläulichen Licht in der fahlen Morgendämmerung. Wir mußten dieses glatte Eisfeld queren, um die Route, die zum Gipfel führt, zu erreichen, und für jeden Schritt mußte eine Stufe geschlagen werden. Ich schlug einen Eishaken an einem Ende des Hanges und zog ein Nylonseil durch den Ring, um einen sicheren Standplatz für die ganze Gruppe zu schaffen. Während der Traversierung behalfen wir uns, indem wir uns seitlich gegen den steilen Schneehang lehnten. Ein Zwischenfall ereignete sich, als unter den Füßen des Geologen Wang Fu-chou, der als letzter ging, eine Stufe ausbrach. Er glitt aus und rutschte 20 m hinab, bevor er zum Halten gebracht und vom Rest der Mannschaft geborgen werden konnte. Wir brauchten mehr als eine halbe Stunde, um dieses schlüpfrige Eisfeld zu überwinden, obwohl es nicht breiter als 20 m war.

Dann stiegen wir vorbei an zwei riesigen Eisbruchzonen und setzten unseren Aufstieg entlang eines 45° geneigten Schneehanges fort. Infolge der niedrigen Temperatur hatte sich hier der Schnee zu festen, glänzenden Platten gesetzt, und wir mußten auf allen vieren kriechen und unsere Eisbeile benutzen, um das Gleichgewicht zu halten. Nur im Schneckentempo kamen wir vorwärts. Wir schnappten nach Luft, und unsere Beine fühlten sich schwer wie Blei an.

An dem Schneehang legten wir eine kurze Rast ein und stiegen dann wieder 50 m auf, bis wir einen unschwierigen Grat erreichten, der knietief mit Schnee bedeckt war.

»Der Gipfel!« schrie einer. Er war gerade noch 10 m über uns und glich gar nicht mehr der Nadel, als welche er in einiger Entfernung erschienen war, nichts als ein sanft geneigter Kamm, bedeckt mit Schnee. Aber zu diesem Zeitpunkt waren wir so erschöpft, daß wir nochmals eine Rast einlegen mußten, bevor wir das letzte Stück versuchten. Die Sonne stand hoch am Himmel, und ein heftiger Wind blies mit einer Geschwindigkeit von 25 m/sec. Vorbei an einer Wächte in Pilzform erreichten wir einen ziemlich flachen Schneegrat zu unserer Linken und merkten allmählich, wie dieser schmäler wurde und sich senkte. Noch ein paar Schritte, und wir standen auf dem höchsten Punkt des Berges, einem dreieckigen eis- und schneebedeckten Fleck von ungefähr fünf Quadratmetern, von wo man einen umfassenden Blick bis in die weiteste Ferne hatte. Eine Sturmbö fiel uns mit voller Gewalt an. Als wir wieder aufschauen konnten, strahlte die Sonne vom südöstlichen Himmel, und ein gutes Stück unterhalb unseres Standpunktes zogen farbige Wolken dahin. Es war 10.20 Uhr Pekinger Zeit am 2. Mai, als der letzte Mann unserer Gruppe den Gipfel erreichte. Um 10.30 Uhr riß ich aus einem Kalender, den ich mitgebracht hatte, das Blatt »2. Mai« heraus und schrieb mit Bleistift auf die Rückseite: »Zehn Teilnehmer der chinesischen Bergsteigerexpedition, einschließlich Hsu Ching, haben den Mt. Sisha Pangma am 2. Mai 1964 erstiegen.« Sodnam Dorji, ein Bergsteiger aus Tibet, packte die Fünf-Sterne-Nationalflagge Chinas und die Büste Mao Tse-tungs aus dem Rucksack, und wir steckten sie zusammen mit meinem Zettel in ein Loch, das wir in der Mitte des Gipfels ausgehoben hatten. Unser Kameramann filmte diese Handlung mit seiner 16-mm-Kamera.

Masherbrum 7821 m

Schön und gefürchtet

Wir stellten uns auf für Gruppenphotos und sahen uns dann nach allen Richtungen um. Da ragte im Südosten der höchste Berg der Welt auf, der Chomo-Lungma (Everest). Im Norden sahen wir das grasige Hochland, das sich in eine beträchtliche Entfernung hinzog, geteilt durch den Bhang-Chu-Fluß, der wie ein silbernes Band glänzte, und mit zwei großen Seen, die wie Spiegel glitzerten. Im Süden reihte sich Kette an Kette schneebedeckter und dunkelbrauner Berge. Um 11 Uhr begannen wir unseren Abstieg, wieder in drei Seilschaften, und erreichten das Sturmlager am Mittag.

Im Basislager war man entzückt über die Siegesnachricht, die Hsu Ching über Ultrakurzwelle vom Gipfel aus durchgegeben hatte. Wir tanzten vor Freude und beglückwünschten uns gegenseitig herzlich zu dem Erfolg und verloren keine Zeit, um die gute Nachricht nach Peking und in die übrige Welt zu senden.

Nach dem Erfolg der Amerikaner 1958 am Gasherbrum I, setzte sich Nicholas (»Nick«) Clinch bereits auf dem Rückweg über den Baltoro-Gletscher ein neues Ziel: Den Masherbrum auf der Südseite des Baltoro südlich der Karakorumhauptkette. Er ist 7821 m hoch und überragt die benachbarten Gipfel wie ein Turm. Dyhrenfurth nannte ihn einen »der schönsten Karakorumberge«, wozu der Anblick von Nordosten beiträgt. Von dort, vom Baltoro aus, zeigt sich der Masherbrum in kühnen Formen. Aber diese Nordseite wurde von vornherein für eine Besteigung ausgeschlossen. Sie würde schwierigste Fels- und Eiskletterei erfordern. Aber auch die Südseite, genau gesagt die Südostflanke, die bei weitem nicht so steil ist wie die Nordseite, ist kein »Spaziergang«. Das mußte schon 1938 eine britische Expedition unter Major James Waller erfahren: Robin Hodgkin und Jack Harrison kamen bis ungefähr 300 m unter den Gipfel. Danach, beim Rückzug im Inferno eines Schneesturmes, begann für die beiden ein Leidensweg. Erst nach sechs Tagen erreichten sie mit schwersten Erfrierungen wieder das Hauptlager. Von dort erfolgte ihr Abtransport auf Bahren in das Dörfchen Hushi. Die meisten Finger und Zehen konnten nicht mehr gerettet werden. Für die notwendigen Amputationen standen aber keine Betäubungsmittel zur Verfügung, so daß die Operationen ohne Anästhetika vorgenommen werden mußten . . .
Auch für die »Neuseeländische Masherbrum-Expedition 1955« gab es einen Rückschlag. Sie ging den Berg zu früh im Jahr an und versank förmlich im tiefen Neuschnee. Mehrere Träger erkrankten, einer starb an Lungenentzündung.
Im Jahre 1957 war am Masherbrum eine starke Bergsteigergruppe aus Manchester. Leiter war der 34jährige Maschinenbau-Ingenieur Joseph Walmsley. Im Lager VI (7300 m) starb einer ihrer besten Leute, Robert (»Bob«) Downes, an einem Lungenödem. Walmsley und der draufgängerische Don Whillans scheiterten 110 Meter unter dem Gipfel.
Nach diesen Rückschlägen sieht man mit gespannter Aufmerksamkeit der »American-Pakistan Karakorum-Expedition 1960« unter Oberleitung des klugen Nick Clinch entgegen. Er hatte von seinen Vorgängern, Waller und Walms-

*Der Masherbrum (7821 m) von
Norden aus dem Bereich des Baltorogletschers
(oben), rechts der Südwestgipfel. Unten der
Masherbrum von Süden aus dem Hushetal.*

ley, Routenbeschreibungen erhalten, die bis knapp unter den Gipfel reichten. Der Aufstiegsweg ist also klar vorgezeichnet!

Die Expedition besteht aus sieben Amerikanern, Clinch, Willi Unsoeld, Dick Emerson, Dick McGowan, dem Arzt Tom Hornbein, Tom McCormack, George Bell, sowie aus drei Pakistani, alle Hauptleute der Armee, und aus sechs Hochgebirgsträgern.

Vom Dorf Hushi auf der Südseite des Karakorum sind es rund 20 Kilometer zum Basislager auf dem Masherbrum-Gletscher in 4500 m Höhe. Von dort wird der Zugang zum Lager II in 4725 m erschlossen. Anfang Juni setzt eine zehntägige Schönwetterperiode ein. Die Bergsteiger arbeiten fieberhaft und transportieren Material in die vorgeschobenen Lager. Nach dem 10. Juni schneit es 24 Tage lang fast ununterbrochen. Trotzdem kann die Route vorangetrieben werden: Lager IV wird auf 6700 m errichtet, Lager V entsteht unter dem Rand des Ostgrates in 7000 m Höhe, und schließlich steht Lager VI in etwa 7300 m. Thomas F. Hornbein schildert den weiteren Ablauf:

25. Juni: Lager VI. Willi und Dick brachen um 3 Uhr früh mit Sauerstoff zum Gipfel auf. Zwei Stunden später tranken George und ich unsere Tassen mit Ovosport aus und folgten ihnen, schwer beladen mit 300 Meter Manilaseil, mit langen Aluminiumhaken und Eisschrauben; damit wollten wir die Route in 7600 Meter Höhe über die sehr steilen Hänge bis hinab zum Lager VI sichern. Diese Hänge, von manchen auf 40°, von anderen auf 70° geschätzt (irgendein Mittelwert dazwischen dürfte stimmen), waren von tiefem Schnee bedeckt, und da Willi und Dick spät abends oder am nächsten Morgen vom Gipfel über diese Steilhänge zurückkehren mußten, war es McGowans Idee gewesen, ihren Rückweg zumindest etwas zu sichern. Außerdem konnte sich dieses Vorgehen, sollte ein weiteres Hochlager nötig werden, als ungemein hilfreich erweisen. Der Morgen dämmerte mit verdächtigen Wolken, doch da Willi und Dick bereits unterwegs waren, brachen auch wir auf. Wir kamen an ihren

Stirnlampen vorbei, die sie am Fuß einer Eiswand abgelegt hatten, und nach einer Weile holten wir sie doch tatsächlich ein, vor allem deshalb, weil es unglaublich mühselig war, in dem hüfttiefen Schnee zu spuren. Die Sauerstoffventile schienen nicht richtig zu funktionieren. Es begann zu schneien, und obgleich wir Willi und Dick reden hörten, sahen wir sie in dem unheimlichen, gelblich-weißen Dunst nur schemenhaft. Wir sahen, wie sie die Traverse zu dem Couloir in 7630 m Höhe begannen; dann machten wir kehrt, um die Abstiegsroute mit fixen Seilen zu sichern.

Mitten am Nachmittag erreichten wir Lager VI. Fünfundzwanzig Tage lang waren wir nun schon vom Basislager fort, und obgleich unsere Energien vielleicht etwas nachgelassen hatten, kamen wir rasch voran. Wir setzten alle unsere Hoffnungen auf den Erfolg der beiden dort oben, obgleich uns der Gedanke, sie könnten in solch unerfreulichem Wetter biwakieren müssen, tief beunruhigte. Oft glaubten wir, Stimmen zu hören. Das Abendessen brodelte auf dem Kocher: Knorr-Pilzsuppe und Zungenscheiben, mit Kartoffelpulver zu einem leimartigen Brei verdickt.

Gegen Abend ein Ruf, den der Wind herbeitrug, und eine halbe Stunde später tauchten Dick und Willi an der Ecke des Eisturms, der unseren Zelten Schutz bot, aus dem undurchdringlichen Schneegestöber auf. Dick schnaufte wie eine Dampfmaschine, das Gesicht völlig vereist, da er kurz davor, als ihn Willi von oben nachsicherte, von einer kleinen Pulverschneelawine überrollt worden war; und wenig später war er in dem trüben, undurchsichtigen Licht über die Kante eines Eisvorsprungs hinaus spaziert, so daß er noch einmal in den Genuß von Willis nie versagender Seilsicherung kam. Sie waren fast bis zum Anfang des Gipfelcouloirs traversiert, mußten sich dem Wetter nun jedoch beugen. Sie deponierten ihre Haken und anderes Eisenzeug in dem Schrund neben dem Couloir und stiegen ab.

26. Juni: Lager VI. Ein eingeplanter Ruhetag, der Schneefall hält an. Wir sehen ein, daß wir, zumal nicht vorgespurt ist, die Strecke zum Gipfel nicht auf einmal schaffen können. Zwei von uns müssen ein Lager VII im Schrund unterhalb vom Couloir belegen; da Sauerstoff und Eisenzeug bereits

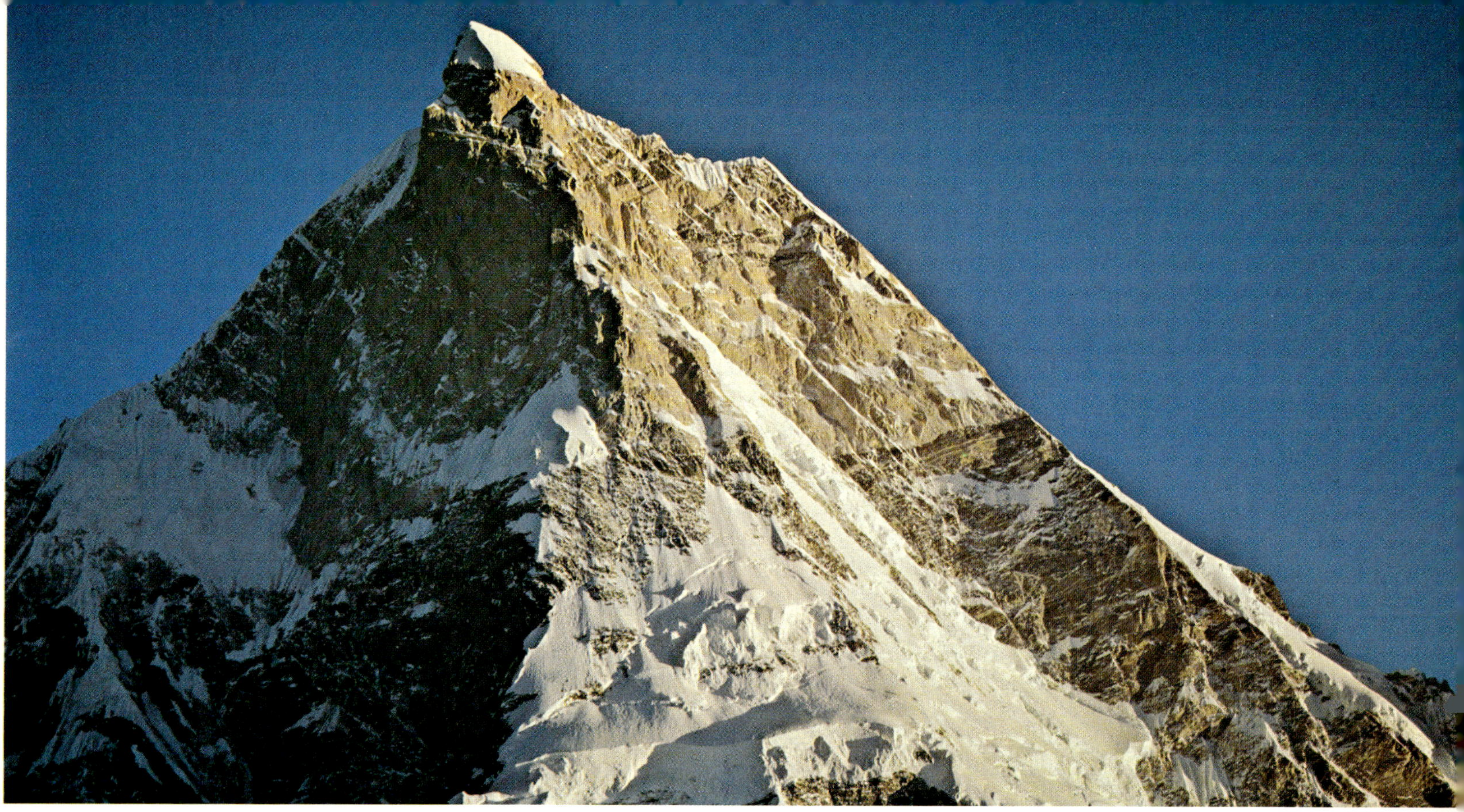

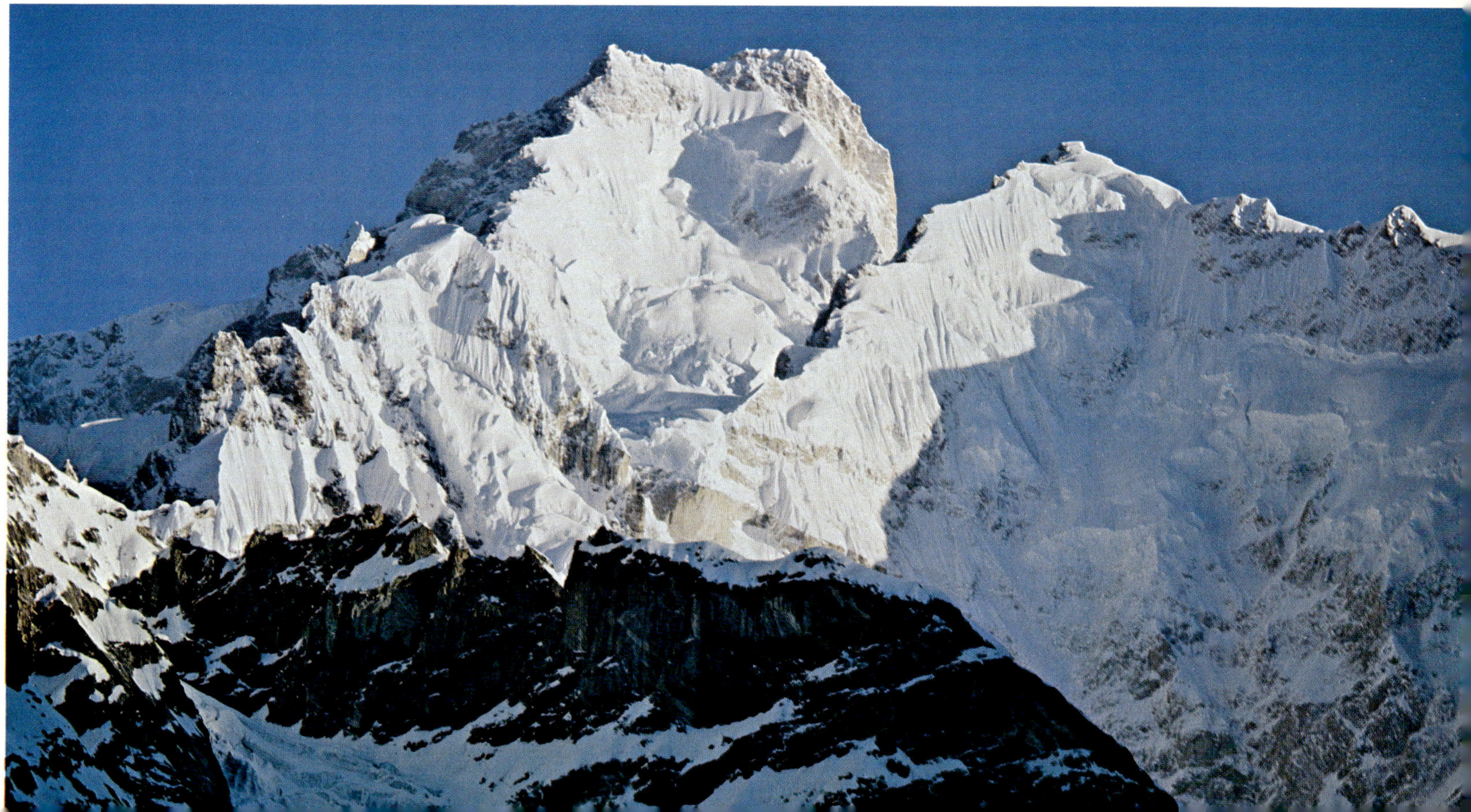

*Von der Moräne des Gondokoro-Gletschers gewinnt man einen
guten Überblick über die Südseite des Masherbrum. Am Fuß seiner
nach rechts abfallenden Flanke liegt der Masherbrum-La, der Paß,
der zum Baltorogletscher führt.*

dort deponiert waren, ließ sich die Sache einfach an: jeder von uns vieren mußte eine Last von zirka zehn Kilogramm übernehmen. Was wir brauchten, war gutes Wetter, dann konnten wir den Gipfel in zwei Tagen schaffen. Lebensmittel und Gas gingen allmählich zur Neige. Sollten wir uns von diesen Problemen in 7300 m Höhe unterkriegen lassen? Als der Tag zu Ende ging, fühlten wir uns alle viel kräftiger. Morgen hieß es entweder auf- oder absteigen.

27. Juni. Völlig klarer Himmel um 5 Uhr früh. Gegen 9 Uhr schneite es in einem warmen, hellen Nebel. George schaute häufig zu den fernen Gipfeln des Gasherbrum und Chogolisa hinüber, über denen sich nach und nach verdächtige Wolkenschichten zusammenzogen. Um nicht in einen echten Himalaya-Schneesturm zu geraten, ermahnte er uns, so rasch wie möglich aufzubrechen und abzusteigen. Doch da es uns widerstrebte, so kurz vor dem Ziel aufzugeben, warteten wir zu; ungefähr um 11 Uhr machten wir uns langsam zum Abstieg fertig. Als wir unsere Lasten geschultert und die Steigeisen angelegt hatten, war es kein ruhiger Schneefall mehr, sondern ein heftiger Schneesturm, dem wir uns entgegenwarfen. Nach den ersten Schritten ging uns plötzlich auf, daß sich in den letzten Tagen an dieser Steilflanke eine ganze Menge tiefen Neuschnees angesammelt hatte. Dank der eng placierten Markierungsstäbe ging unsere Flucht nach Lager V rasch vonstatten.

Doch da wurden wir aufgehalten: ein Markierungsstab fehlte. Wir traversierten blindlings, diagonal den Abhang entlang: Willi war unten der erste, dann kam McGowan, dann George und dann ich, noch weit oben in der Rinne. In diesem undurchsichtigen Weiß sah jeder vom andern nur einen undeutlichen Schatten. Wir fühlten uns weniger verirrt als verwirrt. Um meine Beine setzte ein leichtes, keineswegs beunruhigendes Rutschen ein; doch dann, mit verblüffender Plötzlichkeit, stürzte es über mich hinweg. Ich verlor den Halt und wurde von einer unglaublich starken, aber doch auch sanften Gewalt immer rascher in die Tiefe gerissen, wobei mich der Gedanke, daß wir an diesem Berg nicht allzuviel ausgerichtet hatten, mit seltsam fatalistischer Genugtuung erfüllte. Man kann in solchen Höhen den Atem nicht sehr lange an-

halten, und so dauerte es nicht lange, und ich mußte eine ganze Portion kalten, nassen Schnee einatmen. Das war mir recht unangenehm, so daß ich entschlossen versuchte, den nächsten Atemzug so lang wie möglich hinauszuschieben; als mir die Lungen schier zu platzen drohten, wurde ich plötzlich abgebremst: mit dem Kopf nach unten, abgestützt von meinem Rucksack, blieb ich bewegungslos und unbequem am Abhang liegen, mit nichts vor Augen als dem Weiß meiner schneegefüllten Schutzbrille; ich fühlte mich erbärmlich, als ich verzweifelt versuchte nach Luft zu schnappen, mich auszuhusten und wieder auf die Beine zu kommen. »George!« brüllte Willi von oben, »Dick!« war die geschriene Antwort, und »Tom!« rief George an dessen Stelle, da dieser ja am Hang unter ihm lag. Einen Augenblick lang rang ich, um überhaupt antworten zu können, nach Luft, dann brachte ich ein groteskes »Mir geht's prima!« heraus. Ich war nun nicht mehr der oberste, sondern der unterste Mann am Seil. Dick lag dreißig Meter weiter oben und schnappte nach Luft; George war es irgendwie gelungen, sich selbst abzubremsen; und Willi, der sich nun am weitesten oben, am Rand der Lawine befand — ihm war es gelungen, sich selbst und McGowan zum Halten zu bringen, indem er seinen Pickel in den Schnee geschlagen hatte. Da lagen wir nun und versuchten, uns aus unserer schwierigen Lage zu befreien, während unser Feind und Widersacher seinen munteren Weg über einen Eisvorsprung unter uns fortsetzte.

Plötzlich brüllte Willi: »Dicks Rucksack, fangt ihn!« Ich sah, wie er ein, zwei Meter links von mir den Abhang herabrollte, und obgleich immer noch völlig außer Atem, sprang ich eineinhalb Meter nach links und bekam ihn an einer Seilschleife, die unter der Klappe heraushing, zu fassen. Dann rief mir George zu, Dick habe Atembeschwerden, ich solle rasch hinaufkommen. Ich kämpfte mich durch den Schnee, während mich George von oben nachsicherte; es war erstaunlich, wie wenig meine Bewegungen meinem Willen gehorchten. Dick hatte anscheinend eine ganze Menge Schnee eingeatmet und etwas wie einen Schock abbekommen; er hustete fortwährend und kam dadurch kaum zum Atmen. Er klagte über heftige Brustschmerzen. Willi schaufelte eine

Rinne zum Fuß der schützenden Eiswand frei, die wir herumtappend gesucht hatten, und nachdem wir Dick Kodein gegen seine Schmerzen gegeben hatten, schafften wir ihn dorthin. Wie von Zauberhand hatte es fast zu schneien aufgehört, und direkt über unseren Köpfen hing ungefähr eine halbe Stunde lang ein kleines Loch blauen Himmels, dann brach der Sturm wieder los. Diese Pause nutzten wir zum mühseligen Abstieg nach Lager V, wo Javee und Nick unsere Rufe gehört und sich tapfer an die fast hoffnungslose Aufgabe gemacht hatten, eine Spur zu uns herauf zu legen. Als es wieder zu schneien begann, erreichten wir die Zelte von Lager V, wo wir Dick zu Bett brachten und versorgten. Da wir buchstäblich nichts mehr zum Essen hatten, stiegen Willi und George weiter zum Lager III ab. Ich kroch zu Dick ins Zelt, um ihn gründlich zu untersuchen, und um einer Lungenentzündung vorzubeugen, verabreichte ich ihm eine ganze Menge Antibiotika. Es ging ihm sehr schlecht, und zeitweise delirierte er. In der Nacht erhob sich der Wind und schüttelte und rüttelte alarmierend am Zelt; Dick erwachte plötzlich, in der Meinung, in eine weitere Lawine geraten zu sein. Ich zündete den Kocher an und machte etwas Tee heiß; aber es dauerte ziemlich lang, bis ich ihn überzeugt hatte, daß alles in Ordnung und daß er in einem Zelt von Lager V in Sicherheit war.

28. Juni. »Während ich mit Dick hier in unserem Logan von Lager V sitze, denke ich, daß unsere Hoffnungen mit dem Wetter fallen und steigen. Wir sind immer noch scharf auf den Gipfel, doch die Erfahrung von gestern hat unser Mütchen gekühlt, und wir haben das abergläubische Gefühl, am Masherbrum, dem ›Berg des Jüngsten Gerichts‹, irgendwie nicht willkommen zu sein. Wenn es zu einem vier oder fünf Tage anhaltenden Wetterwechsel kommt, werden wir ihn ersteigen.« An diesem Nachmittag kam Dick Emerson vom Lager IV herauf, und wir brachten McGowan zur vorgeschobenen Versorgungsbasis, damit er sich dort erhole.

1. Juli: Vorgeschobene Versorgungsbasis in zirka 6400 m Höhe. Der Wind wurde nachts so heftig, daß er das Zelt durch und durch schüttelte; Dick und ich lagen warm und gemütlich in unseren Daunenschlafsäcken. Tee siedete auf dem Gaskocher. Ich war in die Lektüre von »Dr. Schiwago« vertieft. Dick suchte auf Kurzwelle nach einem Klavierkonzert der B.B.C., nachdem wir eben die Abendnachrichten von Radio Pakistan gehört hatten: »Und nun der Sonderwetterbericht für die Pakistanisch-Amerikanische Masherbrum-Expedition. Wetter heiter mit vereinzelten Schneefällen. Wind 55 km/h, Temperatur minus 4° C in 5500 m Höhe (da hinkten sie etwas hinterher, oder wir waren ihnen etwas voraus). Dieser Wetterbericht gilt bis morgen 17 Uhr.« Unsere behagliche Existenz stand nun, da Dick nach der Zerreißprobe mit der Lawine wieder zu Kräften kam, in starkem Kontrast zum windgepeitschten Plateau draußen.

Oben am Berg warteten die sechs. Das Wetter am 29. Juni war heiter gewesen, so daß Willi, George und Javee nach bloß einem Ruhetag zum Lager IV und von dort mit Nick, Dick Emerson und Tom McCormack zum Lager V zurückgekehrt waren. Seit mehreren Tagen hatten sie nun dort gewartet und auf einen Wetterumschwung gehofft. Die Lebensmittel gingen zur Neige, und die Leute mußten sich in dieser Periode erzwungener Untätigkeit mit halben Rationen begnügen.

2. Juli: Vorgeschobene Versorgungsbasis (Lager III).
Etwas blauer Himmel, doch der Berg ist immer noch in Wolken gehüllt. Qasim und Mohammed Hussein sind mit Lebensmitteln zum Lager V unterwegs. Dick und ich unternahmen einen langen Marsch den Grat entlang und beobachteten Imti und Quresh, die über die Gipfelflanke abstiegen, um sich im Basislager auszuruhen. Plötzlich ein lauter Knall, der sich wie eine weit entfernte Explosion anhörte, und als wir emporschauten, entdeckten wir die sich emportürmende Wolke einer gewaltigen Eislawine, die eben an der Südostflanke des Masherbrum niedergegangen war. War dort heute jemand unterwegs? Am frühen Nachmittag kehrten die beiden Hochträger, die ihre Lasten zum Lager IV transportiert hatten, zurück: sie hatten niemanden dort gesehen. Wir waren trotzdem beunruhigt. Vielleicht waren sie bei dem Wetter der letzten paar Tage doch über Lager V hinausgestiegen. Morgen müssen wir zum Lager V hinauf und uns vergewissern, daß sie wohlauf sind.

3. Juli: Vorgeschobene Versorgungsbasis (Lager III).
Viel Neuschnee und sehr starker Wind. Die Hochträger machen sich um 10 Uhr vormittags auf den Weg. Mohammed Hussein ist im Bett geblieben, weil er heftige Kopfschmerzen hat. Rahim Khan erschien bei uns im Zelt mit starken Rückenschmerzen; er kann also auch nicht tragen. Und Qasim tun die Füße weh. So blieben nur Rasul und Abdul Rahim, denen nichts fehlte außer der nötigen Begeisterung. Bleibt nur die Hoffnung, daß es morgen besser geht.
Als der Abend dämmerte, hoben sich die Wolken über dem Kessel oberhalb von Lager IV. Im letzten Licht konnten wir eine — oder waren es zwei? — Personen ausmachen, die vom Lager V den Abhang herabstiegen.

4. Juli. Wolkenloser Himmel; überall Aktivität. Als Dick und ich im Lager III aufstanden, um zu frühstücken, entdeckten wir, daß sich unsere fünf Hochträger völlig erholt hatten. Sie hatten ihre Lasten festgeschnallt und warteten ungeduldig auf den Aufbruch. Wir schlüpften unter unsere umfangreichen Lasten und folgten langsam in ihren Spuren. Weil wir so langsam waren, schien Rasul entschlossen, uns am Spuren teilhaben zu lassen; wir stießen also zu den Hochträgern, und während wir etwas länger pausierten, beobachteten wir eine einsame Gestalt, die an den Abhängen unterhalb von Lager IV zu uns abstieg. Es war McCormack, der zu uns stieß, die wir begierig auf Neuigkeiten warteten. Da es fast nichts mehr zu Essen gegeben hatte, waren vier von ihnen am Abend zuvor zum Lager IV abgestiegen. Sollte das schlechte Wetter anhalten, wollten alle sechs heute zum Lager III zurückkehren. Doch nun, angesichts dieses plötzlichen Wetterumschwungs, erschlossen Willi und George von neuem die Route zwischen Lager V und VI, während Dick und Emerson von Lager IV aufgebrochen waren und noch am selben Tag im Lager VI zu ihnen stoßen wollten. Nick erwartete uns im Lager IV. Nachdem wir versucht hatten, Mac's Zahn, der eine große Goldplombe verloren hatte, mit einer behelfsmäßigen Füllung auszustatten, stapften wir weiter zum Lager IV, wo wir mit Nick eine Kleinigkeit aßen, dann bummelten wir drei gemächlich und miteinander plaudernd weiter zum Lager V. Emerson und Javee brachen von

dort eben zum Lager VI auf. George und Willi befanden sich fast direkt über uns und sanken tief ein, als sie den Anstieg zum Lager VI beendeten. Wir erreichten Lager VI um 18 Uhr als die Abendkälte einsetzte, und wir verabschiedeten uns von den Hochträgern, die eine überragende Trägerleistung hinter sich gebracht hatten. Für Willi und George muß es ein herzerquickender Anblick gewesen sein, als alles unter ihnen emsig und eifrig und mit Nachschub beladen nach oben strebte. Die Luft am Abend dieses 4. Juli war klar und frisch und versprach weiteres gutes Wetter.

5. Juli: Lager V in zirka 7000 m Höhe. Wie geplant verbrachten wir diesen Tag im Lager; von hier beobachteten wir, wie die vier an der Wand oberhalb vom Lager VI zwar sehr langsam, aber doch ständig vorankamen. Inwieweit hatte sich die Wand verändert? War sie sicher? Als der Nachmittag verstrich und die Sonne sich vom Hang zurückzog, vermochten wir uns kaum vorzustellen, daß Dick und Javee vom Lager VII noch vor Dunkelheit zurückkehren könnten. Das Wetter machte im Süden, wo die Chogolisa eine Haube trug, einen unbeständigen Eindruck. Als der Abend dämmerte, sahen wir Dick und Javee das Ende des fixen Seils genau über Lager VI erreichen. Willi und George kampierten jetzt in einem Zelt, das nur mehr 180 m unter dem Gipfel des Masherbrum lag. Morgen, bei Allah, war der große Tag.

6. Juli. McGowan, Clinch und ich verließen um 5.30 früh Lager V und stiegen auf. Fünfzehn Stunden später saßen McGowan und ich wieder vor demselben Zelt, im glänzenden Mondlicht einer warmen Himalayanacht, fast zu erschöpft, um unsere Steigeisen abzuschnallen und zum Essen ins Zelt zu kriechen. Eine ganze Menge war geschehen.
Als wir in strahlender Morgensonne rasch zum Lager VI hinaufstiegen, machten wir die beiden winzigen Gestalten aus, die hoch über uns in den Couloir einstiegen; die obere Gestalt hatte einen festen Standplatz, während die untere mit erstaunlicher Geschwindigkeit zu ihr aufstieg. Willi und George waren also schon unterwegs. Wir erreichten Lager VI um 9 Uhr, gerade rechtzeitig, um ein zweites Frühstück, das Dick Emerson gemacht hatte, einzunehmen. Ich war

*Der Masherbrum über seinem gleichnamigen Gletscher an dessen Ein-
mündung in den Gondokoro-Gletscher. Der Eisbruch nach rechts führt
zum Masherbrum-La, ein Paß, der von Trägern nur mit kompletter
Eisausrüstung zu begehen ist.*

überrascht, daß Javee wie Dick nach den Mühen des Vortages so frisch aussahen. Man beschloß, daß McGowan und ich, da wir eine einwöchige Ruhepause im Lager III hinter uns hatten, weiter zum Lager VII aufsteigen sollten, um Willi und George zu unterstützen und, wenn nötig, einen zweiten Gipfelsturm zu wagen. Javee sollte uns bis zum Lager VII begleiten, um sich am nächsten Tag, wenn alles gut ging, der zweiten Gipfelmannschaft anzuschließen. Nick und Dick Emerson würden vom Lager VI sehr früh aufbrechen und den Aufstieg mit Sauerstoff machen. Wir hatten schon seit langem beschlossen, daß, wenn irgend möglich, auch einer unserer pakistanischen Kameraden den Gipfel betreten sollte, sowie er einmal bezwungen war. Wir drei sollten also zum Lager VII aufsteigen, und von Willi und George erwarteten wir, daß sie noch am selben Tag den Abstieg zum Lager VI schaffen würden.

Ungefähr um 11 Uhr brachen wir vom Lager VI auf; der Himmel war dunstig geworden. Zu unserer Überraschung war der Aufstieg genauso mühsam wie sonst auch, da die meisten Stufen, die Dick und Javee am Abend zuvor zum Abstieg benutzt hatten, vom Schnee tüchtig verweht worden waren. Nach einiger Zeit gelangten wir auf die offenen Hänge unter der Traverse zum Lager VII, und da wir von dort wieder einen freien Blick nach oben hatten, suchten wir nach Anzeichen des Gipfelteams. Dick McGowan begann langsamer zu steigen und erklärte schließlich, daß er heftige Magenkrämpfe habe. Wir stiegen weiter und hofften, diese »Verdauungsstörung« würde sich geben. Gegen 13 Uhr zeichnete sich an der Spitze des Couloirs gegen den Horizont zunächst eine und dann eine weitere winzige Gestalt ab; sie hatten für die Schneerinne kaum acht Stunden gebraucht. George und Willi hatten eine Höhe erreicht wie noch niemand vor ihnen. Vom Gipfel trennte sie noch ein sanft ansteigender, aber schmaler Schneegrat, den zwei Felsstufen blockierten. Als wir langsam weiterstiegen (es stieg immer nur einer von uns), verfolgten wir, wie sie sich rasch den Grat entlang bewegten, wie sie für eine Weile verschwanden, um schließlich auf der ersten Stufe wieder aufzutauchen. Unser Aufstieg machte kaum irgendwelche Fort-

schritte, als sich vor unseren Augen hoch dort oben gegen den Himmel der letzte Akt abspielte. Sie schienen lange Zeit bewegungslos am Fuß der zweiten Stufe zu sitzen, einer zirka 15 m hohen Granitwand, die senkrecht den Grat entlangführte und auf dieser Seite nicht weniger steil war. Plötzlich erschien der eine, dann der andere oben auf der letzten Stufe! Zwei winzige Punkte vor einem tiefblauen Himmel, die sich rasch den Grat entlang bewegten — dem Gipfel entgegen. Jauchzend und so laut ich konnte, schrie ich: »Shabash! Shabash!« — so ungefähr das einzige, was ich in Balti konnte. Und erstaunlicherweise kam von hoch oben das schwache, aber unmißverständliche Echo von Willis triumphierender Antwort. Der Berg war bestiegen. All diese Wochen der Mühsal und des Wartens hatten diesem Augenblick gegolten, von dem wir, die wir als Zuschauer an der Bergflanke darunter saßen, Zeuge werden durften.

Doch die Freude war von kurzer Dauer. Dicks Beschwerden wurden immer schlimmer. Außerdem war da noch ein anderer beunruhigender Gedanke: Es war jetzt fast 16 Uhr, so daß Willi und George die Strecke zum Lager VI unmöglich schaffen konnten. Etwas überfüllt mochte unser Zweimannzelt ja schon sein, wenn fünf darin Platz finden sollten, zumal es gefährlich über einen faulen Schrund hinaushing; doch vielleicht ging's für eine Nacht. Wir machten halt, um Dick etwas von seiner Last abzunehmen, um zu rasten und etwas Schokolade zu knabbern. Javee setzte den Aufstieg diagonal neben dem fixen Seil fort, wobei das Seil zwischen ihm und Dick mit langer Schlinge am Hang hing. Als Javee weiterstieg, begann Dick plötzlich zu würgen und zu zittern. Es schien wirklich an der Zeit, abzusteigen. Ich schrie nach Javee, der widerstrebend umkehrte. Ich war völlig mit Dicks Beschwerden beschäftigt, so daß Javee zwar nicht gesichert war, doch war der ganze Hang ja mit einem fixen Seil ausgestattet. Dick, der Javee beobachtete, rief plötzlich: »Du mußt ihn sichern, Tom!«, und gleich danach: »Der stürzt ab!« Was er denn auch tat. Javee griff verzweifelt nach dem fixen Seil, verfehlte es, und schon ging's mit ihm Hals über Kopf in immer rascheren Sprüngen den Hang hinab. Die Zeit schien stillzustehen, als wir über die Folgen nachdach-

ten. Dick schlug seinen Pickel tief in den bodenlosen Schnee, während ich, der ich Javee am nächsten war, um den einen Arm viele Male das fixe Seil wand und um den anderen den Schwanz des Seils, das mich mit Javee verband — alles in allem eine etwas ungewöhnliche Sicherungstechnik. Ich war entschlossen, daß nur eine Absprengung meiner Schulter mich vom Berg reißen sollte. Javee tat einen letzten gewaltigen Sprung, und noch mitten in der Luft krachte er ins Seilende — sicher eine äußerst undynamische Art der Seilsicherung. Das Seil straffte sich, meine Arme strafften sich, und mich schaudert, wenn ich daran denke, was mit Javee geschah, als er 40 m unter uns wie ein riesiger Fisch, der an der Angel reißt, plötzlich kopfüber in den Schnee krachte. Ein Weilchen lag er regungslos dort, während Dick zu ihm hinunterbrüllte und das straff gespannte Seil mich in seltsamer Wappenadlermanier an den Hang preßte. Dann begann er sich langsam zu regen, sich aus dem Seil zu befreien und sich aufzurappeln, bis er schließlich aufrecht stand und ein schwaches »Geht schon wieder« herausbrachte. Den restlichen Abstieg zum Lager VI legten wir langsam, gewissenhaft und übervorsichtig zurück, bis wir schließlich zu Nick und Dick Emerson ins Zelt stolperten. Wir beschlossen, daß Javee hierbleiben und sich ausruhen sollte, während McGowan und ich erschöpft zum Lager V abstiegen. Als wir noch einmal zum Couloir hinauf sahen, konnten wir die zwei kleinen Punkte fast an derselben Stelle ausmachen, an der wir sie vierzehn Stunden zuvor gesehen hatten — die beiden hatten Lager VII fast erreicht. Wir waren zu müde, um etwas hinaufzurufen, zu erschöpft von der übermäßigen Vorsicht, die eine derartige Zerreißprobe nach sich zieht.

7. Juli: Lager V. Wieder einer dieser ungemein klaren Tage. Im Süden schienen sich langsam Wolken anzusammeln, jeden Tag etwas mehr. McGowan war müde und sehr schwach. Von da an fungierten wir nur mehr als Zuschauer, die die einzelnen Szenen, die sich auf der gigantischen Bühne hoch über uns abspielten, eifrig mitverfolgten. Fasziniert und neiderfüllt entdeckten wir Nick, Javee und Dick Emerson an den fixen Seilen oberhalb von Lager VI; sie stiegen auf. Um 15.30, als sich die Schattengrenze über den Hang schob,

erschienen am Schrund bei Lager VII zwei Kletterer, die am fixen Seil abstiegen. Die fünf trafen sich nicht weit von der Stelle, wo Javee am Tag zuvor abgestürzt war. Trotz der Ferngläser konnten wir nur schwache Silhouetten erkennen. Willi und George setzten ihren Weg nach Lager VI, die anderen drei den ihren nach Lager VII fort.

8. Juli: Lager V. »16 Uhr. Hab eben zum Abendessen die Knorr-Gemüsesuppe aufgesetzt. Dick McGowan geht es schlecht, und wenn morgen oben alles in Ordnung ist, werden wir zum Lager III absteigen. Hörte vor einer halben Stunde einen Ruf — kam der vom Gipfel? . . . 16.45. Willi und George treten ein. Mehr Suppe also! Haben sie erst morgen erwartet.« Wir waren überrascht, daß sie trotz der anderen, die noch oben waren, zum Lager VI abgestiegen waren. Doch als George ins Zelt trat, war der Grund klar. Hier ihre Geschichte:

Eine ziemlich schlaflose Nacht (5. Juli) im Lager VII, das Zelt unheimlich knapp am Rand eines faulen Schrundes, wobei die eine Seite gefährlich über den Rand hinausragte; von oben fielen Eis und Schnee aufs Zelt und erzeugten ein rutschendes Geräusch, so als schlitterte das Zelt samt seinen Insassen den Hang hinab. Um 5 Uhr brachen sie zum Gipfel auf. Der Schnee im Couloir ging einigermaßen, aber das war auch alles, denn der Anstieg war extrem steil, und der hüfttiefe Pulverschnee wechselte mit blankem Eis ab. Linker Hand entdeckten sie das Seil, das Whillans vor drei Jahren am Felssturz hatte hängen lassen. Indem sie den Anstieg mit Abseilhaken sicherten, erreichten sie schließlich eine kleine Wächte am Kamm, die sie umgingen; dann schlugen sie zwei winzige Sitzgelegenheiten in den messerscharfen Grat, setzten sich hin und aßen etwas Schokolade. Es war Mittag. Hinter ihnen fiel die Flanke auf spektakuläre Weise zum Baltoro-Gletscher ab. Der scharfe Wind kontrastierte stark zur Hitze des Couloirs. Vor ihnen lag eine kleine Stufe aus morschem Gestein, das nur durch Eis zusammengehalten wurde. Eine Eisschraube genügte als Sicherung. Dann standen sie auf der zweiten Stufe. Sie war solide; ein Kamin durchzog hier die Ostwand; weiter oben gab es eine windgeschützte Stelle, wo sie sich mit ihren Rucksäcken auf dem Schoß hinsetzen und etwas essen konnten. Von dort führte ein fast ebener Schneegrat direkt zum Gipfel — Willi behauptete, er hätte diesen Grat entlanglaufen können. An die hundert Meter, und sie hatten es geschafft. Es war 16 Uhr. Ein überwältigender Blick auf den gewaltigen, mit Geschiebe bedeckten Baltoro-Gletscher. Der Mustagh-Tower unten war kaum auszumachen. Der riesige, großartige K 2 beherrschte natürlich die Szene. Eine Stunde später stiegen sie ab. Sie mußten sich mehrere Male abseilen, wobei das Seil einmal hängenblieb, so daß Willi, um es freizubekommen, enttäuscht zurückkletterte. Dann ging's das Couloir hinab, und um 20 Uhr hatten sie schließlich das Zelt erreicht.

In dieser Nacht wurde Georges Husten immer schlimmer. Er begann zu keuchen und nach Luft zu ringen und völlig zusammenhanglos sinnlose Melodien vor sich hin zu summen. Gegen 22 Uhr braute Willi etwas heiße Schokolade und verpaßte George danach ein Notrezept: Digoxin, Diureticum, Erythromycin und Achromycin. Danach fiel George hin und wieder in Schlaf, und am siebten ging es ihm schon besser, so daß er um 15 Uhr zum Lager VI aufbrechen konnte; auf seinem Weg begegnete er dem aufsteigenden Trio. Ein weiterer Ruhetag, doch am Spätnachmittag entschlossen sie sich endlich zum Lager V abzusteigen, so daß ich George untersuchen konnte. Er hatte eine schwere Kehlkopfentzündung, einen rasselnden Husten und deutliche Bereiche von Dumpfheit und feuchtem Rasseln in beiden Lungen — eine fleckenweise, aber nur mittelschwere Bronchopneumonie. Wir gaben ihnen zu essen und zu trinken und faßten den Plan, George und Dick McGowan am nächsten Tag runterzuschicken. Der unbezähmbare Unsoeld und ich würden hier oben bleiben, um die Flanke der drei da oben zu schützen.

9. Juli: Lager V. Das Wetter verschlechtert sich Tag um Tag. Was immer da kommen mag, es hat sich langsam entwickelt, und es dürfte wie ein Schlag kommen, wenn's soweit ist. Noch schneit es nicht, und die Flanke ist nach wie vor in Ordnung. George und McGowan blieben da bis zum frühen Nachmittag. Da Willi und George gestern nachmittag jemanden im Lager VII gesehen hatten, glaubten wir, ihr Gipfelsturm sei gescheitert, so daß sie bald zum Lager VI absteigen müßten. Schließlich brachen George und McGowan auf; sie wollten uns am Abend vom Lager III aus Taschenlampensignale geben, wenn es irgendwelche Neuigkeiten gäbe. Allein geblieben, machten Willi und ich uns besorgte Gedanken: Was konnte sie aufhalten? War jemand krank? Der Nachmittag verging, wir machten uns gierig über Schokoladen-»Eis« her, redeten über viele Dinge. Willi zerriß die Stille regelmäßig mit seinen Rufen, die man auf dem Baltoro hätte hören müssen, doch es kam keine Antwort. McGowan und Bell stiegen zum Lager IV ab. Dann, das konnte kein Echo sein, hörten wir einen schwachen, aber deutlichen Ruf von ganz weit oben! Willi und ich fielen uns begeistert in die Arme: sie hatten's geschafft! Die Anspannung war weg. Wir begannen zu Abend zu essen: Lauchsuppe und eine Dose mit Rinderbraten. Gegen 17.30 Uhr machten wir uns für die Schlafsäcke fertig. Willi schaute sich noch einmal die Flanke an: Drei Gestalten stiegen langsam am Schneehang unterhalb von Lager VII ab. Der erste Mann schien häufiger auszurutschen oder sich hinzulegen, als aufrecht an den fixen Seilen abzusteigen. Die Sonne hatte die Flanke verlassen, schien aber noch auf den Sérac Peak jenseits des Tals sowie auf zwei winzige Gestalten, die eben von seinem Gipfel abstiegen; so hatten also McCormack und Abdul Rahim diese aufreizende Kuppe, die so nah bei der vorgeschobenen Versorgungsbasis (Lager III) lag, endlich bestiegen. Glücklich krochen wir in unsere Schlafsäcke. Als es dunkel wurde, hörten wir plötzlich ganz deutlich die Stimme Emersons: »Ich hab' euch beide gesichert.« Sie waren bestimmt müde, würden aber bestimmt bald sicher im Lager VI anlangen. Um 20 Uhr signalisierte ich an George im Lager III: Alles in Ordnung. Wir unterhielten uns noch lange und schliefen schließlich ein.

10. Juli: Lager V. Um 4 Uhr früh wachte ich auf; mir war heiß. Dem schlafenden Willi schien's genauso zu gehen. Ich kroch ins Mondlicht hinaus, grub eine Sauerstoff-Flasche aus, nahm sie mit ins Zelt und schlüpfte wieder in meinen Schlafsack. Mein Puls war auf hundert, die Atmung unregelmäßig. Ich stellte das Sauerstoffgerät etwas an, und mein

Atem ging sofort wieder normal, und noch bevor ich meinen Puls ein zweites Mal zählen konnte, war ich schon eingeschlafen. Vier Stunden später wachte ich wieder auf. Willi hatte heißes Wasser. Wir aßen trockene Apfelschnitten, heißen Buttertoast, geschmolzenen Käse. Das Wetter hatte sich geändert und war schließlich völlig umgeschlagen, es schneite leicht.

Wir warteten bis um 11 Uhr auf die drei vom Lager VI. Es schneite stärker. Als wir uns zum Aufstieg fertigmachten, tauchten aus dem fallenden Schnee Rasul und Abdul Rahim auf, die uns wie langvermißte Freunde umarmten. Ihr glückliches Lächeln stärkte unsere Moral, und so brachen wir in dem heftigen Schneefall auf und stapften ohne Pause voran. Nach eineinhalb Stunden befanden wir uns in Höhe von Lager VI, das die anderen eben verließen. Als erster Javee, der erschöpft die Spur entlang stolperte, so wie er es schon am Abend zuvor getan hatte, dann Nick, der sich beim Gehen ebenfalls schwer tat, und schließlich Dick Emerson, der sich hübsch am Seil festhielt. Als sie zu uns stießen, pfiff uns der Schneesturm bereits fröhlich um die Ohren, und er verlor auch dann nicht an Reiz, als Willi gegen ihn mit seiner Mundharmonika und dem Liedchen »Massa's in the cold, cold ground« antrat. Wir nahmen Nick und Javee die Lasten ab, ließen Clinch zwischen uns steigen und zogen los, hinein in das undurchdringliche Weiß, wo wir penibel die Seillängen mitzählten und eine hastige, nervöse Traverse über unseren altbekannten Lawinenhang antraten. Um 16 Uhr langten wir im Lager V an; endlich waren alle in Sicherheit. Ein deftiger Schneesturm, ein paar kleine Schneerutsche während des Abstiegs, kein echtes Mißgeschick dieses Mal; eine Stunde später, und wir hätten unsere Lage vermutlich weniger erfreulich gefunden.

Nick war zwar völlig durchnäßt, doch reden konnte er noch; und als wir die Pilzsuppe aufgegessen hatten und der Wind wütend am Zelt rüttelte, hörten wir uns seine Geschichte von der zweiten Ersteigung des Masherbrum an: Als sie am Abend des 7. Juli endlich Lager VII erreichten und ins Zelt krochen, waren sie alle müde. Keiner von ihnen machte Abendessen. Als sie um 2.30 Uhr früh aufwachten, begannen sie Suppe zu kochen. Plötzlich fing einer der kleinen Biwakkocher Feuer, das rasch auf die Zeltausfütterung übergriff. George Bells Daunenhosen wurden geopfert, um das Feuer zu ersticken, und nachdem sie ihr eigenes Wasser dazu gegeben hatten, legten sich alle drei wieder hin. Da Emerson einen schlechten Magen hatte, entschloß er sich, im Lager zu bleiben, während Nick und Javee um 7.30 Uhr zum Gipfel aufbrachen. Bis zum Grat benutzten sie Sauerstoff; indem sie sich in der Führung abwechselten, stiegen sie das Couloir hinauf, dann ging's den Grat entlang zum Gipfel, den sie um 18.30 Uhr erreichten und von dem aus sie einen begeisternden Karakorum-Sonnenuntergang genossen. Eine Viertelstunde verbrachten sie dort oben. Dann stiegen sie ab, und Javee verlor an einer Abseilstelle seinen rechten Daunenfäustling. Bei einem weiteren Abseilen saß das Seil fest, wobei sie nicht nur eine Menge Seil, sondern auch eine Menge Zeit verloren. Nachdem es dunkel geworden war, kletterten sie das Couloir hinunter, doch da sie kein so langes Abseilseil wie George und Willi hatten, mußten sie sich zwischendrin einen Schneepilz zurechtpickeln, der ihnen als Abseilblock diente. Zum Glück schien der Mond und war die Nacht warm. Sie erreichten das Zelt um 7.30 Uhr früh, vierundzwanzig Stunden nachdem sie aufgebrochen waren, und Dick Emerson, der eine einsame wechselvolle Nacht hindurch auf sie gewartet hatte, nahm die Erschöpften in Empfang. Nick war völlig zermürbt, und Javee hatte wegen seines verlorenen Fäustlings die rechte Hand erfroren, und auch seine Fußsohlen hatten wegen des langen Herumstehens im Couloir etwas abbekommen. Am selben Tag stiegen sie zu später Stunde zum Lager VI ab, wo sie sich bis um 1 Uhr früh etwas zu essen machten, und trotz der zunehmenden Lawinengefahr trödelten sie dort herum, bis wir am frühen Nachmittag zu ihnen stießen. Es war nun nicht mehr bloß der Wind, der uns drängte, sondern auch Rasul, der so rasch wie möglich packen wollte, damit wir bei Dunkelheit Lager III erreichten. Wir mußten Nick schon fast gewaltsam in den wütenden Schneesturm hinaustreiben. Willi und ich hielten uns noch etwas auf, um den Hochträgern beim Zeltepacken zu helfen.

Nanda Devi   7816 m

Höchster Berg im Garhwal

Der Garhwal ist ein ehemaliger vorderindischer Eingeborenenstaat und ein Teil des Himalaya. Dieses Bergland, Quellgebiet des Ganges, grenzt im Norden an Tibet und wird im Osten durch den Fluß Maha Kali von Nepal getrennt. Die höchsten Gipfel, Kamet (7756 m) und Nanda Devi (7816 m), erheben sich fast 500 km nordwestlich des Dhaulagiri bzw. 700 km südöstlich des Nanga Parbat. Die Nanda Devi ist mit alten Mythen verbunden. Der Mahabharata, die Ilias des Sanskrit, erzählt, daß in Bageswar, dem Vorgebirge Kumaons, Siva mit Parbati, der »berggeborenen« Tochter des Himachal, verheiratet wurde und im Berg Nanda Devi ihren Grabstein habe. »Zu Buddhas Zeiten«, berichtet der englische Bergsteiger Tom Longstaff, »im 5. Jahrhundert vor Christus, gehörte der Garhwal zum großen Königreich Kosala, das später im Kaiserreich Asoka aufging. Damals erreichte Indien den Höhepunkt seiner Kultur, die in mancher Hinsicht sogar die Kultur Griechenlands im goldenen Zeitalter übertraf.«

Bereits 1883 hatte der Engländer Graham versucht, in der Rishischlucht einen Durchgang zur doppelgipfeligen »Göttin Nanda« zu erzwingen, mußte aber schon bald wieder umkehren. Auch sein Landsmann Tom Longstaff konnte Anfang unseres Jahrhunderts nicht zum Berg gelangen. Von ihm stammt aber eine gute Beschreibung des Gebietes:

»Der höchste Gipfel, der westliche (7816 m), erhebt sich in der Mitte von zwei konzentrischen Amphitheatern, die zwei ineinandergelegten Hufeisen gleichen. Wo die Enden dieser Hufeisen einander berühren, steht der zweite, der östliche Gipfel (7434 m). Von dort aus führt ein drei Kilometer langer und 7000 m hoher Grat nach Westen, der dann plötzlich steil zum Westgipfel ansteigt. So ragt die Nanda Devi in der Mitte des inneren Hufeisens empor, das Heiligtum beherrschend, und türmt sich 3000–3500 m über dem Gletscher zu ihren Füßen. Das äußere Hufeisen hat einen Umfang von 120 km, und auf seinem Kamm erheben sich ein Dutzend über 6000 m hohe Gipfel, darunter der Trisul und der Dunagiri sowie die östliche Nanda Devi.«

Der Kamet, 1931 von einer britischen Expedition unter Frank S. Smythe bestiegen, ist Anfang 1936 noch immer der höchste von Menschen betretene Gipfel. In diesem Jahr versuchen sich die Engländer wieder am Everest. Dabei fehlt einer der stärksten Höhenbergsteiger, der Geologe Dr. N. E. Odell, der 1924 am Everest mehrere Tage in über 8000 m verbracht hatte. Odell ist 1936 Mitglied einer achtköpfigen anglo-amerikanischen Mannschaft an der Nanda Devi, dem »Uschba des Himalaya«. Wie Odell ist auch Tilman für den Everest als ungeeignet erklärt worden und will sich dessen zum Trotz ebenfalls am höchsten Garhwalgipfel bewähren. Thomas Graham Brown, 54 Jahre, hat sich in den Westalpen einen guten Namen erworben: Major Route und Sentinelle Rouge sind seine wichtigsten Neutouren am Montblanc. Jüngstes Mitglied ist Peter Lloyd. Die amerikanischen Teilnehmer sind Adams Carter und Arthur Emmons — sie haben sich 1932 am 7587 m hohen Minyag Gangkar in China bewährt — sowie Charles Houston und Loomis.

Die Expedition hat keinen eigentlichen Leiter, arbeitet mitten im Monsun und führt weder Sauerstoff noch Steigeisen oder Haken mit. Trotzdem wollen Odell und Tilman in der Tat zeigen, daß sie durchaus noch nicht zum »alten Eisen« gehören.

Da treten unerwartete Schwierigkeiten auf: Die Träger weigern sich, die gefürchtete Rishischlucht zu betreten. Für die eingeborenen Garhwalis ist das Gebiet »ein wildes Land ... geheiligt und verzaubert«. Der Fluß Rishiganga ist nämlich die Heimat der Sat Rishi, »der sieben weisen Männer, denen die Hymnen des Veda geoffenbart und die dann in das Sternbild des Großen Bären versetzt wurden«.

Die 30 km lange Rishischlucht, durch die der verwunschene Rishiganga tost, ist der Schlüssel für eine Besteigung der Nanda Devi. Und so bleibt den Engländern und Amerikanern nichts anderes übrig, als die Lasten selbst zu transportieren. Dadurch benötigen sie allein für die Bewältigung der Schlucht volle zehn Tage.

Am 7. August wird das Lager am Südfuß des Berges in 5335 m Höhe errichtet. Der Monsun herrscht noch immer in voller Stärke. Die Südoststürme erschweren das Errichten der Hochlager in 5850 m, 6220 m und 6460 m.

Von H. W. Tilman wissen wir:

Die undankbare Aufgabe zu entscheiden, wer den Gipfel zuerst angehen sollte, fiel mir zu, und so bestimmte ich Odell und Houston, die beide stark im Steigen waren. Geplant war, am nächsten Tag vom Lager IV aus ein Biwak so hoch wie möglich zu transportieren; die Gipfelmannschaft bekam für ihren Versuch zwei Tage zugestanden, und am dritten Tag sollte sie durch ein zweites Paar ausgetauscht werden, ganz gleich, ob sie es geschafft hatten oder nicht.

Jeder von uns hatte eine sieben Kilogramm schwere Last, und das Steigen war nach dem Schneesturm ziemlich beschwerlich, doch da wir an zwei Seilen kletterten, konnten wir uns häufig in der Führung abwechseln. Die Traverse hinüber zur Rinne führte über Schnee auf morschem Fels und war ziemlich gefährlich, und als wir in der Rinne waren, begann die lange Schinderei im Schnee, bergan etwa 45 bis 50 Grad steil. Um 15 Uhr hatten wir eine ganze Menge Höhenmeter hinter uns, und wir steuerten nun auf einen schlecht einsehbaren Felsgrat rechter Hand zu, der weniger heikel schien und sich möglicherweise für unser Lager eignete. Doch wir hatten Pech, denn der Lagerplatz, den wir ins Auge gefaßt hatten, fiel genauso steil ab wie der Rest des Berges.

Wir legten eine Ruhepause ein, und mit Befriedigung entdeckten wir, daß wir auf der gleichen Höhe mit dem Trisul (7120 m) waren. Dann gingen wir einen Felsturm direkt über uns an, in der Hoffnung, auf seiner Spitze genügend Platz für unser Lager zu finden, und Lloyd bewältigte in einer großartigen Kletterleistung trotz seiner Last einen Felskamin und zog den Rest von uns zu sich herauf. Die Oberseite des Turms war nicht einmal einen Quadratmeter groß, und der Grat in der Nähe war nicht weniger ungastlich, doch etwas weiter oben gab es bessere Möglichkeiten.

Es war jetzt 16 Uhr, und da den ganzen Tag die Sonne heruntergebrannt hatte, mußte der Schnee von schlechtester Qualität sein. Lloyd, Loomis und ich mußten absteigen. Obgleich wir das alle wußten, fühlten wir uns recht selbstsüchtig, als wir unsere Lasten abluden und Odell und Houston ihrem Schicksal überließen. Es stand schlecht für sie, denn bis zu der Stelle, an der man mit viel Phantasie

eine Art Plattform ausmachen konnte, mußten sie noch 45 m klettern. Es war fast dunkel, als sie ihr Biwak aufschlugen.

Am nächsten Tag erkundeten sie den Grat. Das Biwak lag in 7170 m Höhe. Etwa 150 m oberhalb stießen sie auf ein waagrechtes Schneeband, das genügend Platz für zwei Zelte und den günstigsten Ausgangspunkt zur Besteigung des Gipfels bot. Darüber befand sich ein interessanter und schwieriger Fels- und Schneegrat, doch war der morsche Fels zum Glück in Quarzfels übergegangen, so daß der Aufstieg die reinste Freude war. Dieser Grat mündete auf eine Schneekuppe, die an eine ausgedehnte Schneeterrasse angrenzte. Sie stieg sanft zum Fuß der letzten Schnee- und Felswand an, von wo es noch an die hundert Meter zum Gipfel waren. An der Schneekuppe endete ihre Erkundung. Sie kehrten zum Lager zurück, das sie am nächsten Tag nach weiter oben verlegen wollten. Doch in der Nacht ging es Houston plötzlich sehr schlecht — möglicherweise war das Büchsenfleisch, das er gegessen hatte, verdorben gewesen.

Am nächsten Tag, es war ungefähr 8 Uhr, erörterten wir das Problem, ob wir, um einen Tag einzusparen, mit einem zweiten Zelt aufbrechen sollten, wobei wir allerdings Gefahr liefen, keine Plattform vorzufinden, und wir fragten uns, wie weit die anderen schon gekommen waren; da hörten wir plötzlich Odells vertrauten Jodler, der eher wie ein Eselsschrei klang. Das hörte sich so nah an, daß ich zunächst glaubte, sie würden zu uns absteigen, nachdem sie den Gipfel bereits am ersten Tag geschafft hatten; doch plötzlich begriffen wir — es war das SOS-Zeichen. Das Biwak lag außer Sichtweite 520 m über uns, doch Carter ging hinaus und rief zurück; einige Minuten später kam er zurück, mit der Nachricht »Charlie ist tot« — »Charlie«, das war Houston.

Als wir uns wieder gefaßt hatten, stiegen Lloyd und ich so schnell wie möglich auf, später gefolgt von Graham Brown und Carter. Es war eine Tour, die wir nicht so leicht vergessen würden: Wir versuchten rasch zu steigen, doch es ging nicht, und wir fragten uns, was passiert war und vor allem, was wir tun konnten. Es war anzunehmn, daß Odell ebenfalls verletzt war, und diese Annahme schien sich zu

143

erhärten, als wir auf unser wiederholtes Rufen keine Antwort erhielten. Die Chance aber, einen hilflosen Mann herabzutransportieren, war gering. Ungefähr um 14 Uhr erblickten wir in zirka 30 m Entfernung das Biwak, und die ganze Sache wurde beim Anblick von zwei Eispickeln noch rätselhafter. Wir hörten Stimmen, und das nächste, was wir hörten, war ein: »Hallo, Jungs, kommt rein, wir trinken Tee.« »Charlie ist krank« hatte die Nachricht gelautet, die uns Odell vermitteln wollte — nochmal eine solche Erfahrung, und wir hätten gegen das Mitführen eines kleinen Funkgeräts sicher nichts mehr einzuwenden gehabt.

Obgleich Houston krank war und sich schrecklich schwach fühlte, bestand er darauf, noch am selben Nachmittag abzusteigen, um für einen von uns Platz zu machen und um den Gipfelsturm nicht zu verzögern. Wir vier seilten uns ab, und etwas weiter unten stießen wir auf Graham Brown und Carter; Odell und ich ließen Houston bei den beiden und kehrten zum Biwak zurück. Dieser Abstieg war eine echte Leistung von Houston, der wirklich schreckliches Pech hatte.

Am Tag darauf verlegten wir das Lager nach dem Platz in 7320 m Höhe; dabei mußten wir den Weg zweimal machen.

Am 29. August brachen wir um 6 Uhr früh zum Gipfel auf. Dank der vorausgegangenen Erkundung brachten wir den heiklen Grat rasch hinter uns, so daß wir um 8 Uhr den langen, mühsamen Weg die Schneeterrasse hinauf antreten konnten. Trotz der kalten Nacht und der frühen Morgenstunde war der Schnee schlecht, und er wurde rasch abscheulich. Wir sanken bald bis über die Knie ein, und an steileren Stellen kamen wir fast nicht weiter. Die heiße Sonne steigerte unser Unbehagen, und unsere Hoffnung, den Gipfel zu erreichen, schwand zusehends. Doch es blieb uns nichts anderes übrig als uns Schritt um Schritt voranzuschuften und zu sehen, wie weit wir kommen würden; das taten wir denn auch, und wir ließen uns Zeit und legten häufig Pausen ein. Gegen 13 Uhr entdeckten wir überrascht, daß wir uns der Gipfelwand näherten, und als wir sie erreichten, hatten wir das Gefühl, das Schlimmste geschafft zu haben. Wir bewältigten ein schwieriges Felsstück, auf dem Odell führte

und das ich für scheußlich unsicher hielt; doch wir gelangten heil auf die steile Abdachung, von wo uns nur mehr zirka hundert Meter vom Gipfel über uns trennten.

Nun stiegen wir in eine kurze, aber sehr steile Rinne ein, in der der Schnee annehmbar war. Nach einem harten Kampf gelangten wir zu einem sanft ansteigenden Korridor, der knapp unter dem Gipfelgrat lag. Odell tauchte eben aus der Rinne auf und stieg zu der Stelle herauf, wo ich saß, bereit, durch den Korridor weiterzusteigen, als wir ein plötzliches Zischen hörten und sich ein 25 m langes Schneebrett in Sekundenschnelle vom Korridor löste und in die Rinne hinabstürzte, wo sie die Schneeschicht, in die wir unsere Stufen geschlagen hatten, mit sich riß. An ihrem unteren Ende brach das Brett mit einer Dicke von 30 cm um meinen Eispickel herum ab, doch hatte ich den Pickel ausgezeichnet verankert, so daß ich mich an ihm festhalten konnte; die Bruchstelle am oberen Ende war 1 bis 1,20 m tief.

Dadurch hatte die Route durch den Korridor natürlich etwas von ihrem Reiz verloren, so daß wir nun über den Grat aufstiegen und den Gipfel um 15 Uhr erreichten. Es wehte kein Wind. In der Sonne war es warm, obgleich die Lufttemperatur bei 4°C unter Null lag. Bemerkenswert ist, daß, während wir dieses Wetter genossen, über die Vorberge von Garhwal eine wahre Sintflut herniederging. Zu dieser späten Stunde war der Himmel zu sehr bewölkt, als daß wir einen weiten Rundblick gehabt hätten, doch erhaschten wir durch einen Wolkenriß hindurch einen kurzen Blick auf das sonnenüberstrahlte tibetanische Hochland. Dieser Gipfel bildet, im Gegensatz zu vielen anderen Himalayariesen, keine nach oben sich gefährlich verjüngende Spitze, sondern einen Schneegrat, der zirka 135 m lang und an die 18 m breit ist. Um 15.45 Uhr stiegen wir ab, und zwei Stunden später erreichten wir das Biwak.

Es bleibt nicht viel mehr zu erzählen. Am nächsten Tag ruhte sich die ganze Mannschaft im Lager IV aus. Wir hatten noch genügend Lebensmittel, um ein zweites Team hochzuschicken, doch hatten Loomis und Carter leichte Erfrierungen an den Füßen, und es gab niemanden, der Lloyd hätte begleiten können.

Rakaposhi   7788 m

Der »Drachenschwanz«

Der »Drachenschwanz«, wie Rakaposhi zu Deutsch heißt, erhebt sich im nordwestlichen Karakorum und ist dort einer der mächtigsten Berge. Ungefähr 30 km südlich des Rakaposhi liegt das Städtchen Gilgit mit einem Flugplatz. Dadurch ist der Rakaposhi einer der am besten zugänglichen größeren Karakorum- bzw. Himalayagipfel.

Die erste Nachricht vom Rakaposhi ist dem englischen Himalaya-Forscher Martin Conway zu verdanken. Er beurteilte 1892 den Berg als »gut ersteigbar, wenn der obere Teil des Südwestgrates erreicht werden kann«. Dieser Hinweis erwies sich als richtig: 1947 wurde der Südwestgrat von einer britisch-schweizerischen Gruppe bis etwa 6200 m begangen. Und 1954 drang eine Expedition unter Leitung des Schweizers Alfred Tissières sogar bis zum »Mönchshaupt« (Monk's Head) vor. Dieser 6340 m hochgelegene Platz ist ein »strategisch« wichtiger Punkt, denn dort stoßen Südwestgrat und Südwestrippe bzw. -sporn aufeinander. Mit dem Erreichen des »Mönchshauptes« sind auch die größten Schwierigkeiten, eine 300 m hohe Eiswand, bewältigt.

In den folgenden Jahren wird der britische Marineflieger-Major Mike Banks zum verbissenen Angreifer am Rakaposhi. 1956 stößt er bis in 7160 m vor. Dann zwingt ihn das schlechte Wetter, für das der Rakaposhi bekannt ist, zur Umkehr. Banks bringt aber wertvolle Erkenntnisse mit: Am »Mönchshaupt« müßten sechs Mann stationiert werden, um Aufstieg und Rückzug der Gipfelgruppe zu sichern.

Zwei Jahre später, im Mai 1958, kommt der 35jährige Banks wieder zum Rakaposhi, und zwar als Leiter der »Britisch-Pakistanischen Armee-Expedition«. Sie besteht aus neun Offizieren. Tom Patey, ein erfolgreicher Alpinist und 1956 Erstbesteiger des 7273 m hohen Mustagh Tower, ist Expeditionsarzt. Warwick Deacock und Mills waren 1955 in der Arktis, Richard Brooke hatte letzten Winter mit Hillary in der Arktis verbracht; Dickie Grant, Ausbilder von Kommando-Truppen, ist ein vorzüglicher Kletterer. Besonders wichtig für das Unternehmen war die Teilnahme von Captain Raja Aslam, einem Onkel des einflußreichen Mir (Fürsten) von Hunza. Brooke und John Sims arbeiten als Vermessungs-Offiziere.

Von Gilgit geht es durch die Hunza-Schlucht in nördliche Richtung zum Rakaposhi. Am 20. Mai ist der Haupttrupp der Mannschaft im Basislager auf einer seitlichen Moräne des Kunti-Gletschers in 4270 m. Banks und Patey errichten an einer kleinen Schulter in einem 45 Grad steilen Hang das Lager I (5300 m). Richard Brooke berichtet:

Die Route oberhalb vom Lager I sah vielversprechend aus, doch mußten wir die Gewißheit haben, daß sie gut begehbar war, bevor wir mit dem Lastentransport zum Lager I begannen. In einigen Tagen erwarteten wir fünf Jaglot-Träger, die uns beim Transport helfen sollten; bis dahin mußten wir Bescheid wissen.

Um den mühevollen Transport von Übernachtungszeug zum Lager I und um eine weitere vermutlich qualvolle Nacht dort zu vermeiden, entschloß sich Patey, der fähigste und schnellste Mann des Teams, die Erkundung direkt vom Basislager aus durchzuführen. Ich ging mit ihm. Am 22. Mai verließen wir kurz nach sechs Uhr das Basislager und kletterten auf hart gefrorenem Schnee eilig die Rinne zum Lager I hinauf, wo wir nach zweieinhalb Stunden ankamen. Wir rasteten und stiegen weiter. Wir machten uns an eine lange, nach rechts hin ansteigende Traverse im Tiefschnee, die den oberen Rand eines riesigen Schneefelds entlang- und nahe an den Hängegletscher heranführte; dann stiegen wir im Schnee steil bergan, wobei wir uns links hielten und einen auffallenden haifischflossenförmigen Felsen auf einer Rippe ansteuerten, die zum Grat führte. Patey stieg die ganze Zeit voraus, während ich — mit immer nur zwei Schritten und dann einer Pause! — sehr langsam und weit hinten nachfolgte. Wir erreichten zirka 5670 Höhenmeter, und vom Grat trennten uns noch 120 bis 150 m; die Route vor uns war klar einzusehen. Der Anstieg hinter uns war durchaus trägergeeignet. Abgesehen von der langen Traverse war er, wenn auch nicht übermäßig, so doch durchwegs steil und exponiert, doch ließ er sich leicht mit fixen Seilen sichern. Schließlich hatten wir diesen Abschnitt mit zirka 300 m fixen Seilen ausgestattet.

Rakaposhi über dem Hunzatal. Der Berg beherrscht
das obere Hunzatal und die Ortschaft Baltit.
Alle Orte dieser Gegend sind Oasen. Die
Bewässerungskanäle sind mit Pappeln gesäumt.

Vier Tage später kamen wir für einen weiteren langen Tag vom Basislager herauf, um fixe Seile anzubringen. Dieses Mal fühlten wir uns beide wesentlich besser in Form, und wir waren fest entschlossen, den Grat zu erreichen. Oberhalb der »Haifischflosse« machte der Schnee, der seltsame Geräusche von sich gab, uns beide etwas mißtrauisch, doch törichterweise schenkten wir dem nur geringe Aufmerksamkeit. Wenn wir den Grat schafften, konnten wir die fixen Seile an einem Felsen verankern und so unseren Rückzug sichern. Ungefähr 90 m oberhalb der »Haifischflosse« zeigte sich Patey, der 15 m über mir war, ernstlich beunruhigt. Ich riet ihm, sich einige Meter links zu halten und den Kamm der Felsrippe selbst zu erklimmen. Kaum hatte er das getan, als sich vom Kamm der Rippe 30 m über ihm überraschend plötzlich eine mindestens 30 cm dicke Preßschneelawine löste. Der glatte Anriß ließ mich zumindest vermuten, daß es sich um Preßschnee handelte, doch wir hatten Glück, denn es waren keine großen kompakten Blöcke, sondern kristallartiger Schnee, der auf uns herabstürzte. Wir hatten beide einen guten Standplatz, das Eisbeil sicher verankert. Instinktiv warf ich mein ganzes Körpergewicht auf das Beil, das dadurch so tief wie möglich in den Schnee getrieben wurde, und Kopf und Schultern preßte ich gegen den Hang. Ich spürte, wie sich der Schnee auf mir türmte und wartete nur darauf, vom Hang fort- und hinabgerissen zu werden. Zu meiner Überraschung war ich noch da, als es vorbei war — und auch Patey war noch da. Zum Glück hatte uns die Lawine auf der Rippe erwischt, von wo aus sie zu beiden Seiten hinabgestürzt war und an den Hängen eine ganze Menge Schnee mitgerissen hatte. Der Schnee, der in unserer Höhe die Rippe bedeckte, hatte sich in Bewegung gesetzt und hätte uns fast in die Tiefe gestoßen, doch war es uns, die wir uns still und steif machten, gelungen, diese Bewegung eben noch zum Halten zu bringen. Der Schnee, in dem wir standen, schien bei jeder Berührung abfahren zu wollen. Einen Augenblick lang brachten wir vor Schreck keinen Ton heraus. Wir standen stockstell. Jede Bewegung schien die Katastrophe herauszufordern. Schließlich nahmen wir uns zusammen und be-

schlossen abzusteigen. Patey sicherte das Seil am Schaft seines Beils und rutschte zu mir herab. An den Seilen, die wir beim Aufstieg angebracht hatten, stiegen wir dann vorsichtig ab.

Banks, Sims und drei Träger befanden sich im Lager I und hofften, am Tag darauf Lager II errichten zu können, doch offensichtlich mußte das verschoben werden. Mittlerweile hatte man den Nachschubtransport zum Lager I mit Hilfe der Jaglot-Träger fast abgeschlossen. Die ersten 30 m der Rinne unterhalb von Lager I waren so abschüssig wie keine andere Strecke der Route am Berg. Ein fixes Seil hing hier hinab, und trotz der Steilheit schafften die Jaglot-Leute auch diesen Abschnitt mit Erfolg.

Schlechtes Wetter setzte ein. Lager I war nun vollständig versorgt, und so lag es auf der Hand, daß wir zum Anstieg ansetzen mußten. Am 1. Juni brachen Patey, Grant, Sims und ich auf, um im Lager I zu übernachten, und am nächsten Tag sicherten wir die restliche Strecke zum Grat mit Seilen. An diese Aufgabe machten wir uns mit entsprechender Vorsicht, und oberhalb der »Haifischflosse« seilten wir uns mit je 30 m Abstand an. Patey und ich begannen uns unsicher zu fühlen, als Sims als Seilletzter seine Sicherung am Fels aufgeben mußte. Die Anrißlinie der alten Lawine war noch klar sichtbar, und auch dieses Mal war der Schnee von zweifelhafter Qualität. Mit dem Grundsatz »Je eher desto besser« erkletterte Patey die letzten 30 m mit rasender Geschwindigkeit. Ich kam mit dem Seilnachgeben fast nicht nach.

Wir hatten den Grat ungefähr 30 m von seinem niedrigsten Punkt entfernt erreicht. Nachdem wir alle oben waren, machte Patey, den ich nachsicherte, auf dem schrägen Grat einige Schritte. Schon nach dem ersten oder zweiten Schritt zischte der Schnee oberhalb des alten Lawinenanrisses keine paar Meter neben unseren Beinen in die Tiefe. Wir lösten so viele Lawinen wie möglich, doch waren es keine großen mehr. Nachdem wir das fixe Seil gesichert hatten, gingen Patey und ich den Grat entlang zu der Felseninsel, die sich, so meinten wir, für Lager II eignete. Als wir ins Lager I zurückkehrten, waren dort alle übrigen Expeditionsteilnehmer

*Der Rakaposhi. Rechts unterhalb des Gipfels
der Monk's Head, von dem der Aufstieg über den
Grat erfolgte.*

mit den Trägern fertig zum Aufstieg. Patey und ich stiegen zum Basislager ab, um uns dort auszuruhen. Es war ein nervenaufreibender Klettertag für uns gewesen.

Am 3. Juni wurde Lager II errichtet. Banks, Sims, Mills und Deacock übernachteten dort und beabsichtigten, die Route über den Gendarm zu erschließen. Doch am 4. und 5. schneite es. Die Träger, geführt von Shah Khan, brachen am 5. frühmorgens auf, noch bevor sich das Wetter verschlechterte, und so schafften sie einen Nachschubtransport. Das Team von Lager II stieg direkt zum Basislager ab. Die Träger blieben im Lager I.

Im Basislager gab's nichts als Schnee, und es blieb einem nichts anderes übrig, als im unangenehm zugigen Gemeinschaftszelt herumzusitzen und zu lesen. Die ganze Nacht vom 5. auf den 6. Juni fiel nasser Schnee, und auch am Morgen hörte es nicht zu schneien auf. Als wir langsam und trübsinnig unser Frühstück beendeten, erbebte das Zelt — und wir mit ihm — von einer gewaltigen Bö windgetriebenen Schnees, der in jeden Winkel des Zeltes drang. Eine ansehnliche Lawine war eine der Rinnen in den Felsstürzen hinter dem Basislager herabgekommen und zirka 15 m vom Gemeinschaftszelt zum Halten gekommen. Später an diesem Morgen kamen ein erzählfreudiger Shah Khan und Aslam mit den Trägern herab. Am oberen Ende der Rinne unterhalb von Lager I hatte sie eine Lawine erwischt, die sie gute 400 m abwärts gerissen hatte, bis in die Höhe von Tilmans Lager I. Wie durch ein Wunder war niemand ernstlich verletzt. Es befriedigte uns, daß die Moral der Träger ungebrochen war. Am nächsten Tag klarte es auf, und wir stiegen hinauf, um nach einem Teil der verlorengegangenen Ausrüstung zu suchen. Da entdeckten wir, daß eine Riesenlawine vom Gratkamm her durch das ganze Becken gefegt und auf dem Kunti-Gletscher liegengeblieben war. Die Überreste lagen zirka 1,5 m hoch, und die Blöcke gefrorenen Schnees waren so groß wie ein Sessel. Wäre diese Lawine auf sie herabgestürzt, es wäre um sie geschehen gewesen.

Da sie annahmen, daß die gefährlichen Lawinen bereits abgefahren waren, stiegen Banks, Sims, Mills und Deacock am nächsten Tag, dem 8. Juni, zum Lager I auf. Die Träger brauchten einen Ruhetag, so daß wir — das waren Patey, Grant, Shah Khan und ich — mit ihnen am 9. nachfolgten; an diesem Tag belegte Banks Team Lager II. Leider fühlte sich Captain Aslam nicht wohl, so daß er im Basislager zurückbleiben mußte. Sahib Shah, der Landmesser, der die meiste Zeit unabhängig von der Expedition arbeitete, kam mit seinem Meßtisch und seinen Instrumenten ebenfalls herauf. Zwei Tage später machte er vom Lager II aus eine ganze Basismeßstrecke von 100 Fuß — eine gewaltige Leistung und sein eigener Höhenrekord.

Das schönste Wetter hatten wir in den nun folgenden Tagen. Die Besteigung ging voran. Jeden Tag gab es Transporte zum Lager II, und die Sahibs schleppten, wie schon zu Beginn, 14—18 kg schwere Lasten. Statt 3 brauchten wir nun nur mehr 1³/4 Stunden für den Aufstieg. Am 10. sicherte Banks Team den Gendarm mit fixen Seilen, dann begannen sie Lasten nach drüben zu tragen. Auf dem Grat lag tiefer Schnee, und das Ende der Fixseile lag unter einem Meter Neuschnee begraben.

Am 14. Juni stiegen Patey, Grant und ich vom Lager I direkt zum Lager III auf, um dort zu übernachten; es war ein langer, heißer und erschöpfender Tag. Auch Sims kam herüber, um im Lager III zu schlafen. Der Verlauf der Route über den vielberedeten Gendarm war interessant. Die Ostflanke des Gendarm wies eine 1,20 m tiefe L-förmige Rille mit festem Boden auf, die bis einige Meter unter den Kamm reichte. Wir beseitigten alle Schwierigkeiten, indem wir für ein Seilgeländer sorgten, an dem wir, um unserer zusätzlichen Sicherheit willen, Karabiner und Hüftsicherung einhängten. (Als die Träger herüberkamen, ergriffen sie dieselbe Vorsichtsmaßnahme, von der sie sehr begeistert waren. Wir seilten sie nicht an.) Es war eine stark exponierte Traverse über dem fast senkrechten Abbruch zum Kunti-Gletscher, der etwa 1200 m unter uns lag; es lag auf der Hand, daß Sims, der im tiefen mehligen Schnee ohne sichere Pickelsicherung spurte, eine prächtige Leistung vollbrachte. An der anderen Seite fällt der Gendarm in zwei steilen, aber direkten Stufen ab. Die untere Stufe ist die steilere und höhere, und die Lasten wurden an ihr gewöhnlich mit einem Seil hinabgelassen und unten von den Insassen von Lager III in Empfang genommen. Dadurch wurde denen, die ins Lager II zurück mußten, ein ermüdender Ab- und Aufstieg erspart.

Am nächsten Tag sicherten wir die unteren zwei Drittel des Monk's Head mit Seilen, dann ging uns das Seil aus. Unsere Route verlief, wie die unserer Vorgänger, mehr oder weniger an der linken Kante entlang. Sie führte (mit 40 bis 50 Grad) unerbittlich steil nach oben, wo sie noch etwas stärker anstieg. Auf der Strecke, die wir machten, war der Schnee gut, obgleich Patey und ich wie gewöhnlich zunächst Zweifel hatten. Seit unserem Lawinenerlebnis machte uns alles, was tiefer Schnee war, mißtrauisch.

Am selben Tag stiegen die Träger zum Lager II auf, um dort zu übernachten, doch setzten sie ihren Weg sogleich fort, um leichte Lasten über den Gendarm zu transportieren, die wir am nächsten Tag abholten — insgesamt eine großartige Leistung. In der Nacht und am Morgen darauf schneite es, doch nachmittags kam Banks Team vom Lager II herüber, um bei uns zu übernachten; sie brachten Fixseile mit. Patey und ich, gefolgt von Mills und Deacock, die einen Teil der Seile trugen, sicherten am nächsten Tag die restliche Route am Monk's Head. Sims und Grant kehrten zum Lager II zurück, um die Träger zu holen. Am Gendarm mußten sie sich mühsam durch tiefen Neuschnee kämpfen, und etwas weiter machten sie die unangenehme Erfahrung, daß sich unter ihren Füßen hintereinander vier Preßschneelawinen lösten.

Am 19. Juni — das Wetter war schlecht, und es schneite — wurde ein Ruhetag eingelegt und der Endaufstieg vorbereitet. Am nächsten Tag ging's los. Wir hatten nur fünf Träger, von denen jeder an die 20 kg trug, doch das reichte gerade, vorausgesetzt jeder Sahib transportierte neben seiner persönlichen Ausrüstung den Proviant für vier Tage. Leider ging es Shah Khan nicht gut, und er mußte im Lager zurückbleiben; unsere Stärke oberhalb des Monk's Head wurde folglich von acht auf sieben Mann reduziert.

Tiefer Schnee verwischte alle bisherigen Spuren. Grant und ich, die wir vor den anderen aufbrachen, stapften mühselig bis zum Fuß des fixen Seils. Als uns nur mehr einige Meter vom Seilbeginn trennten und wir uns durch den hüfttiefen Schnee kämpften, brach unter dem Bergschrund direkt über uns eine kleine Preßschneelawine los, bestehend aus schweren Blöcken, die 60 m den Hang hinabrutschten und uns fast mitgerissen hätten. Das ließ uns an der Sicherheit der Hänge über uns zweifeln. Wir setzten uns hin und warteten auf Banks und Patey, die nicht mehr weit waren. Wir mußten sowieso etwas rasten. Patey, tatkräftig wie immer, seilte sich an und ging die Route erkunden. Es gelang ihm, noch etwas mehr Schnee loszulösen, doch fand er, daß sich auf der Route selbst so gut wie kein Schnee angehäuft hatte. Allerdings waren alle Stufen verschwunden, und es war ein mühseliges Geschäft, sie noch einmal, nun zum dritten Mal, zu schlagen, zumal jeder von uns eine schwere Last schleppte. Zwar herrschte Lawinengefahr, doch der Schnee war locker. Das bedeutet für den Führer schwere Arbeit, während es denen nach ihm leicht gemacht wird. Ob uns unsere Hunza-Träger bei hartem, vereistem Schnee so weit begleitet hätten, ist zweifelhaft. Wahrscheinlich ja, da fixe Seile ihr ganzes Vertrauen haben und in ihren Augen eine gewaltige Hilfe darstellen. (Alles in allem benötigten wir zirka 3000 m Fixseil.) Unter Captain Shah Khans Einfluß machten sich unsere Hunza-Träger prächtig, und wenn wir gewollt hätten, hätten wir sie in wesentlich größere Höhen mitnehmen können.

Als wir das Ende der fixen Seile erreichten, hatten sich Wolken zusammengezogen, und es begann etwas zu schneien. Es ging ein eisiger Wind. Der Weg zur Spitze des Monk's Head war lang und mühselig und führte durch knietiefen Schnee. Alle zwanzig Schritte (das galt auch für die Träger) trat der, der gerade spurte, zur Seite, um den nächsten an die Spitze zu lassen. Den eigentlichen Gipfel des Monk's Head erreichten wir um 16 Uhr. Wir hatten gehofft, eine ganze Strecke weiter, am Fuß der ersten großen Stufe zum Rakaposhi, kampieren zu können, doch es blieb keine Zeit mehr zum Weitermarsch. Wir hatten reichlich Raum für unsere Zelte, doch war der Platz dem Wetter ausgesetzt. Wir schickten die Träger sogleich zurück. Sie hatten hervorragende Arbeit geleistet.

Das Wetter war am folgenden Morgen schlecht und wurde immer schlechter. Nachdem wir einen Großteil des Vormittags unschlüssig vertrödelt hatten, beschlossen wir, den Lagerplatz zu verlegen. Wir hatten zu viele Ausrüstungsgegenstände, als daß ein Weg gereicht hätte; daher transportierten wir zunächst persönliches Zeug und ein Zelt, das wir am Fuß der ersten Stufe aufbauten. Dann eilten wir im rapid sich verschlechternden Wetter zurück und bepackten uns für die zweite Tour. Der Wind blies jetzt heftig, und die Sicht war fast gleich Null. Unsere Spuren füllten sich fast sofort wieder mit Triebschnee. Patey, der führte, fand den Rückweg, indem er unter der uniformen Oberfläche dem harten Schnee unserer alten Spuren folgte. Was für eine Erleichterung, als wir in der trüben Undurchdringlichkeit das einsame Zelt auftauchen sahen. Wir kampierten in einem zunehmenden Sturm, der die ganze Nacht anhielt.

Am nächsten Morgen stürmte es immer noch so sehr, daß ein Aufbruch undenkbar war; doch nach einigen Stunden ließ der Sturm nach, und der Nachmittag war ruhig. Bei einem kurzen Ausflug oberhalb des Lagers hatte Patey auf dem Gipfel des Monk's Head einige schwarze Punkte bemerkt. Während Patey und Grant nachmittags Stufen in die Hänge oberhalb des Lagers schlugen, kehrten die anderen zum Monk's Head zurück. Dort stießen sie auf ein Zelt und einige Lebensmittel. Später erfuhren wir, daß es Shah Khan wieder besser gegangen war und er am Tag zuvor für diesen Nachschub gesorgt hatte, doch hatte er das Lager verlassen gefunden. Er kann uns um höchstens eine Stunde verfehlt haben. Ich blieb im Lager zurück, um das Material endgültig auseinanderzusortieren.

Am nächsten Tag (es war der 23. Juni) errichteten wir in zirka 7000 m Höhe Lager V in einem Grateinschnitt. Die Route führte, obgleich an manchen Stellen recht steil, direkt den immer schmaler werdenden, abgerundeten Schneegrat hinauf, wobei die letzten 150 m zwar recht exponiert, aber aus gutem, hartem, windgepreßtem Schnee waren. Dieser Aufstieg dauerte ungefähr 5½ Stunden. Banks, Patey,

Grant und ich blieben oben, während Sims, Mills und Deacock, die für uns getragen hatten, abstiegen. Am nächsten Tag errichteten wir am Rand der großen Gletscherterrasse unter der Gipfelpyramide in zirka 7300 m Höhe Lager VI. Wir folgten einer unschwierigen Rippe mit zerbrochenem Gestein, für uns eine angenehme Abwechslung zum Schnee. Obgleich es ein schöner Morgen war, blies ein bitterkalter Wind. Patey machten seine Hände Sorgen, und Grant und ich mußten die Stiefel ausziehen, um unsere erstarrten Füße zu reiben. Wir umgingen den oberen Pfeiler, der zur Linken steil aus dem tiefen Schnee ragte. Ich führte, als wir wieder Schnee vor uns hatten. Im unteren Teil mußten Stufen geschlagen werden. Obgleich ich an diesem Tag sehr schlecht und viel langsamer als die anderen gestiegen war, fand ich dennoch die Energie zum Stufenschlagen, ja es machte mir in der Tat Spaß. Langeweile und Müdigkeit sind im Himalaya fast gleichbedeutend, so daß ich am liebsten führte, vor allem dann, wenn diese Arbeit mit kleinen technischen Schwierigkeiten verbunden war. Es befriedigt und stimuliert sogar das Stufenstampfen im tiefen Schnee, ein Gefühl, das den Nachfolgenden versagt bleibt; ein Gefühl auch, als bekämpfte man den Berg, anstatt ihn zu besteigen.

Nach 20 m Tiefschnee, in den wir unter der Führung von Banks und Patey Stufen stampften, gelangten wir oberhalb der Felsen zum Rand des großen Gletscherbandes. Dort schlugen wir unser Lager auf. Der Gipfel schien sehr nah, und wir erwogen ernsthaft, ob wir ihn nicht sofort angehen sollten. Nun, da der Gipfel direkt vor uns lag, hatte sogar ich das erregende Gefühl, diesen letzten Abschnitt (meinetwegen mit Hilfe eines Dextrins) schaffen zu können. Was für ein Irrtum! Vom Gipfel trennte uns noch ein großes, seichtes Firnbecken. Noch von Darbar aus hatten wir das bemerkt und sogar erwogen, Lager VI auf der Endpyramide selbst zu errichten, doch nun schienen wir es vergessen zu haben. Tatsächlich war es unmöglich, mit dem Lager VI noch weiter in den konturenlosen Schnee vorzustoßen, da wir keine Markierungswimpel mehr hatten, so daß wir bei schlechtem Wetter die Abstiegsroute verfehlen konnten.

Zum Glück behielt die Klugheit die Oberhand, und wir beschlossen, nach dem Originalplan vorzugehen. Grant und ich stiegen bei heftigem Wind zum Lager V ab. Wir hofften, von hier aus die Gipfelbesteigung am nächsten Tag direkt zu schaffen, da das erste Zweierteam bereits vorgespurt haben würde. Doch am nächsten Tag herrschte ein heftiger Sturm, der vom Kamm große Schneefahnen blies. Wir zogen los, kehrten aber bald um. Im Kampf gegen den Sturm hätten wir uns nur selbst kaputt gemacht.

Am Tag darauf stürmte es sogar noch heftiger, so daß wir einen weiteren Tag tatenlos zubringen mußten. Am Vormittag riß ein gewaltiger Windstoß den hinteren Zeltpflock heraus, so daß das Zelt zusammenfiel und über unseren Köpfen hin- und herschlug. Grant kroch hinaus und schlug den Hering mit einem Eisbeil fest. Als er das Spannseil straffte, warf sich ein weiterer heftiger Windstoß aufs Zelt, der die Firstnaht aufriß. (Das Zelt war alt, und wir hätten es gar nicht erst mitnehmen sollen — aber es war so leicht!) Unter diesen Umständen konnten wir es lediglich notdürftig reparieren. Es war kein Verlaß mehr darauf, und die Aussicht, es könnte mitten in der Nacht völlig zerreißen, war nicht angenehm. Daher beschlossen wir, abzusteigen und am nächsten Tag ein anderes Zelt heraufzuschaffen.

Es überraschte uns, daß wir so erschöpft waren. Eineinhalb Tage Inaktivität in dieser Höhe hatten unsere Kräfte verbraucht. Unser Appetit ließ noch nichts zu wünschen übrig, doch unsere mageren Höhenrationen, von denen wir nun fast schon eine Woche lang gelebt hatten, enthielten nichts mehr, was diesen Appetit hätte befriedigen können.

Der steile, exponierte Schneehang unter dem Lager war vom Wind eisenhart aufpoliert worden. Als ich nach unten Stufen schlug, bedauerte ich es wehmütig, daß wir unsere Steigeisen unüberlegterweise im Lager VI gelassen hatten. Grant, der das Stufenschlagen vorzog, zog sich an den Füßen Quetschungen und Erfrierungen zu. Mitte Nachmittag erreichten wir Lager IV, wo Sims, Mills und Deacock warteten. Dort ging kein Wind, und später senkte sich eine Nebeldecke auf den Berg.

Es war spät abends, als Banks und Patey mit der wunderbaren Neuigkeit herunterkamen, daß sie am Vortag (also am 25. Juni) in schrecklichem Wind und Schneegestöber den Gipfel erreicht hatten. Schwierigkeiten hatte es zwar keine gegeben, doch hatte sich der Weg über das Firnbecken und die langen Schneehänge bis zu den Felsen enorm hingezogen. Sie versuchten die Felsen so bald wie möglich zu erreichen, um wärmere Füße zu bekommen. Nach zirka 100 m mühseligen Kletterns gelangten sie auf den Gipfelgrat, von wo sie noch an die 200 m vom Gipfel trennten. Dieser Grat erwies sich zum Teil als regelrechter Reitgrat, mit einem offenbar vertikalen Wandabsturz auf der anderen Seite, nach Hunza hin. Sie legten den Arm über den Gratkamm und stiegen die unschwierige Südseite entlang. Nach einem 5½-stündigen Aufstieg vom Lager erreichten sie schließlich den Gipfel.

Die kleinen Flaggen, die, das ist gewöhnlich Prestigesache, auf dem Gipfel fotografiert werden sollten, waren von uns vernünftigerweise im Basislager gelassen worden. Zum Fotografieren war es sowieso zu kalt und zu windig, obgleich Banks alles tat, um den Augenblick festzuhalten. Patey stieß auf eine Felsplatte mit weicher Oberfläche, in die er BPFHE 1958 einkratzte. Er placierte sie auf den Grat, so daß sie der Sonne zugekehrt war und einen Meter unterhalb und dreieinhalb Meter vom Gipfel entfernt lag. Dabei quetschte er sich die Finger der einen Hand, die starr vor Kälte waren. Sie waren völlig gefühllos, und als er das Lager erreichte, machte er die überraschende Entdeckung, daß er sie sich böse erfroren hatte.

Am folgenden Tag stürmte es schlimmer denn je, und obgleich fest entschlossen abzusteigen, warteten sie bis Mittag, in der Hoffnung, der Sturm würde nachlassen. Er ließ nach, allerdings erst weiter unten. Eine Zeitlang irrten sie in dichtem Nebel oberhalb der Gletscherspalten bei Lager V herum, wo sie pfiffen und riefen, um uns auf sich aufmerksam zu machen, aber wir waren ja bereits abgestiegen. Schließlich kamen sie jedoch klar, und sie erreichten Lager V, wo wir ihnen eine Nachricht hinterlassen hatten. Der Abstieg von dort zum Lager IV war eine glatte, aber erschöpfende Sache.

Tirich Mir 7708 m

Der höchste Hindukuschgipfel

Der Hindukusch ist ein Hochgebirge in Afghanistan und Pakistan, ein junges Faltengebirge, das vom Pamir in südwestliche Richtung verläuft. Es erreicht im Tirich Mir seine höchste Höhe. Dieser aus Granit aufgebaute Bergstock liegt etwa 240 km nordwestlich des Nanga Parbat und ist von Kabul und Peshawar nahezu 300 km entfernt.

Der Hauptgipfel des Tirich Mir entsendet ausgeprägte Grate in alle vier Himmelsrichtungen; nach Norden hin zum Tirich Nord, nach Osten zum Ostgipfel, nach Süden zum Three Glacier Peak und nach Westen zur Khada Barma. Zwischen diesen Kämmen sind mächtige Gletscherströme eingelagert.

In den Tälern rund um den Tirich Mir ist die Vegetation spärlich und wassergebunden. Die Felder sind terrassenförmig angelegt und werden künstlich bewässert. Die Menschen wohnen in primitiven Steinhütten und leben hauptsächlich von der Landwirtschaft. Das Hauptnahrungsmittel ist, wie auch vielfach im Himalaya, das »Tschapatti«, ein kreisrundes Fladenbrot, das aus Mehl, Salz und Wasser zubereitet und auf einem besonderen Blech über offenem Feuer gebacken wird.

Die ersten Bergsteiger am Tirich Mir waren Briten im Jahre 1939. Sie versuchten von Süden über den Owir-Gletscher an den Berg heranzukommen, gelangten aber nur bis zum 6700 m hohen South Glacier Peak, von dem der drei Kilometer lange Südgrat zum Hauptgipfel führt. Erst zehn Jahre später, 1949, erkunden Norweger unter Arne Naess den Südlichen Barum-Gletscher, der durch einen Kamm vom Owir-Gletscher getrennt ist.

Das norwegische Bergsteigen befindet sich zu dieser Zeit in einem Anfangsstadium. Über große Erfolge der Nordländer ist in Mitteleuropa wenig bekannt. Dabei wäre den Norwegern Monrad Aas und C. W. Rubenson schon 1907 beinahe ein ganz großer Wurf gelungen, nämlich der 7338 m hohe Kabru an der Grenze Sikkim/Nepal. Sie kamen bis ungefähr 50 m an den Gipfel heran, der dann erst 1935 von dem Engländer C. R. Cooke bestiegen wurde.

Der Kopf der Hindukusch-Expedition 1950 ist Arne Naess, ein außergewöhnlicher Mensch. Er promovierte mit 24 Jahren zum Doktor der Philosophie. Mit 27 wurde er zum Professor an die Universität berufen, als zweitjüngster in der norwegischen Geschichte. Nach einer amerikanischen Untersuchung steht Naess, von dem Freunde sagen, er sei der vergeßlichste Mensch, an siebter Stelle der zwanzig intelligentesten Männer der Welt.

Im Juli 1950 trifft Naess im nördlichen Pakistan ein, um den Eisriesen Tirich Mir anzugehen. Seine Begleiter sind H. C. Bugge, Henry Berg, Per Kvernberg, Captain Tony Streather und F. Vogt-Lorentzen. Zu diesem Zeitpunkt gibt es im Himalaya nur drei bestiegene Gipfel, die höher sind als der Tirich Mir: Annapurna, Nanda Devi, Kamet.

Über die Ereignisse am Berg erzählt Arne Naess:

Am 11. Juni erreichten wir die Zunge des Südlichen Barum-Gletschers und errichteten am 27. Juni unser vorgeschobenes Basislager auf dem oberen Plateau des Gletschers in einer Höhe von ca. 5430 m, nicht weit von der Stelle entfernt, an der wir 1949 Lager VI aufgeschlagen hatten.

Am 29. Juni erkundeten wir den südöstlichen Grat und mußten feststellen, daß dort die Verhältnisse im Vergleich zu 1949 zur Zeit wesentlich schlechter waren.

Am 3. Juli errichtete man Lager V in einer Höhe von ca. 5800 m und begann mit der Erkundung des oberen S-Gletschers. Wir hatten bald herausgefunden, daß im Gegensatz zu 1949, als nur die Gefahr bestand, daß Lawinen von Eistürmen und überhängenden Gletschern auf die möglichen Routen über den steilsten Teil des Gletschers hinabstürzen könnten, sich der Gletscher in diesem Jahr sehr viel lebhafter zeigte und donnernde Eismassen ins Tal schickte. Man mußte damit rechnen, daß jeder Quadratzentimeter des steilsten Teils mindestens einmal täglich von Lawinen überschüttet wurde. Dies war zuviel, wenn man berücksichtigte, daß ständig Transporte von Lager V zum Südgrat gebracht werden mußten und daß Neuschnee die Lawinengefahr erhöhte. Daraus mußten wir die niederdrückende Schlußfolgerung ziehen, daß die geplante Route aufgegeben werden mußte.

Hier befand sich die Expedition in einem kritischen Stadium. Beide Grate entlang den Flanken des Südlichen Barum-Gletschers hatten uns enttäuscht, woraus sich ergab, daß wir den Versuch machen mußten, einen direkteren Weg über die Wände der Tirich-Pyramide einzuschlagen.

Doch dieser Augenblick ließ auch die Erwägung der dritten angedeuteten Möglichkeit zu, nämlich des sehr verführerischen Kurzaufstiegs zum Gipfel des Tirich Mir.

Vom Lager V und vom oberen S-Gletscher aus sieht man einen dünnen, kleinen Schneegrat oder eine hervorspringende, verschneite Rippe aus den Gipfelwänden des Tirich Mir herausragen, vor allem von der Umgebung des Lagers V aus ein sehr verlockender Anblick. Bis zu einer Höhe von mindestens 6400 m ist der Anstieg scheinbar sehr einfach. Danach scheint eine herrliche Querung eines steilen, aber sehr glatten, die Hauptwand des Tirich Mir einnehmenden Gletschers notwendig zu werden. Anschließend kommt eine letzte, sehr steile, zum Teil felsige Strecke bis zum oberen Teil des Südgrates in einer Höhe von ca. 7000 m, vielleicht auch 7100 m.

Sollten wir uns für einen Versuch entscheiden? Bei sicherem Wetter und gestützt auf die beruhigende Erfahrung mit lawinensicherem Kegelgratschnee ist es fast unmöglich, dem Gefühl zu widerstehen, daß die 3. Route der ideale Kurzaufstieg zum Gipfel ist. Wenn das Wetter jedoch umschlüge und ein richtiger Schneesturm oberhalb 6400 m oder, noch schlimmer, auf dem Gipfelgrat einsetzen würde, so könnte dies eine Katastrophe bedeuten. Für die Traverse und mehr noch für den entscheidenden Aufstieg zum Gipfelgrat besteht große Lawinengefahr. Da der Sturm von W oder NW käme, würden sicherlich enorme Schneemassen über den sehr breiten Gipfelgrat gefegt werden und über die glatten, steilen Flanken hinunterstürzen, die wir zu queren hätten. Sollte es Anzeichen für einen Wetterumschlag geben, wäre ein schneller Abstieg zum Lager V auf ca. 5800 m Höhe auch aus einer Höhe von ca. 7300 m möglicherweise durchführbar, doch ich fühlte, daß uns, wenn wir einmal so weit oben waren, keine Anzeichen für einen Sturm mehr davon abhalten könnten, eine Gipfelbesteigung zu versuchen. Wir

wären einfach zu ungeduldig und der harten Arbeit in niedrigeren Höhen zu überdrüssig, um bloße Anzeichen ernstnehmen zu können. Da oben könnte uns nur noch ein richtiger Sturm aufhalten, und dann wäre es zu spät.

Am 6. Juli brachen Bugge und ich zum ersten Teil der 3. Route auf; in einer Höhe von ca. 6100 m trafen wir auf eine etwa 60 m hohe Stufe an der scharfen Schneekante. Der Schnee reichte uns bis zur Taille. Es war möglich, an der Oberfläche etwa ein bis zwei Meter zu schwimmen. Doch dann konnten wir nicht immer das sehr schmale Eis unter dem Schnee finden, so daß wir Gefahr liefen, nach der einen oder anderen äußerst steilen Seite wegzurutschen. Selbst in den europäischen Bergen deutet dies auf Lawinengefahr hin.

Da ich im letzten die Verantwortung trug und auch derjenige war, der alle Wetterberichte früherer Expeditionen gelesen hatte, entschloß ich mich, meine Empfehlung, die 3. Route aufzugeben, nicht zurückzuziehen. Die Entscheidung der anderen, die Route nochmals zu erkunden, war jedoch gut, und wenn sie zu der Ansicht kämen, daß das Risiko eingegangen werden sollte, war ich bereit, mich ihnen anzuschließen, da die Verantwortung dann von allen geteilt würde.

Der nächste Tag war dann einer der fröhlichsten, die wir während unserer ganzen Reise erlebten. Mit Captain Streather erstieg ich einige sehr steile Felsen zwischen dem Südlichen Barum-Gletscher und der 3. Route. Es war erstaunlich, wie sich die Felskletterei mit anstrengenden Klimmzügen in einer Höhe von ca. 6100 m als weniger anstrengend erwies als das mühsame Voranarbeiten in tiefem Schnee. Captain Streather, der noch nie solch einen Aufstieg mitgemacht hatte, bewies außergewöhnlich starke Nerven. Ihm war sehr daran gelegen, mit uns den Gipfel zu besteigen, und seine ruhigen Nerven konnten natürlich bis zu einem gewissen Grad seine fehlende Klettererfahrung ausgleichen.

Schwerbeladen mit Seilen, Eisbeilen, Steigeisen, Eisschrauben und Schneeschuhen, erreichte die Hauptgruppe den Fuß der etwa 60 m hohen Stufe. Kvernberg empfahl und erprobte

eine merkwürdige Technik. Er befestigte die Schneeschuhe in ungewöhnlicher Weise an seinen Füßen, nahm in beide Hände je ein Eisbeil und überwand die 60 m mit schwimmartigen Bewegungen. Dieser kritische Punkt wurde dann mit fixen Seilen abgesichert.

In bester Stimmung wurde beschlossen, am nächsten Tag einen Gipfelvorstoß über die 3. Route zu versuchen. Schon im Lager IV hatten wir ausgelost, wer den ersten Versuch machen sollte. Berg und Kvernberg waren die glücklichen Gewinner.

Am 8. Juli wurde Lager VI in einer Höhe von ca. 6200 m aufgeschlagen. Da es sich an der Spitze eines überhängenden Gletschers befand, versuchten wir sofort, Sachen zu dem etwas höher auf ca. 6500 m gelegenen Lager VII weiterzuschaffen.

Der erste Tag des Vorstoßes war das genaue Gegenteil des Vortages. Zwei unserer vier Träger verließen uns, und nur ein Träger, der 17jährige Abdul Karim war wirklich in Form. Wir alle, leider auch Berg und Kvernberg, trugen in dem tiefen, weichen Schnee zu schwere Lasten und waren abends alle erschöpft. Wenig später zog sich Bugge eine Lungenentzündung zu, und ein starker, begeisterter Chitral-Kundschafter, der Streather begleitete, wurde in der Nacht wahnsinnig. Er riß ein Zelt in Stücke und versuchte sich und andere in den Abgrund zu stürzen. Er wurde überwältigt, und unser Arzt gab ihm starke Spritzen. Im Hinblick darauf, daß man sich um ihn kümmern mußte und aufgrund der unvermeidlich deprimierenden Wirkung auf die anderen Träger, war nicht daran zu denken, Träger für die Spitzengruppe einzusetzen, die nun zum Südgrat unterwegs war. Wenn wir am Abend nicht zu müde waren, lasen wir zur Unterhaltung Bücher, doch am nächsten Abend bot uns die Natur Unterhaltung in Form eines Erdbebens, dessen Herd sich, wie uns vom Norwegischen Seismographischen Institut später mitgeteilt wurde, am Tirich Mir befand. Durch das Erdbeben lösten sich überhängende Gletscher in nächster Nachbarschaft, und wir konnten uns des Eindrucks nicht erwehren, daß wir in die Tiefe getragen würden, ein Eindruck, der sich glücklicherweise bald als falsch erwies.

Die Spitzengruppe entschloß sich, ohne Träger vorzustoßen, mußte jedoch zwei Tage später (12. Juli) aufgrund von Erschöpfung umkehren. Ihre Traglast von je ca. 18—22 kg war in dem tiefen, lockeren Schnee zu schwer. Sie errichteten jedoch Lager VIII in ca. 6700 m Höhe und bestätigten, daß der Gipfelgrat wahrscheinlich ohne ernste, technische Schwierigkeiten über die 3. Route zu erreichen wäre.

Wir beschlossen, einen zweiten und letzten Versuch über diese Route zu machen. Die Schneeverhältnisse verschlechterten sich rapide. Der Blankeisgürtel dehnte sich langsam, aber ständig in dem Maß aus, in dem Schnee schmolz oder verdunstete, und bald würde man Stufen schlagen müssen, wo wir uns bisher im Schnee vorarbeiten konnten. Auch die Gefahr eines Wetterumschlags vergrößerte sich. 1949 hatten sich gegen Ende Juli Wind, Schnee und Nebel in den oberen Bereichen der Tirich-Mir-Pyramide ständig verstärkt. Auch die Gefahr des Abgangs von Schneelawinen nahm zu.

Aufgrund des Auslosungsergebnisses standen Bugge und ich an 3. und 4. Stelle für den Gipfelvorstoß. Das Penicillin half Bugge, die Lungenentzündung schnell zu überwinden, doch für einen neuen Vorstoß war er natürlich nicht kräftig genug. Man beschloß deshalb, daß Berg seinen Platz einnehmen solle. Inzwischen bereitete Kvernberg einen Eilaufstieg vor. Selbst für zwei Personen waren nicht genügend Träger vorhanden, wenn Berg und ich jedoch mit den zur Verfügung stehenden Trägern nach und nach Lager auf der Zentralpyramide errichteten, wäre ein Eilaufstieg Kvernbergs vor den anderen vom Sicherheitsstandpunkt aus vertretbar. So versuchten wir es mit einer Kombination aus Eilaufstieg und bedächtigem Vorrücken. Streathers Urlaub vom Militärdienst ging zu Ende, so daß er entweder sofort eine Möglichkeit ergreifen oder aber unverzüglich umkehren mußte. Man einigte sich darauf, daß er sich Berg und mir anschließen solle.

Am 20. Juli wurde der Vorstoß von Lager V aus gestartet. Am Nachmittag erreichten wir Lager VII. Die Träger waren in schlechter Verfassung und konnten erst spät am darauffolgenden Tag zum Aufbruch gebracht werden. Lager VIII konnte jedoch erreicht werden, und am 22. Juli wurde Lager

Pik Kommunismus   7482 m

Höchster Gipfel der Sowjetunion

IX in einer Höhe von ca. 7130 m auf dem Gipfelgrat errichtet. Die drei Träger waren an diesem Tag entschlossen, uns zu begleiten, doch wir schickten sie, d. h. zwei Hunza-Träger und den jungen Abdul Karim, in das Lager V zurück. Wir hatten gehofft, zumindest Abdul Karim als Vertreter seines Landes, zum Gipfel mitzunehmen, doch er war erschöpft.

Kvernberg brach früh am Morgen des 21. Juli auf, und als die Hauptgruppe den Gipfelgrat in Höhe von ca. 7100 m erreichte, konnten wir ihn ca. 300 m höher sehen; er hatte die Nacht in einer Höhe von ca. 7200 m im Freien verbracht. Für ihn bestand die Möglichkeit, den Gipfel an diesem Tag zu erreichen, und er nutzte sie aus. Der Gipfelgrat bot keine ernsten, technischen Schwierigkeiten, der Schnee war jedoch sehr tief und tückisch. Nachdem wir einige recht steile, hervorstehende Felsrippen erreicht hatten, gewannen wir trotz schwerer Klimmzüge schneller an Höhe. Abends um 18.20 Uhr erreichte Kvernberg nach 10stündiger Arbeit bei herrlichem Wetter den Gipfel. Um 20 Uhr war er wieder bei uns im Lager IX.

Lager IX bestand wie Lager VII und VIII nur aus einer kleinen Schneehöhle, aber es gelang uns trotzdem, ein Fest mit reichlichem, warmem Essen zu veranstalten. Früh am nächsten Morgen brachen Berg, Streather und ich mit Fahnen und Kameras zum Gipfel auf; wir gingen um 7 Uhr morgens los und erreichten den Gipfel um 18 Uhr abends. Fast hätten wir uns Erfrierungen geholt, doch dies bemerkten wir erst später, als wir für einige Wochen nicht richtig laufen konnten, doch davon abgesehen, ist uns kein Unglück zugestoßen. In einer Höhe von ca. 7620 m genossen wir trotz unserer Müdigkeit in vollen Zügen die weite Sicht, die der vorspringenden Lage unseres Berges zu verdanken war. Wir konnten den westlichen Karakorum über den Wolken sehen, die Berge von Kaschmir mit dem Nanga Parbat waren nur ca. 240 km entfernt. Zum N und NW hin verdeckten Wolken die Sicht etwas, und ein eisiger Wind verursachte selbst bei kurzem Hinsehen Schmerzen, doch über Afghanistan hinaus nach der Sowjetunion und gleichzeitig bis zum chinesischen Sinkiang blicken zu können, hinterließ in uns einen tiefen Eindruck.

Die Entwicklung des Bergsteigens in Rußland kann nur beschränkt mit dem Alpinismus Westeuropas verglichen werden, denn die höchsten Gipfel der Sowjetunion sind fast 3000 m höher als der Montblanc und erheben sich weitab von den größten Städten. Nur der Kaukasus hat Ähnlichkeit mit den Alpen, und dort beginnt bezeichnenderweise auch die bergsteigerische Geschichte Rußlands. 1829 — fast vier Jahrzehnte vor der Erstbesteigung des Matterhorns — wurde der Elbrus-Ostgipfel bestiegen. Um die Jahrhundertwende wurden die ersten russischen Bergsteigervereinigungen gegründet: in Tiflis der »Bergclub«, in Pjatigorsk der »Kaukasische Gebirgsverein«, in Moskau der »Russische Gebirgsverein«. Die Popularität des Bergsteigens nahm nach der Oktoberrevolution 1917 erfreulich zu. 1928 konnte die Akademie der Wissenschaften der UdSSR eine große Expedition in den Pamir entsenden.

Herz Asiens, Mitte des Kontinents, Dach der Welt wird das Pamir-Hochland genannt. Wie Strahlen gehen von dem alten, stark umgebildeten Rumpfgebirge die jungen Faltengebirgsketten aus: Karakorum, Himalaya, Hindukusch, Tien-Schan und Kun-Lun. Das Innere des Hochlandes, das sich über 60 000 Quadratkilometer ausdehnt — 8000 qkm davon sind vergletschert —, ist sehr trocken, eine Hochwüste; die Pflanzenwelt der breiten Becken ist entsprechend dürftig. In den einzelnen Hochmulden liegen abflußlose, prächtige Seen. Gleich Mauern schließen Alai und Transalai den Pamir gegen Norden ab.

Der sowjetische Topograph Dorofejew hatte im Rahmen der Pamir-Expedition 1928 den über 70 km langen Fedtschenko-Gletscher, einen der größten Gletscherströme der Welt, vermessen. Als Wissenschaftler später die Aufnahmen des Fototheodoliten auswerteten, machten sie eine aufsehenerregende Entdeckung: Nicht der Pik Lenin ist, wie bis dahin angenommen, der höchste Gipfel der Sowjetunion, sondern ein Pik »7495«, den man mit dem Pik Garmo identifizieren zu können glaubte.

Um Klarheit zu schaffen, zogen erneut Expeditionen nach Tadshikistan. Doch bei den Unternehmungen 1929 und 1931 wurde nicht einmal der Fedtschenko-Gletscher erreicht.

Erst die »Tadshikistan-Pamir-Expedition« 1932 stellte endgültig fest, daß der »7495« nicht der Pik Garmo ist, denn dieser erhebt sich 18—20 km weiter südlich. Der neu entdeckte Berg, der schon vom Oberlauf des Flusses Obichingou zu sehen ist, erhielt 1932 den Namen Pik Kommunismus. Später wurde er in Pik Stalin umbenannt, heute hat er wieder seinen ursprünglichen Namen. Die Höhe wird mit 7482 m angegeben. Zur geographischen Lage des Berges: 500 km südöstlich von Samarkand, 300 km nördlich des Tirich Mir, 60 km schwach südwestlich des Pik Lenin. Besonders formschön zeigt sich der Pik Kommunismus vom oberen Teil des Garmo-Tales, von wo er als kühner, gewaltiger Dreispitz erscheint.

Den nun tatsächlich höchsten Berg der Sowjetunion auch zu besteigen reizt natürlich über alle Maßen. Schon 1933 ist eine Expedition unterwegs, der neben zahlreichen Wissenschaftlern eine 29köpfige Bergsteigergruppe angehört. Ihr Leiter ist Jewgenij Michailowitsch Abalakow, ein 26jähriger Bildhauer aus dem sibirischen Krasnojarsk und wie sein Bruder Witalij einer der besten Bergsteiger der Sowjetunion.

Von Osch, einem uralten Handelsplatz 400 km südöstlich von Taschkent, dringt die Karawane auf der schon bekannten Route über den alten Grenzposten Bordoba und durch das Alai-Tal tiefer in den Pamir ein. Pferde und Kamele tragen die schweren Lasten durch die öde Landschaft. Auf abenteuerlichen Pfaden, die von reißenden Flüssen unterbrochen werden, nähert sich die Expedition dem Pik Kommunismus bzw. dem Fedtschenko-Gletscher.

Anfang Juli wird das erste Lager errichtet. Als zweite Basis dient das höhergelegene, sogenannte »Podgorny-Lager« in 3900 m. Der nächste Lagerplatz entsteht auf dem Ordshonikidse-Gletscher in 4600 m Höhe — fast 3000 m tiefer als der Gipfel des Pik Kommunismus. Die Aufstiegsroute steht fest: der Ostgrat, die einzige, zu dieser Zeit bekannte Möglichkeit. D. M. Satulowski berichtet:

Die Bergsteiger hatten beschlossen, den Aufstieg mit Hilfe von Trägern aus der ansässigen Bevölkerung zu unternehmen. Um alle diese Lager anzulegen, mußten bedeutende Mengen an Ausrüstung auf den Grat der Rippe transportiert werden. Damit aber die Träger in möglichst große Höhen aufsteigen konnten, war es erforderlich, für sie einen sicheren Weg anzulegen.

Am 9. Juli entstand auf der Rippe das erste Lager. In einer Höhe von 5600 m wurden zwei kleine Zelte aufgestellt. Am nächsten Tage stiegen die Bergsteiger höher und erreichten den ersten der Gendarmen, von denen es hier ingesamt sechs gibt. Steil über der Gratlinie aufsteigend, versperren sie den Weg. Die weniger beständigen, verwitterten Felsschichten waren im Laufe der Zeit abgetragen worden und nach unten gestürzt. Die festeren Gesteine aber hatten als steile Felszinnen der Abtragung Widerstand geleistet, und diese Zinnen, eben die Gendarmen, bildeten eine der Hauptschwierigkeiten für die Besteigung.

Die Erkundungen waren beendet, und nun mußte für die Kolonne ein Weg über die Gletscher vorbereitet werden. Diese ermüdende Arbeit nahm zwei volle Wochen in Anspruch; am 27. Juli endlich erreichten die Saumtiere das »Gletscherlager«. Es war aber unmöglich, sie noch höher zu bringen.

Dennoch konnten sich die Bergsteiger der weiteren Arbeit auf der Rippe auch jetzt noch nicht zuwenden. Die Träger, die wohl an Bergpfade gewöhnt waren und sogar einige Erfahrung im Besteigen von Felsen hatten, wußten ganz und gar nicht, wie sie sich auf Eis richtig fortbewegen mußten, ja, sie hatten sogar Angst davor. Es mußten ihnen also wenigstens die Anfangsgründe des Alpinismus beigebracht werden.

Die beste Höhenakklimatisierung, das heißt die Gewöhnung des Organismus an die Höhe, wird nicht dadurch erreicht, daß der Mensch passiv im Zelt sitzenbleibt, sondern indem er unter diesen für den Organismus neuen Verhältnissen Arbeit leistet. Dieser Grund und natürlich auch der Wunsch, nicht unnütz Zeit zu verlieren, veranlaßte schon am 29. September eine Gruppe von Bergsteigern und Trägern, insgesamt zwölf Männer, erneut ins Lager 5600 aufzusteigen. Die Bergkrankheit quälte die noch nicht an den Sauerstoffmangel gewöhnten Leute. Besonders schlecht ging es in dieser Hinsicht den Trägern. Es wurde bald klar, daß einige von ihnen nicht höher steigen konnten.

Am nächsten Tage gingen zwei Dreierpartien unter der Führung von Jewgeni Abalakow und Gustschin weiter. Die beiden ersten Gendarmen wurden ohne besondere Schwierigkeiten passiert, und die erste Gruppe näherte sich bereits dem dritten. Plötzlich ließ ein Schrei die Männer stehenbleiben, hinter ihnen mußte irgend etwas geschehen sein.

Die zweite Gruppe war eben dabei gewesen, den Weg über die Felsen des zweiten Gendarms auszubauen. Es mußten die locker liegenden Gesteinstrümmer hinabgeworfen, Haken eingeschlagen und Seile gespannt werden. Während ein Teil der Leute damit beschäftigt war, kletterte Nikolajew an den Felsen hinauf. Er wartete das Seil von oben nicht ab, sondern stieg ohne Sicherung. Plötzlich löste sich ein Stein und traf ihn an der Schulter. Nikolajew versuchte zwar, sich zu halten, aber dem ersten Stein prasselten mehrere andere hinterher. Da verlor er den Halt und flog in den Abgrund, wo er mehrfach gegen die Felsen und das Eis des steilen Hanges prallte.

Der Aufstieg wurde sofort unterbrochen, und die ganze Gruppe kehrte um. Die Suche nach dem verunglückten Kameraden blieb jedoch ohne Erfolg: Offenbar war er in eine Gletscherspalte gestürzt, die danach von einer durch den Fall ausgelösten Lawine zugeschüttet worden war.

Der Tod des Kameraden erschütterte die Männer zutiefst. Trotzdem beschlossen sie, ihre Arbeit fortzusetzen. Zu den Gründen, die sie zwangen, den Gipfel zu erobern, kam nun noch ein weiterer: Niemand von ihnen wollte, daß das Leben Nikolajews, des Vorsitzenden der Moskauer Bergsteigersektion, umsonst geopfert worden war. Nach einer kurzen Rast begaben sich drei Alpinisten und fünf Träger von neuem auf die Rippe. Am Zugangsweg zum dritten Gendarmen wurde das zweite Lager aufgestellt. Er bildete ein äußerst schwieriges Hindernis. Zu der Steilheit der Felsen kam noch hinzu, daß sie sehr brüchig waren. Bei jeder Bewegung der Hände, Füße, ja selbst des Sicherungsseiles stürzten verwitterte Gesteinsbrocken ab.

Die allergrößten Schwierigkeiten setzte jedoch der fünfte Gendarm dem Aufstieg entgegen. Als Abalakow den ersten Teil seiner Wand durchstiegen hat, führt kein Weg weiter. An den Felsen gepreßt, steht er auf einer kaum sichtbaren Leiste und versucht einen Ausweg aus seiner Lage zu finden. Das Sicherungsseil hängt zu seinen Gefährten hinab, die aufmerksam jede seiner Bewegungen verfolgen. Infolge der unbequemen Lage schwellen Abalakows Füße an. Seine Hand betastet die Felsen, er reckt sich so weit er kann. Fast hat er die Hoffnung aufgegeben. Zentimeter um Zentimeter schiebt sich seine Hand an der kalten Fläche des Steins weiter nach oben. Nichts, nichts ... Doch da fühlt er mit der Fingerspitze einen kaum bemerkbaren Vorsprung. Mit fließenden, vorsichtigen Bewegungen schafft sich der Fuß einen Halt, dann die zweite Hand. Wie am Felsen klebend, bewegt sich Abalakow nach rechts und nach oben, windet sich um einen Vorsprung des Gendarmen herum. Langsam kriecht das Seil hinter ihm her. Es herrscht eine unheimliche Stille, nur von Zeit zu Zeit rollen kleine Steine in den Abgrund, über dem der Bergsteiger hängt.

Endlich hat Abalakow den Gendarmen bezwungen, und er führt auch seine Kameraden darüber hinweg. Nun hängt an den Felsen eine Strickleiter herab, so daß der Weg leichter begehbar wird.

Als die Bergsteiger umkehren, bleibt nur der sechste Gendarm noch unbezwungen. Die sechstägige harte Arbeit auf dem Grat hat die Kraft der Männer aufgebraucht, sie sehnen sich nach Ruhe. Deshalb steigen sie wieder ins Lager 4600 ab.

Die Träger kamen ohnehin nicht höher als bis zum Lager 5900, und auch dorthin vermochten sie nur geringe Lasten zu transportieren. Daher waren die Lebensmittelvorräte in den Lagern 5600 und 5900 völlig unzureichend. Bei einem der Versuche, in diese Lager aufzusteigen, erkrankte der kirgisische Träger Dshambai Irale an Lungenentzündung und starb innerhalb weniger Tage.

So konnte also der Plan, Zwischenlager fast bis zum Gipfel hinauf einzurichten, nicht ausgeführt werden. Die Männer mußten den Angriff vielmehr vom Lager 5900 aus beginnen.

Alles für die Lager und die Übernachtungen während des Angriffs Notwendige mußten sie selbst tragen. Zu dem üblichen Gepäck, der Ausrüstung und Verpflegung, kam noch die schwere automatische Wetterstation hinzu, die ungefähr 30 kg wog und nur in zwei Teile zerlegt werden konnte.

22. August 9 Uhr morgens. Aus dem Gletscherlager (4600) bricht der erste Teil der Angriffsgruppe auf. Es sind Abalakow, Gustschin und die drei stärksten Träger. Vom ersten Schritt an herrscht gleich eine besondere Spannung: Der Angriff auf den Gipfel hat begonnen!

Die Gruppe schlägt den schon gewohnten Weg zwischen den Seraks des Ordshonikidse-Gletschers ein. Dann beginnt der Aufstieg über die steile »Stirn« des Gletschers, der aus einer gewaltigen Vertiefung am Hang des Pik Kommunismus quillt. Von hier aus wendet sich die Gruppe nach rechts. Doch vorher verabschieden sich die Bergsteiger von ihren Kameraden, die sie bis hierher begleitet haben und nun ins Lager zurückkehren.

Langsam marschieren die Männer vorwärts. Sie haben sich schon gut akklimatisiert; dort, wo sie früher bereits in Atemnot gerieten, können sie jetzt frei ausschreiten.

Gegen 13.30 Uhr erreichte die Gruppe Lager 5600. Ihr sollte am nächsten Tage die zweite aus den noch im Lager zurückgebliebenen vier Bergsteigern bestehende Gruppe mit Gorbunow an der Spitze folgen, während Abalakow mit seinen Begleitern den Aufstieg fortsetzen wollte.

Im Lager 5600 konnte in der ersten Nacht kaum jemand ein Auge zumachen. Ein heftiger Sturm hatte das Lager verwüstet und rüttelte nun an den Zelten, die sie neu aufstellen mußten. Dazu war es bitter kalt, das Thermometer zeigte bereits —11 Grad an.

Der nächste Tag war außerordentlich anstrengend. Dieses Mal begleiteten die Träger die Bergsteiger bis zum Fuß des fünften Gendarmen, dessen drohende Wand ihnen allerdings solche Furcht einflößte, daß sie sich weigerten, weiter mitzugehen.

Obgleich es schon nach 3 Uhr nachmittags war, beschlossen Abalakow und Gustschin, an diesem Tage noch den sechsten Gendarmen zu passieren. Auch hier waren die Felsen brüchig. Gustschin sicherte Abalakow, der voranstieg, mit dem Seil. Plötzlich lockerten sich unter Abalakows Füßen einige Steine und stürzten hinunter. Einer traf Gustschin an der Hand, ein anderer zerriß das Seil.

Schnell kletterte Abalakow zu Gustschin hinunter und verband ihn. Das Seil wurde verknotet, und sie setzten den Anstieg fort, obgleich die Handverletzung Gustschins ziemlich ernst war: eine tiefe Rißwunde in der Handfläche sowie am Daumen und eine Beschädigung des Knochens. Gustschin verbiß den Schmerz und stieg weiter. Er wollte nicht umkehren; denn der Abstieg war nur zu zweit möglich, und Abalakow jetzt zur Umkehr zu veranlassen, hätte beinahe mit Sicherheit den Abbruch des ganzen Unternehmens bedeutet.

In der Dämmerung erreichten die beiden zu Tode erschöpften Männer den schmalen Grat hinter dem letzten Gendarmen. Zum Aufstellen des Zeltes fehlte ihnen einfach die Kraft. So krochen sie nur unter die Zeltbahnen und banden sich an Haken fest, die sie in die Felsen schlugen.

Inzwischen folgte ihnen Gorbunows Gruppe. Unterwegs traf sie auf die zurückkehrenden Träger, die bereit waren, am nächsten Tage den Aufstieg noch einmal zu wagen. In zwei Tagen legten sie so dreimal den Weg zwischen Lager 5900 und Lager 6400 zurück. Der Pfad über die Gendarmen war jetzt vollkommen durch Seile und Stufen gesichert, so daß die drei Träger die Ausrüstung, etwas Verpflegung und die Einzelteile der Wetterstation in das Lager 6400 bringen konnten.

Am Abend des 26. August erreichten auch Gorbunow und seine Gefährten Lager 6400, trafen aber Abalakow und Gustschin schon nicht mehr an. Die beiden hatten den Aufstieg bereits fortgesetzt und die Station mitgenommen. Sie wollten das nächste Lager in 7000 m Höhe errichten. Auf die Träger war nun nicht mehr zu rechnen, über 6400 m Höhe würden sie nicht steigen können. Jedoch war es unbedingt notwendig, vor dem Gipfel noch ein weiteres Lager anzulegen.

Der Anstieg vom Lager 6400 aus war nicht allzu steil, aber

die große Höhe machte sich immer mehr bemerkbar. Häufig brachen die zwei Bergsteiger in den tiefen Schnee ein. Dann ging ihr Atem hastig und stoßweise, und nur mühsam gelang es ihnen, wieder gleichmäßig durchzuatmen. Gustschins verletzte Hand schmerzte heftig. Ab und zu blieb er stehen, umfaßte sie vorsichtig mit der anderen und schaukelte sie, als ob er sie in Schlaf wiegen wollte. Aber er schwieg und stieg tapfer hinter seinem Kameraden her.

Gegen vier Uhr nachmittags erreichten sie 7000 m Höhe. An eine längere Rast war hier aber nicht zu denken. Das Wetter verschlechterte sich, der seit dem frühen Morgen klare Himmel überzog sich mit Wolken. Erleichtert setzten die beiden Männer ihre schweren Rucksäcke in den Schnee und packten alles aus, was hierbleiben sollte, in erster Linie natürlich die Wetterstation.

Spät erst kehrten die beiden in das Lager 6400 zurück, wo Gorbunow mit seinen Kameraden voller Unruhe schon alle Möglichkeiten eines Unfalles erwogen hatte. Am nächsten Morgen beratschlagten sie über die Möglichkeiten, die ihnen für die Fortsetzung des Angriffs auf den Gipfel geblieben waren. Auf die Träger war nicht mehr zu zählen, weil sie übermüdet waren und an der Höhenkrankheit litten. Aber im Lager 6400 befanden sich nur geringe Mengen an Lebensmitteln. Jemanden aus der Angriffsgruppe nach unten zu schicken, um diese Vorräte zu ergänzen, wäre zwecklos gewesen; denn jede Verzögerung hätte sicherlich den ganzen Aufstieg in Frage gestellt. Dazu kam, daß das verhältnismäßig gute Wetter nicht mehr sehr lange anhalten könnte — es waren ja schon die letzten Augusttage angebrochen.

Das bedeutete also, daß für den weiteren Aufstieg nur kärgliche Rationen zur Verfügung standen. Auf den Mann kamen am Tag einige Löffel Grießbrei, fünf bis sechs Zwiebäcke und ein Bouillonwürfel, und das bei einem schwierigen Aufstieg in einer Höhe von über 7000 m! Aber es blieb keine Wahl. Die gesamte Angriffsgruppe setzte den Aufstieg am 29. August fort und erreichte gegen 6 Uhr abends die Stelle, wo Abalakow und Gustschin am Abend vorher ihre Last abgelegt hatten.

Ein scharfer Wind wehte; die Bergsteiger arbeiteten so schnell, wie müde und hungrige Männer in dieser Höhe nur eben arbeiten können. Im Schnee wurden für die zwei kleinen Zelte Gruben ausgeschaufelt, und bald war es im Lager 7000 völlig still. Nur der Wind rüttelte an den Zeltbahnen, und manchmal stöhnten Gustschin, dessen Hand immer stärker schmerzte, und Schijanow, der sich von einer Konservenvergiftung noch nicht wieder erholt hatte, im Schlaf.

Am Morgen war alles ringsum von dichtem Nebel verhangen, schon auf fünf Meter Entfernung war nichts mehr zu sehen. Der Schnee verschmolz mit den weißen Massen des Nebels, hinter denen die äußere Welt verschwand. Es schien, als ob ringsum außer den beiden kleinen Zelten überhaupt nichts mehr existierte. Aber bald vertrieb der Wind den Nebel, und die Sicht wurde besser. Es war aber keine Zeit, sich der Betrachtung der Landschaft hinzugeben. Die beiden Kranken mußten nach unten geschickt werden. Ihnen schloß sich noch ein weiterer Teilnehmer der Gruppe an, der am Vortage die Füße erfroren hatte. Die drei übrigen setzten den Aufstieg fort, obwohl ihre Kräfte fast zu Ende waren. Nur Abalakow war noch in der Lage, den schweren Teil der Station zu tragen. Diese wurde an der nächsten geeigneten Stelle, etwas unterhalb des Lagers, aufgestellt. Einen ganzen Tag nahm diese Arbeit in Anspruch.

Am folgenden Tag, dem 31. August, wurde der Nebel wieder dichter. Die Temperatur sank schnell und erreichte bald —25 Grad. Der Wind verstärkte sich, und ein Schneesturm setzte ein. Unter diesen Umständen war an ein Weiterkommen nicht zu denken. Im Zelt zusammengekauert, mußten die Männer das Unwetter vorübergehen lassen, das auch länger als einen Tag dauern konnte. Um die Zeit zu nutzen, beschlossen sie die Station zu überprüfen, und stellten fest, daß sie nicht arbeitete. Sie mußten sie wieder ins Zelt tragen und dort mühsam mit steifen Fingern auseinandernehmen. Es gelang, den Fehler zu beseitigen, und der Sender begann nun seine Signale über den Frost und den heftigen Sturm in den Raum auszustrahlen.

Der Schneesturm wurde immer noch stärker. Bald waren die Zelte vom Schnee verschüttet, und ringsum bildeten sich kleine Schneehügel. Fortwährend mußte der Schnee vom

Zeltdach abgeschüttelt werden, weil das leichte Gewebe unter seiner Last durchbog. Trockener Schnee drang als feiner Staub durch die Befestigungsösen des dicht verschlossenen Eingangs.

Die drei Männer drinnen horchten auf das Wüten des Sturmes und das ununterbrochene Prasseln des Schnees. Bei allen dreien wucherte der Bart, ihre sonnenverbrannten und wettergegerbten Gesichter erschienen im Halbdunkel des Zeltes fast schwarz. Beinahe unbeweglich lagen sie da; denn sie mußten ihre Kräfte schonen.

In der Nacht zum 2. September steigerte sich der Sturm dann zum Orkan. Unter der Last des Schnees brach eine Zeltstange, und die in schwerem Schlaf liegenden Männer wurden unter einem Schneehaufen begraben. Der Wind heulte, und irgendwo unterhalb des Lagers donnerten Lawinen, die Tausende Tonnen Schnee mit sich in die Tiefe rissen.

Am Morgen legte sich der Sturm. Die Wolken verschwanden, der Nebel rings um den Gipfel zerteilte sich, und der frisch gefallene Schnee glitzerte in den Strahlen einer grellen Sonne. Voraus zeigte sich, scheinbar ganz nahe, der Gipfel. Aber jeder der drei Männer war sich im klaren, welcher Anstrengungen, welcher beinahe übermenschlichen Anspannung aller Kräfte es bedurfte, um bis dorthin vorzudringen. Abalakow fühlte sich kräftiger als seine Kameraden. Zusammen mit Gorbunow stieg er sehr langsam dem Gipfel entgegen. Es war ein mühevoller Weg, jeder Meter mußte dem übermüdeten Körper abgerungen werden, der vor allem Ruhe und kräftige Nahrung brauchte. Aber der Wille zum Sieg war stärker. Auf dem kleinen Aneroid kletterte der Zeiger weiter und markierte jede zehn Meter Höhengewinn als einen Triumph menschlicher Willenskraft.

Der Grat! Als lange, sanft geneigte Linie zieht er sich nach Süden zum Hauptgipfel. Gorbunow taumelt bei jedem Schritt. Endlich bleibt er stehen und gibt seinem Kameraden stumm ein Zeichen: »Vorwärts!« Eine Minute des Schwankens, dann verläßt Abalakow seinen Gefährten. Es ist ja so nahe bis zum Gipfel, bald wird er zurück sein, werden sie zusammen zu den Zelten zurückgehen. Gorbunow schaut

hinter der sich entfernenden Gestalt her. Dann holt er mit steifen Fingern einen Bleistift hervor, um seine Beobachtungen aufzuschreiben.

Abalakow ist nur von einem beherrscht: linken Fuß vorsetzen, dann den rechten. Vorsicht! Absturzgefahr! Ein Schritt. Wieder ein Schritt. Der Gipfel nähert sich, aber wie langsam . . .

Abalakow beschrieb später selbst den letzten Teil seines Weges: »Der Wind kam wieder auf. Weiße Wirbel tanzen um den Grat, der Schnee weht schneidend ins Gesicht. Los, noch ein Stück! Ich versinke mit den Beinen im tiefen Schnee des letzten Sattels. Ein steiler Anstieg jetzt, und dann öffnet sich auf einmal der Blick nach Westen. Der mächtige Korshenewskaja scheint in unmittelbarer Nähe zu liegen, sein Rätsel ist nun gelöst. Genau nach Westen zweigt im Bogen ein Gebirgszug mit weißen Bergkuppeln ab. Unten, unmittelbar unter mir, windet sich wie eine geschuppte Schlange der mächtige Fortambek-Gletscher, und in der Ferne ahne ich dunkle Täler und warme Lüfte. Voller Freude schlägt das Herz . . .

Ich lege den Rucksack in eine Spalte ab, damit der Sturm ihn nicht hinunterweht, und steige über porzellanharten Firn dem südlichen Gipfel zu. Glücklich komme ich über flachgeneigte Felshänge und weite Firnfelder hinweg auf den Gipfelkamm. Auf schmalem, messerscharfem Grat klettere ich den letzten Felsen des Gipfels entgegen. Mit äußerster Kraft kralle ich mich mit Steigeisen und Eispickel fest und suche unter den seitlichen Stößen des Sturmes mein Gleichgewicht zu halten. Ein seltsames Gefühl — die Befürchtung, ich könnte mein Ziel nicht erreichen — bringt mich aus dem langsamen Gleichmaß meiner Bewegung . . . Auf Händen und Füßen krieche ich schließlich auf die felsige Gipfelfläche hinauf. Sieg!«

Pik Pobeda   7439 m

Rätsel um den nördlichsten Siebentausender

Durchblick zum Pik Pobeda. Links vom Gipfel senkt sich der insgesamt 8 Kilometer lange Ostgrat, über den die Erstbesteigung erfolgte.

Taschkent, Ende Mai 1943 — vier Monate nach der Schlacht um Stalingrad. Hier, in der Hauptstadt der Sowjetrepublik Usbekistan, ist vom Krieg nichts zu spüren. Die Front ist über 200 km entfernt. Auf dem Bahnhof treffen sich die Teilnehmer einer topographischen Expedition unter Leitung von P. N. Rapassow. Sie sollen eine Karte über das Chan-Tengri-Gebiet im Tien Schan erarbeiten.

Der Tien Schan breitet sich nordöstlich des Pamir aus und erstreckt sich in Form eines breiten Gürtels über 1000 km entlang der sowjetisch-chinesischen Grenze. Der östliche Teil des Gebirges gehört zu China, der zentrale und der westliche Teil zur Sowjetunion. Südöstlich des Issyk-Kul-Sees erheben sich die Ketten des zentralen Tien Schan mit dem Chan Tengri, dem »Beherrscher der Geister«. Mit 6995 m gilt er noch 1943 als höchster Gipfel im Tien Schan. In den Jahren 1856/57 wurde der Tien Schan, chinesisch »Himmelsgebirge«, erstmals von dem russischen Geographen Semjonow-Tjan-Schanskij erforscht und in groben Umrissen beschrieben. Anfang des 20. Jahrhunderts drang Gottfried Merzbacher als erster Mensch zum Chan Tengri vor, dessen Gipfel 1931 erobert wurde. Trotzdem ist das Kartenmaterial recht dürftig. Das liegt vor allem an den komplizierten geographischen Gegebenheiten. Hinzu kommt das oft wochen-, ja sogar monatelang anhaltende Schlechtwetter.

Auch die Rapassow-Expedition leidet unter den üblen klimatischen Voraussetzungen. Den ganzen Juni über regnet und schneit es. Die Flüsse führen Hochwasser und können zum Teil nicht durchquert werden. Erst gegen Ende August erleben die Forscher etliche Tage sehr gutes Wetter. Aber schon Anfang Oktober wendet sich das Wetter wieder zum Schlechten hin. Doch trotz der denkbar ungünstigsten Verhältnisse konnten die Unterlagen für eine Karte erstellt werden. Außerdem bringt die Expedition eine interessante Erkenntnis mit nach Moskau: Geodäten haben einen Berg angepeilt, der nach genauen Messungen 7439,3 m hoch ist, also den Chan-Tengri um nahezu 500 m überragt. Dieser Berg, der etwa 20 km südlich des Chan-Tengri aus dem Becken des Inyltschek-Gletschers ragt, wird Pik Pobeda — »Berg des Sieges« — genannt.

Es schien eine Sensation zu sein: Der zweithöchste Gipfel der Sowjetunion und zugleich der nördlichste Siebentausender der Erde, erst 1943 entdeckt und — noch nicht bestiegen. Aber wie ist es möglich, daß ein so herausragender Berg unbeachtet bleiben konnte? Weil der Pik Pobeda trotz seiner Höhe nur von drei, vier Gipfeln aus zu sehen und meistens in Nebel gehüllt ist, meinte Rapassow.

Die genaue Auswertung der kartographischen Unterlagen und der Vergleich mit vorhandenem Material, bringt eine weitere Erkenntnis: Der Pik Pobeda ist in seiner geographischen Lage identisch mit dem »Pik 20. Jahrestag des Komsomol«, der bereits 1938 unter Leonid Gutman bezwungen wurde. Doch hat Gutman mit einem Flugzeughöhenmesser auf dem Gipfel nur 6930 m gemessen.

In den Jahren nach dem Zweiten Weltkrieg steht die Erkundung und Besteigung des Pik Pobeda im Vordergrund der Tien-Schan-Expeditionen, bis der rätselhafte Gipfel am 29. August 1956 von Witalij Abalakow, dem Bruder des Erstbesteigers des Pik Kommunismus, mit seinem Gefährten Gussak erklommen wird. Wieder werden in Moskau die Unterlagen über den Pik Pobeda verglichen. Nun stellt man mit Sicherheit fest, daß der Pik Pobeda und der »Pik 20. Jahrestag des Komsomol« ein und derselbe sind. Leonid Gutman und seine Gruppe haben also den Pik Pobeda 1938 erstmals bestiegen. D. M. Satulowsky schreibt:

Am 8. September brach der erste Trupp vom Lager »Komsomolsk« zum Gipfel auf. Ihm sollte ein zweiter Trupp folgen. Die Uhren zeigten 10.30 Uhr. Gutman, Miroschkin, Iwanow und Razek nahmen ihre Rucksäcke auf und machten sich auf den Weg zum zweiten Lager. Sie gingen ohne Geleit. Im Lager blieb niemand zurück, denn die übrigen Bergsteiger mußten jetzt die nächsten Lasten von unten, aus dem Basislager auf der Moräne, heraufholen. Der Führer des Sturmtrupps, Gutman, schrieb in seinem Tagebuch:

»Nach einer halben Stunde begann der Aufstieg zum zweiten Plateau. Gleich bei den ersten Schritten überzeugten wir

uns von der Schwierigkeit des Aufstiegs in dieser Höhe auf dem Nordhang. Der Schnee ist locker, trocken und leicht wie Daunen — Winterschnee, der nicht zusammenfriert und in dem man ›schwimmen‹, aber keine Stufen aushauen kann. Und so ›schwimmen‹ wir im wahrsten Sinne des Wortes. An der flachsten Stelle reicht der Schnee bis zum Knie. Auf den Steilhängen, aus denen unser Weg zu achtzig Prozent besteht, pflügen wir den Schnee mit den Knien, schieben ihn mit der Brust vor uns her und graben uns mit den Händen bis zu dem mehr oder weniger festen Untergrund durch. Dann erst wird eine Stufe geschlagen. Oftmals rutschen wir aber zurück. Rucksäcke von 18—20 kg Gewicht, 4250 bis 4800 m Höhe, kein einziges Tröpfchen Wasser! Dieser qualvolle und einförmige Weg scheint kein Ende zu nehmen. Erst gegen 16.30 Uhr erreichen wir die Höhle 4800, in die vorher der zweite Trupp Lebensmittel und Ausrüstung gebracht hatte. Innerhalb sechs Stunden hatten wir 550 Höhenmeter überwunden ...

Der Mangel an Trockenspiritus ist beunruhigend. Am Tage sahen wir von oben, wie langsam sich der zweite und der dritte Trupp mit den Schlitten vorwärtsbewegten. Auf diese Weise werden sie es nicht rechtzeitig schaffen. Was tun?

10. September. Der Morgen brachte zwei unangenehme Ereignisse. Razek hatte die Nacht schlecht geschlafen, denn sein Zahnfleisch begann stark zu schmerzen. Das Wetter verschlechterte sich, Nebel zog auf, und Schnee fiel. Da aber die Gefährten von unten heute zu uns heraufkommen sollen, werden wir trotzdem weitersteigen, wenn auch nicht alle. Razek und Iwanow bleiben zurück, um auf Letawet zu warten. Er soll entscheiden, wohin Razek gehen soll. Miroschkin und ich brechen auf.

Der Schnee ist der gleiche wie gestern. Zwei Stunden lang irren wir zwischen Abstürzen und Hängen umher. Der Nebel wird dichter, wir verlieren die Orientierung und müssen zu der Höhle zurückkehren. Von unten ist niemand gekommen ...

Der Spiritus ist schlecht; statt der üblichen 12 bis 14 Stangen zum Abkochen einer Schüssel Wasser brauchen wir 30 bis 35. Daher wird unser Vorrat knapp.

11. September. Ich wachte früh auf, wieder keine Sicht. Aber auch kein Schneefall, kein Schneesturm. Wir warten, daß es sich aufklärt. Gegen 8 Uhr kommt die Sonne heraus, der Nebel zerstreut sich. Wir erkennen das Lager in der Tiefe. Anscheinend sind keine Leute dort, kein Lebenszeichen. Da bemächtigt sich unser plötzlich eine gewisse Unruhe.

8.45 Uhr brechen Miroschkin und ich nach oben auf, Iwanow und der kranke Razek steigen ab. Wir nehmen Abschied ohne Worte. Die traurigen Augen Razeks sagen alles; Iwanow soll mit Sidorenko zurückkommen.

Wir hatten uns kaum auf den Weg gemacht, als Shenja schrie: ›Seht doch, Männer!‹

Unten bewegen sich zwei schwarze Punkte auf das Lager 4800 zu. Wir lassen das bei allen Bergsteigern übliche ›I-oo-ho-ho‹ erklingen; die Pünktchen stehen still, dann schreiben sie irgendein Wort in den Schnee. Es ist spaßig anzuschauen, wie sich die beiden Punkte drehen und vor und zurück bewegen. Leider können wir das Wort aber nicht entziffern ... Noch einmal schärfe ich Iwanow die Zeiten für den Rückweg zu uns und für alle Fälle auch die Kontrollzeit für unseren Abstieg ein.«

Zu dieser Zeit spielten sich unten unvorhergesehene Ereignisse ab. Die für den Angriff auf den Gipfel notwendigen Ausrüstungsgegenstände und Lebensmittel bildeten eine ganz beträchtliche Last. Um den Transport vom Basislager auf der Moräne nach »Komsomolsk« zu erleichtern, wurden aus Skiern drei Schlitten gebaut. Am Morgen des 9. September setzten sich die unten zurückgebliebenen Leute mit den Schlitten gletscheraufwärts in Bewegung.

Nach dem starken Schneefall der vorhergehenden Tage hatte sich der Gletscher mit einer hohen Schicht lockeren Schnees bedeckt, so daß sie nur sehr langsam vorankamen. Die flachen Schlitten schleiften viel Schnee mit, und dadurch wurde die Arbeit noch mühsamer. Der Trupp mußte übernachten, als er bis »Komsomolsk« höchstens noch zwei Kilometer zurückzulegen hatte.

In der Nacht schneite es wieder unaufhörlich, erst gegen 10 Uhr morgens ließ der Schneefall nach. Trotz allem wollten sie die restliche Strecke bis zum Lager jetzt zurücklegen. Kaum hatten sie sich aber in Marsch gesetzt, als — 15 m vom Rastplatz entfernt — Muchin, der zusammen mit Juchin einen Schlitten zog, plötzlich von der Oberfläche verschwand. Dort, wo er gestanden hatte, gähnte im Schnee ein dunkles Loch: Unter der meterhohen Schneeschicht war im Eis eine Spalte verborgen.

Keine Minute verging, da hatten sich alle um die schwarze Öffnung versammelt. Aufgeregtes Rufen — keine Antwort. Dumpf brach sich der Schall an den Eiswänden. Sidorenko machte sich schnell zum Abstieg fertig und näherte sich schon der Spalte, als plötzlich aus der Tiefe ein schwacher, kaum vernehmbarer Laut heraufdrang. Muchin war zu sich gekommen und bat, ein Seil herabzulassen. Er konnte sich selbst anseilen, verlor dann jedoch wieder das Bewußtsein.

Noch waren keine zwanzig Minuten verstrichen, da befand sich Muchin bereits wieder auf der Oberfläche des Gletschers. Durch den Sturz in die etwa 18 m tiefe Spalte hatte er sich aber ziemlich schwere Verletzungen zugezogen, besonders unangenehm am Unterkiefer, wo die Haut an zwei Stellen aufgeplatzt war.

Erste Hilfe wurde an Ort und Stelle geleistet. Prof. Letawet, von Beruf Physiologe, mußte sich vorübergehend als Chirurg betätigen. Die klaffenden Gesichtswunden wurden mit selbstgefertigten, aus dem Blech von Konservendosen hergestellten Klammern zusammengezogen.

Muchin bekam Fieber und mußte unbedingt zur chirurgischen Spezialbehandlung in das nächste Krankenhaus gebracht werden — über Prshewalsk nach Taschkent. Ohne Flugzeug würde die Überführung allerdings sehr viel Zeit in Anspruch nehmen. Durch Funk meldeten sie daher den Unfall nach Frunse. In der gleich darauf eintreffenden Antwort gab man den Ort an, wo ein Sanitätsflugzeug landen konnte — im Tal des Inyltschek-Flusses, vierzig Kilometer von Tschontasch entfernt. Zehn Tage würde man wohl brauchen, um Muchin dort hinzubringen. Sie mußten ja zunächst zum Lager der Karawane absteigen, Pferde holen und dann den Schwerverletzten hinunterschaffen . . .

Es gelang, Muchin schon am Abend des 17. September zum Landeplatz zu bringen. Dieses außergewöhnliche Marschtempo hatten sie nur dadurch erzielen können, daß alle, die am Transport teilhatten, ihr Letztes hergaben.

Die Zahl der Expeditionsteilnehmer war stark zusammengeschmolzen, da Razek, Tscherepow und Juchin den verletzten Muchin begleiteten.

Während dieser Ereignisse befanden sich Gutman und Miroschkin oben im Lager 5200. Wegen des Nebels und der großen Entfernung konnten sie die Signale nicht erkennen, die sie zum Absteigen aufforderten.

Am 12. September brachen Sidorenko, Iwanow und Goshew aus dem Basislager auf. Der Angriff auf den Gipfel sollte doch fortgesetzt werden, und schon am 14. September waren die drei Bergsteiger auf dem Wege zum zweiten Plateau. Zwei Tage lang warteten Gutman und Miroschkin oben auf gutes Wetter. Niemand kam zu ihnen herauf. Was tun? Wirklich absteigen? Gutmans Tagebuch berichtet:

»14. September. Zwei Tage lang blieben wir im Lager 5200 liegen. Zwei Tage lang riß der Wind an dem Zelt, so daß sich der Rauhreif innen von den Zeltwänden löste. Zwei Tage lang wurde das Zelt mit Schnee überschüttet. Die Temperatur im Zelt schwankte zwischen 10 und 14 Grad Kälte. Der Spiritus ging zur Neige; wir hatten zu zweit nur einen Liter Wasser am Tag, auch dieser Vorrat war bald zu Ende. Heute ist ein herrlicher Tag, aber kalt. Gegen 10 Uhr kriechen wir aus dem Zelt und machen uns marschfertig. Ich nähere mich dem Anfang der Abstiegsroute, rufe — und erhalte Antwort. Welche Freude! Die Antwort kommt von irgendwo aus der Nähe, offenbar aus der ersten Höhle. Also kommen sie doch und bringen Spiritus mit. Das ist das Ende unserer Leiden — der Beginn des Angriffs auf den Gipfel.

Wir müssen jetzt auf der Rippe im Osten, wo wir den Aufstieg beginnen wollen, eine Route wählen und anlegen. Wir kommen nur langsam voran, denn in großer Höhe wirkt sich eine längere Pause, wie wir sie einlegen mußten, immer nachteilig auf die sportliche Form aus.

Der Schnee ist immer noch tief und locker, das Gehen fällt wieder quälend schwer, wenn die Strecke auch kaum ansteigt. Nach einer Stunde setzen wir uns für kurze Zeit nieder und erblicken die auf das Plateau kletternden drei Bergsteiger. Wir rufen einander zu. Vor uns liegt nun ein Absturz und dahinter ein ebenes Feld, das zum Grat führt, die Route ist somit klar. Wir warten auf die Gefährten — Sidorenko, Iwanow und Goshew — die uns berichten, was unten geschehen war.«

Am Abend des gleichen Tages erreichten alle den Nordostgrat, auf dem sie weitersteigen mußten. Nach zweieinhalb Stunden schwerer Arbeit hatten sie eine weitere Höhle gegraben, die 5300 m hoch lag. Ein ganzer Tag schwierigen Aufstiegs hatte sie also nur 100 m höher gebracht. Hier wurden nun die für den Abstieg notwendigen Lebensmittel und ein Teil der Ausrüstung zurückgelassen. Gutman fährt in seinem Tagebuch fort:

»15. September. Um 10 Uhr sind wir aufgebrochen. Wir pflegten uns immer erst dann auf den Weg zu machen, wenn die Sonne die Luft wenigstens ein wenig erwärmt hatte. Heute kommen wir sehr langsam vorwärts. Sehr viel Zeit brauchen wir, um zwei Gendarmen zu überwinden. Beim ersten stoßen wir auf vereiste, schneebedeckte Felsen. Ein sehr schmaler Schneegrat führt dorthin. Wir sichern uns sorgfältig und klettern einer hinter dem anderen. Haken lassen sich nicht einschlagen, dafür ist kein Platz. Unebenheiten, an die man sich klammern könnte, liegen unter Eis oder Schnee. Der Vordermann geht weit voraus; der nächste, der ihn sichert, verliert ihn bereits aus dem Auge. Der zweite Gendarm ist höher und größer als der erste. Wir klettern im Zickzack und hauen Stufen in die vereisten Wände. So überwinden wir auch ihn.«

Den ganzen nächsten Tag setzten die Männer den steilen Aufstieg auf dem Grat fort. Auf seinem den ständig wehenden Winden ausgesetzten Hang war der Schnee stark zusammengepreßt und dessen Oberfläche daher so fest, daß es schwerfiel, mit dem Fuß eine Stufe zu stoßen.
Miroschkin wurde krank, doch konnten seine Gefährten

nicht feststellen, was ihm eigentlich fehlte; die Bergkrankheit schien es jedenfalls nicht zu sein. Er gab sich alle Mühe, mitzuhalten, aber jeder Schritt fiel ihm sehr schwer.
Wieder Übernachtung. An diesem Tag waren sie auf dem steilen Grat 660 Meter gestiegen. Sie stehen jetzt 5900 m hoch.
Am Morgen des 17. September hat sich der Zustand Miroschkins verschlechtert, er muß absteigen. Gutman schlägt als Begleiter Goshew vor, der sich beim Abstieg zur Seite wendet: Es ist ja auch bitter, nach all den überwundenen Schwierigkeiten nun auf die Besteigung verzichten zu müssen, zumal das Ziel so nahe gerückt schien. Aber allein konnte Miroschkin wirklich nicht zurückgeschickt werden.
Für die drei Bergsteiger, die den Aufstieg fortsetzten, vergingen dieser und die nächsten Tage in angestrengter, ununterbrochener Arbeit. Wieder gab es technische Schwierigkeiten, und außerdem zeigten sich nun die Auswirkungen der großen Höhe. In der zweiten Tageshälfte machten sie vor dem Anstieg zu einem Eisfall in 6280 m Höhe halt und schlugen in der Nähe von Felsen das Zelt auf. Etwas höher begann der Eisfall. Der Morgen des 18. September sahen sie im Labyrinth seiner Spalten, wo sie Steigeisen anlegen mußten. Wider Erwarten war der Weg über den Eisfall aber nicht sehr schwierig. Danach kamen sie wieder auf einen Schneehang, wo sie zum letzten Male von der Erstürmung des Gipfels übernachteten. In 6600 m Höhe errichteten sie das siebente Lager seit Beginn des Aufstiegs.
Gutman kann hier ein originelles »Jubiläum« feiern: Zehn Tage sind verstrichen, seit er aus dem Lager am Fuße des Gipfels aufgebrochen ist. Wie weit das nun schon zurückliegt! Doch jetzt erscheint der Gipfel greifbar nahe, am nächsten Tag muß er fallen. Vor allem aber geht eigentlich alles recht glatt, sie hatten sich schon in weit schlechterer Lage befunden! Gutman denkt an den Abstieg vom Chan-Tengri, als sie, unter Erfrierungen leidend, einander stützend unter Aufbietung der letzten Kräfte den Rückweg zurücklegten . . .
Er schaut seine Kameraden an. Natürlich machen sich die Höhe und eine gewisse Erschöpfung bei ihnen bemerkbar.

Pik Lenin   7134 m

Der meistbestiegene Siebentausender

Die Bärte sind ihnen stark gewachsen, und sie sind sonnenverbrannt, aber den Mut verliert keiner. Nur Sidorenko runzelt mitunter unzufrieden die Stirn.

»19. September. Uns kommt es so vor, als ob die Filzstiefel, ›eingehen‹. Sie sind scheinbar enger geworden und drücken. Am unzufriedensten ist Sidorenko mit den Filzstiefeln.
Schließlich gehen wir ohne Rucksäcke weiter. Nichts hindert uns, aber das Gehen fällt trotzdem schwer. Das größte Hemmnis sind jetzt die Steigeisen. Die Füße scheinen bleischwer zu sein.
Es ist noch kälter geworden. Am Morgen waren fünf bis sechs Zentimeter Rauhreif im Zelt. Die Innentemperatur betrug vor dem Aufbruch, als die Sonne wärmer strahlte und der Rauhreif auf der Sonnenseite taute, −22 Grad.« — So berichtet Gutman über die Eindrücke dieses Tages.

Obwohl der Gipfel in greifbare Nähe gerückt ist, kostet es sie noch viele Stunden mühsamen Steigens. Das letzte Hindernis — ein steiler Eishang. Hier muß ein Eishaken eingeschlagen werden, damit sie genügend gesichert sind. In 6700 m Höhe ist das kraftraubend und schwierig. Über die Bezwingung des Gipfels schrieb Gutman später:

»Weiter verlief der Weg ohne Hindernisse. Im großen und ganzen haben wir die ursprünglich vorgesehene Richtung nicht eingehalten. Der Anstieg direkt in südlicher Richtung erwies sich als steil und lang. Leichter war der Weg nach Südosten über Eisterrassen, die durch Verwerfungen entstanden sind. Diese Route führte zu den Gipfelhängen.
Ein breiter Grat — der Gipfel der Wand. 6930 m Höhe! Im Osten und Südosten verlieren sich die Berge, immer kleiner werdend, in der Ferne. Die Harmonie dieser Gebirgsketten wird gestört, und dann verschwindet dieses Meer kleiner Gipfel gänzlich. Von Südwesten rückt drohend eine Front dicker Wolken langsam näher. Alles ist verdeckt, nur ein noch unbekannter Berg starrt mit seinem messerscharfen Grat durch die Wolkenmasse und ragt über dieses wogende Meer hinaus. Offensichtlich ist es ein sehr hoher Gipfel.«

Der Pik Lenin ist der am wenigsten schwierige Siebentausender der Sowjetunion – und der mittlerweile am häufigsten besuchte Siebentausender der Erde. Bis 1957 wurde sein Gipfel von 150 Leuten erreicht. Am Ende der Saison 1990 schätzte man 4000 bis 5000 Besteigungen. Er gehört zum Transalai-Gebirge und erhebt sich knappe 100 km westlich der chinesischen Grenze. Früher hieß der Berg – nach dem ersten Generalgouverneur von Turkestan – Pik Kaufmann. Der Pik Lenin hat eine gewisse Ähnlichkeit mit dem Montblanc, sowohl von der Nordseite als auch im Osten, denn die Ostwand erinnert unwillkürlich an die Brenvaflanke. Die übliche Route Nordflanke – Pik Razdelny – Nordwestgrat ist zwar lang, aber technisch unproblematisch. Sie wird vom großen Lager auf der Nordseite des Berges angegangen. Und dieses Lager, das 230 km von Osch entfernt ist, wird heute mit Lastwagen in etwa 24 Stunden erreicht; der Flug von Moskau nach Osch dauert nur fünf Stunden.

Die ersten Expeditionen zum Pik Lenin hatten es bedeutend schwerer. Schon 1913 waren Deutsche und Österreicher unter Leitung von Willy Rickmer-Rickmers in den Bergen des Pamir, und das unter erheblichen Gefahren, da die Randgebiete von den gefürchteten Basmatschenbanden kontrolliert wurden. Im Jahre 1928 schließen sich Mitglieder des Deutschen und Österreichischen Alpenvereins der großen sowjetrussischen Expedition an. Auch Rickmer-Rickmers ist wieder dabei. Die 107 Expeditionsteilnehmer brechen in Osch, dem Ausgangspunkt der alten Pamirstraße, auf. Der Münchner Eugen Allwein, der Tiroler Erwin Schneider, Dr. Karl Wien und Philipp Borchers besteigen als erste den Pik Vera Sluzkaja (5910 m) und den Trapez-Pik (6048 m). Das sind aber lediglich »Eingehtouren«; das große Ziel ist der Pik Lenin.
In Altyn-Masar, der letzten Siedlung, in 2700 m Höhe treffen die Alpinisten ihre Vorbereitungen. Borchers fällt aus, da er sich bei einer mißlungenen Flußdurchquerung schwere Verletzungen zugezogen hat. Die anderen sind bestens in Form: Schneider, dessen Laufbahn als »Siebentausendersammler« hier beginnt; Allwein, dem 1925 mit Welzenbach die Dent-d'Hérens-Nordwand gelungen war; Wien, der mit seinen 22 Jahren schon auf die Erstdurchsteigungen der

Großglockner-Nordwand, der Klockerin-Nordwestwand und der Eiskögele-Nordwand sowie der ersten winterlichen Längsüberschreitung des Montblanc zurückblicken kann. Zu diesem Trio stoßen noch der Zoologe Dr. Nöth und Perlin, ein Mitglied der sowjetischen Mannschaft. Träger sind die Tadshiken Dario und Bodar. Der Aufbruch von Altyn-Masar erfolgt zu Pferd am 18. September 1928 gegen Mittag. Die Einheimischen treiben als lebenden Fleischvorrat einen Hammel mit. Weiter berichtet der sowjetische Chronist D. M. Satulowski:

Der bekannte Pfad, der zum Fedtschenko-Gletscher führt, blieb bald hinter ihnen, und die Alpinisten bogen in die Saukdara-Schlucht ein. Ohne Weg zogen sie nun zwischen den abgelagerten Geröllmassen dahin. Schroffe Steilhänge schließen das Tal ein, durch das sich die Saukdara schlängelt und bald gegen den einen, bald gegen den anderen Rand der Schlucht prallt. Dadurch war die Karawane gezwungen, fortwährend durch die kalten, schäumenden Strudel des Flusses zu waten, und immer von neuem mußten die Deutschen dabei die Geschicklichkeit bewundern, mit der Dario und Bodar, schwerbeladen wie sie waren, die Strömung überwanden. Meist brachten die Tadshiken auch den unglücklichen Hammel unversehrt durch das Wasser, der das jenseitige Ufer allerdings immer vor Angst mehr tot als lebendig und völlig durchnäßt erreichte.

Es gelang, die Pferde bis zu einer Stelle mitzuführen, die Kysgun-Tokai genannt wird. Hier gab es das letzte Gras und gutes Wasser, es war also ein günstiger Lagerplatz. Von ihm aus brachen die Bergsteiger am 21. September auf, um die Möglichkeiten einer Annäherung an den Gipfel zu erkunden. Sie taten es in der Überzeugung, daß ihr langer Aufenthalt in der Gletscherregion und in verhältnismäßig bedeutenden Höhen sie durchaus auf die Schwierigkeiten vorbereitet hatte, die sie bei einer Besteigung des Pik Lenin erwarteten. Doch in den Bergen begann schon der Herbst. Frisch gefallener Schnee reichte tief die Hänge der nahen Berge herab, und um den Gipfel tobten Schneestürme.

Dr. Nöth blieb im Lager zurück, während die drei anderen Deutschen, Perlin und die Tadshiken talaufwärts weiterzogen. Sie nahmen Verpflegung für fünf bis sechs Tage mit, mehr konnten sie in den Rucksäcken nicht unterbringen.

Die Gruppe marschierte auf dem flachen, mit feinem Geröll bedeckten Talgrund rüstig vorwärts. Gegen Mittag wurden die Bergsteiger jedoch von dem Fluß aufgehalten, der an dieser Stelle das Tal beiderseits bis zu den Steilhängen ausfüllte. Sie mußten deshalb auf die steilen Felsen klettern, um auf diesem Wege den überschwemmten Teil der Schlucht zu umgehen. Kaum hatten sie dieses Hindernis überwunden, als ihnen der Weg von der dunklen Masse einer großen Gletscherzunge versperrt wurde, die aus einer Seitenschlucht heraus in das Saukdara-Tal quoll.

Einer hinter dem anderen klommen die Forscher auf die Moräne hinauf, die das Eis bedeckte, in der Annahme, daß sie bereits den Hauptgletscher des Tales erreicht hätten. Als sie jedoch hoch genug gekommen waren, zeigte sich, daß sich das Tal dahinter noch weiter hinaufzog. Sie hatten sich also zu früh gefreut und mußten noch einige Kilometer weiter nach Osten marschieren. Aus der Ferne sahen sie einen zweiten Gletscher. Jedoch noch bevor sie ihn erreicht hatten, schlug die Gruppe das Nachtlager auf. Und wieder hieß es am nächsten Morgen, auf den Gletscher steigen, und wieder war ungewiß, was hinter ihm lag. Aber dieses Mal standen die Bergsteiger tatsächlich schon auf dem Großen Saukdara-Gletscher, der von Norden herabkommt.

Nun ging es auf dem Gletscher weiter. Anfangs zogen sie in der tief eingeschnittenen Randkluft zwischen dem Eis und dem Felsenhang das Tal entlang, dann mußten sie auf eine alte Moräne hinauf. Eine Krümmung des Gletschers konnten sie abschneiden, und das war ihr Glück; denn an der Gletscherbiegung war das Eis durch eine Unmenge Spalten zerrissen. Jetzt marschierten die Alpinisten direkt nach Norden, den Hängen des Transalai entgegen.

Längs der Oberfläche des Eises zogen sich die schwarzen Streifen der Mittelmoränen dahin. Zwischen zwei Moränenwällen errichteten die Männer das nächste Lager. Perlin, der schon weiter mitgegangen war, als er beabsichtigt hatte, mußte jetzt umkehren. Er hatte den Pik Lenin von Süden her noch gar nicht zu Gesicht bekommen, obwohl das der eigentliche Zweck gewesen war, weshalb er sich der Gruppe angeschlossen hatte.

Ungefähr vier Fünftel des insgesamt fünfundzwanzig Kilometer langen Gletschers entfallen auf seinen nördlichen Teil. Die Deutschen und die tadshikischen Träger setzten den ermüdenden Weg über die Moränenhügel fort. Auf dem Eis selbst zu gehen, wäre noch schlimmer gewesen: Es war von tiefen Runsen durchfurcht und von breiten Spalten zerrissen. Hier und dort erblickten sie auch Gletscherseen. Am späten Nachmittag erkannten sie in der Ferne, auf dem Grat der Transalai-Kette, einen Sattel, von dem der Gletscher seinen Ausgang zu nehmen schien. Wo aber war der Pik Lenin? Sein Gipfel hielt sich noch immer versteckt, und so war es schwer, sich richtig zu orientieren.

Der nächste Tag, es war der 23. September, begann mit der Überwindung eines wilden Labyrinths von Eistürmen und Spalten. An dieser Stelle vereinigte sich ein von rechts kommender Zufluß mit dem Hauptgletscherstrom. Es dauerte eine Stunde, bis sich die Gruppe wieder auf eine ebene Stelle vorgearbeitet hatte und nun teils auf dem Eis, teils auf der Moräne wieder schneller vorwärts kam.

Von dem noch weit entfernten Sattel zog sich in westlicher Richtung ein Grat zu einem achtunggebietenden, mit Firn bedeckten Gipfel empor, der dem Gletscher eine vereiste Steilwand zukehrte. Sollte das etwa der Pik Lenin sein? Das war doch unmöglich! Die Deutschen suchten den Pik nämlich östlich vom Sattel.

Inzwischen stieg die Eisfläche stufenförmig immer höher an. Das Gehen fiel schwerer: An der einen Stelle verdeckte eine dünne, trügerische Eisdecke hartes Eis, an einer anderen wieder wurde der Anstieg durch Spalten unterbrochen. Auf der letzten Stufe verbrachte die Gruppe ihre dritte Nacht; denn hier gab es noch kleine eisfreie Stellen auf dem Felsen. Die Träger waren weit zurückgeblieben, und als sie herankamen, bedeuteten ihnen die Deutschen durch Zeichen und einzelne tadshikische Wörter, daß sie hier ihre Rückkehr abwarten sollten. Dario und Bodar erhielten ein Zelt und

einige Lebensmittel und blieben also in 5200 m Höhe allein. Verwundert blickten sie den Deutschen hinterher, die ihnen nicht erklärten und sicherlich auch nicht hätten erklären können, warum sie noch höher hinaufstiegen.

Die Männer setzten ihren Anstieg nach dem Sattel fort, in den Rucksäcken noch die Verpflegung für zwei Tage. Zwischen den steilen Wänden zweier Gebirgsausläufer ging es aufwärts. Heftiger Sturm zerrte an ihrer Kleidung. Allmählich löste Firn das Eis ab, aber trotzdem stiegen sie gleichmäßig und voller Entschlossenheit dem Sattel entgegen, den sie gegen 5 Uhr nachmittags erreichten.

Vom Sattel aus, in einer Höhe von 5820 m, hatten sie einen weiten Ausblick auf das Alai-Tal, aber wo sich der Pik Lenin befand, blieb auch jetzt noch unklar. Mit großer Mühe erkundeten die Männer einen hinreichend gegen den Südwind geschützten Platz und stellten ihr kleines Zelt auf. Es bot kaum Raum für drei Menschen, und die ganze Ausrüstung mußten sie draußen lassen. Ebenso mußte der Spirituskocher außerhalb des Zeltes angezündet werden. Allwein versuchte, aus Schnee ein bißchen heißes Wasser zu bereiten, aber die Flamme gab wenig Wärme und erlosch immer wieder unter den kalten Windstößen, von denen die ganze Hitze des brennenden Spiritus fortgeblasen wurde. Unter solchen Umständen grenzte die Arbeit eines Kochs geradezu an Selbstaufopferung.

Am meisten beunruhigte die Bergsteiger jedoch die Ungewißheit: Wo war der Gipfel? Nach einigen Diskussionen entschlossen sie sich, auf dem Grat in östlicher Richtung zu gehen. Die Nacht war sehr kalt, und das Aneroid-Thermometer zeigte —28 Grad an. Wieder kam Westwind auf und rüttelte so heftig an dem Zelt, daß es schien, als müßten die Spannseile reißen, die an den im Schnee eingefrorenen Steigeisen befestigt waren. Als der Morgen kam, konnten sie sich lange nicht erwärmen, und nur mühsam gelang es ihnen, die in der Nacht gefrorenen Schuhe anzuziehen.

Um 7 Uhr verließ die Dreiergruppe den Sattel und ging nach Osten. Nach einer Stunde erreichten die Männer eine weit nach Norden hinausragende Kanzel (6100 m). Von hier aus hatten sie einen Ausblick auf die Hänge und Gipfel

der Transalai-Kette in ihrer ganzen Ausdehnung. Weiter östlich fiel der Grat nach dem Pik Kysyl-Agyn zu ab. Und jetzt wurde ihr Fehler offenbar: Nach dem Pik Lenin hätten sie vom Sattel aus in westlicher Richtung gehen müssen!

Es hieß also zum Zelt zurückkehren und dort eine weitere schwere Nacht verbringen. Glücklicherweise war es jetzt ein wenig wärmer, —18 Grad, und der Wind zerrte nicht ganz so toll am Zelt. Durch die bittere Erfahrung gewitzigt, nahmen die Männer in dieser Nacht ihre Schuhe mit in die Schlafsäcke.

Am 25. September um 8.20 Uhr verließen die drei Deutschen abermals den Sattel, dieses Mal in westlicher Richtung. Sie nahmen einen Zeltsack, etwas Gebäck, Schokolade und Trockenfrüchte mit — den ganzen Rest ihrer Lebensmittel. Bis zum Gipfel hatten sie noch einen Höhenunterschied von 1300 m zu überwinden, aber wie lang der Weg war, wußte niemand. Unter diesen Umständen wäre eine Besteigung auch in wesentlich geringerer Höhe schon eine schwere Aufgabe gewesen.

Der Gruppe standen für den Aufstieg zum Gipfel sieben Stunden zur Verfügung, sie mußte also im Mittel 200 m Höhe in der Stunde gewinnen. Jedoch wußten die Bergsteiger, daß, je höher sie kämen, das Tempo um so geringer werden würde. Das bedeutete also, daß sie den ersten Teil des Weges noch schneller zurücklegen mußten. Der einzig ernsthafte Trumpf, den die Deutschen im Kampf um den Gipfel vorzuweisen hatten, bestand in ihrer zweimonatigen Akklimatisierung an Höhen bis zu 6600 m.

Mit angeschnallten Steigeisen stiegen die Alpinisten zäh und verbissen über den harten Firn empor. Auf dem Wege zum ersten Aufschwung, wie unter Bergsteigern steile, aber glatte Abschnitte (ohne schroffe Unterbrechungen) eines Felsengrates genannt werden, trafen sie auf eine Strecke mit tiefem, lockerem Schnee, wo sie abwechselnd einen mühevollen Weg bahnen mußten. Eine Stunde nach dem Aufbruch krochen alle drei in den Zeltsack, um sich ein wenig auszuruhen.

Grell schien seit dem Morgen die Sonne, aber der starke Wind drang den Leuten durch Mark und Bein. Gegen Mittag erreichten sie einen Vorsprung des Grates, der als selbständiger Gipfel emporragte und nach dem Höhenmesser 6770 m hoch war. Von hier schweifte der Blick über die ganze Ausdehnung des Grates bis zum Gipfel des Pik Lenin. Es war sehr ärgerlich, daß sie jetzt wieder etwa 50 m absteigen mußten, ehe es auf dem langen Grat weiter ging. Nach und nach verloren sie das Gefühl in Fingern und Zehen. Dies war ein deutliches Zeichen beginnender Erfrierung, aber die Deutschen hielten nicht einmal an, um ihre Füße zu reiben. Unverwandt waren ihre Blicke nach vorn, auf den Gipfel gerichtet. Das Ziel war nahe, es zog sie unaufhaltsam an und ließ sie die furchtbare Gefahr vergessen.

Aber vorher waren noch zahlreiche Spitzen und Einsattelungen des wellenförmigen Grates zu überwinden. Langsam verrann die Zeit, noch langsamer jedoch kam der Gipfel näher. Endlich aber war die Basis des Gipfelmassivs erreicht, die Stimmung der Männer besserte sich. In 7100 m Höhe legten sie ihre ohnehin nicht schweren Rucksäcke ab und stiegen weiter. Ihr Atem ging immer kürzer. Anfangs blieben sie alle fünfzig Meter stehen, dann alle dreißig, und gegen das Ende des Anstieges setzten sie sich nach jeweils zehn Metern in den Schnee. Nur eine beklemmende Erinnerung an die immer größer werdenden Beschwerden des Anstieges blieb den Bergsteigern vom letzten Teil des Weges. Die Steigung erreichte auf den letzten 150 m vor dem Gipfel 50 Grad. Schon war es den Männern unmöglich, ihre Lage vernünftig einzuschätzen, sie dachten nur an eins: Vorwärts!

Um 15.30 Uhr betraten Schneider, Wien und Allwein den Gipfel, dessen höchster Punkt einen kleinen Felsenvorsprung bildete. Der Zeiger des Höhenmessers war bei der letzten Marke der Skala — bei 7000 m — stehengeblieben. Die glücklichen Deutschen drückten einander die Hände und ließen sich dann schwer atmend in den Schnee nieder. Im Süden und Westen war alles von Nebel verhangen. Nach Norden fielen die Hänge des Piks steil ab, noch steiler aber nach Süden.

Die Kälte und die fortgeschrittene Zeit zwangen die Leute, möglichst bald den Rückweg anzutreten.

Trisul   7120 m

Der erste Siebentausender

Im Jahre 1907 feierte der britische »Alpine Club« sein fünfzigjähriges Stiftungsfest. Zu diesem Anlaß sollte eine Mount-Everest-Kundfahrt ausgesandt werden. Doch politische Überlegungen leiten die Expedition in den Garhwal-Himalaya, in dem es, wie Expeditionsleiter Tom George Longstaff weiß, reizvolle Ziele gibt. Zum Beispiel den Trisul, den zweithöchsten Berg der Gruppe. Er ist höher als jeder bis dahin erklommene Gipfel und würde nach Longstaff »ein würdiger Triumph für das Jubiläumsjahr« sein.

Der Trisul spielt schon in den alten Mythen eine Rolle, sind doch die ältesten indo-arischen Traditionen mit der Gegend des Zentral-Himalaya verknüpft. In der Mahabharata, der Ilias des Sanskrit, ist der Trisul der Dreizack Sivas. Durch seine Lage am südwestlichen Rand des 2400 km weiten Bogens des Himalayas, rund 300 km nordöstlich von Delhi, ist der Trisul so etwas Ähnliches wie ein Vorberg des mächtigsten und höchsten Gebirges der Erde.

Als Longstaff 1907 den Trisul angeht, ist er 32 Jahre alt und schon ein weitgereister Mann. Der Engländer besitzt die Mittel, um sein Leben dem Reisen und Forschen zu widmen. Er gilt als erstrangiger Naturwissenschaftler, hat ein abgeschlossenes Medizinstudium hinter sich und besitzt außergewöhnliche technische Fähigkeiten. Der Trisul-Expedition gehört neben einigen Trägern noch Charles Bruce an, der mit Mummery und Collie am Nanga Parbat und mit Conway im Karakorum gewesen war. Arnold Mumm hatte die Finanzierung garantiert. Begleitet werden die Engländer von den Bergführern Alexis und Henri Brocherel aus dem italienischen Courmayeur, die Longstaff schon wiederholt zu Diensten waren.

Am 6. Juni 1907 beginnt die eigentliche Besteigung. Sie erfolgt vorläufig auf der linken Seitenmoräne des Trisul-Gletschers. Um 2.30 Uhr sind die Engländer in 5025 m Höhe und errichten auf dem letzten schneefreien Stück der Moräne ein Lager. Tom Longstaff erinnert sich:

Vor uns sahen wir einen herrlichen Eisfall, darüber die wogende Weite unberührten Schnees. Der Trisulgipfel selbst entzog sich unseren Blicken. Den Eisfall zur Linken und dunkle Felsstürze zur Rechten, setzten wir am 7. Juni um 5.30 Uhr unseren Aufstieg fort. Anfangs waren die Hänge steil, und wir kamen mit unseren Lasten nur langsam vorwärts. Als wir schließlich die höher gelegenen, offenen Schneefelder erreichten, machte mir die Sonneneinwirkung immer schwerer zu schaffen. Gegen Mittag wurde es wieder steiler. Als dann auch heftiger Westwind aufkam, beschlossen wir, unser Lager aufzuschlagen. Es war 14 Uhr, wir befanden uns in etwa 6100 m Höhe. Der Wind riß den Schnee hoch und trieb ihn uns von allen Seiten unter die Kleidung. Mit Müh und Not gelang es uns, dem Primuskocher Flammen zu entlocken, und Henri verabreichte allen etwas Heißes zu trinken. Ich bezog ein Zelt mit Karbir, der mich wie eine Amme umsorgte, obwohl ihm die Erfrierungen, die er sich auf dem Baginigletscher zugezogen hatte, erhebliche Schmerzen bereiteten. Wind und Schnee wehten in unsere Zelte, und wir verbrachten eine kalte, unerfreuliche Nacht.

Am Morgen des 8. Juni stürmte es noch immer mit unverminderter Heftigkeit. Die Zelte, wenngleich nur etwa einen Meter hoch, konnten gerade noch vor dem Umknicken bewahrt werden, und an Aufbruch war nicht zu denken. Da Inderbinnen unter starken Kopfschmerzen litt, die drei Gurkhas der Kälte zwar ohne zu klagen, doch nur mehr mit Mühe standhielten, beschlossen wir, sie zum Juniper Camp hinunterzuschicken, sobald der Sturm etwas nachlassen würde, was er gegen Mittag auch tat. Die übrigen blieben, in der Hoffnung, daß sich das Wetter am nächsten Morgen gebessert haben würde. Sich vor den Zelten aufzuhalten, war unmöglich. Also verbrachte ich den Tag mit Rauchen und damit, Karbir über seine Kriegserinnerungen auszufragen. Ich fürchte, Mumm muß die Zeit, da er allein in seinem Zelt war, recht lang geworden sein. Es war uns nicht einmal möglich, Schnee zu Trinkwasser zu schmelzen, obwohl die Führer es über eine Stunde lang versuchten. In der zweiten Nacht kam es noch schlimmer. Der Wind hatte bis zum Morgen solche Haufen an Schnee in die Zelte getrieben, daß wir uns buchstäblich ausgraben mußten, ehe wir den Rückzug durch die schneidende Kälte antreten konn-

ten. Wir kamen aus der Sturmzone, sobald wir uns den Felsstürzen beim Eisfall näherten. Wir ließen einige Sachen an unserem alten Lagerplatz zurück und trotteten weiter den Moränengrat entlang, bis hinab zum Juniper Camp, das wir um 14.30 Uhr erreichten.

Den 10. Juni erklärten wir zum wohlverdienten Ruhetag, und wir genossen die Annehmlichkeiten eines Feuers und fühlten uns — obwohl es von 13 bis 17 Uhr schneite — ausgesprochen wohl. Da mir sein erfrorener Fuß Sorgen machte, versuchte ich Karbir davon abzubringen, bei dem für den nächsten Morgen geplanten zweiten Versuch mitzumachen: Wie Bruce mir prophezeit hatte, ein völlig sinnloses Unterfangen. Also fertigten wir ihm Schuhüberzüge aus Wildschaffell an und hofften, daß sie die Kälte abhalten würden. Mumm litt die ganze Nacht an schweren Verdauungsstörungen, und am Morgen war ihm so übel, daß er beschloß, zu unserem Lager im Trisuli Nala zurückzukehren. Das war für ihn wie für uns ein harter Schlag, da er bisher allen Anforderungen und Strapazen standgehalten hatte und da er große Höhen ausgezeichnet vertrug, so daß er zweifellos mit uns zusammen den Gipfel hätte erreichen können. Als wir uns am 11. Juni zu meinem allergrößten Bedauern trennten, verließ Mumm uns nicht, ohne uns noch einmal ausdrücklich einzuschärfen, den Gipfel unter allen Umständen zu stürmen. Mit mir waren Alexis, Henri Brocherel und Karbir. Dhan Lal und Budditchand kamen an diesem Tag noch mit uns, um mein Gepäck zu tragen und das der Führer mittragen zu helfen. Wir verließen das Juniper Camp um 6 Uhr 20 und erreichten unsere Moränenlager vom 6. zum 7. Juni schon um 10.50 Uhr, also sehr schnell. Den ganzen Vormittag über hatten wir richtiggehendes Arktiswetter, doch wahrscheinlich hatten wir es gerade der Abwesenheit der Sonne zu verdanken, daß wir so rasch vorankamen. Als wir an der Moräne aufstiegen, erblickten wir in etwa 4570 m Höhe zwei dunkelgraue Füchse und scheuchten wir einige schwerfällige »Schneefasane« (Tetraogallus tibetanus) auf. Nach ausgiebiger Beratung mit den Führern war ich zu dem Schluß gekommen, daß es das beste wäre, den Sturm auf den Gipfel von einem tiefer gelegenen Lager aus

anzutreten, anstatt nochmals den Versuch zu unternehmen, dem Wind auf den exponierten Schneehängen zu trotzen. Mittags begann es zu schneien, und wenig später schickten wir die Gurkhas zurück, und unsere Mummery-Zelte schlugen wir in zirka 5320 m Höhe auf, im Schutz der bereits erwähnten hohen Felsstürze. Wir setzten sofort unseren Primuskocher in Betrieb. Da wir am Morgen nicht unnötige Zeit mit dem Schmelzen von Schnee verlieren wollten, füllten wir, nachdem wir erst einmal alle ausgiebig getrunken hatten, drei Thermosflaschen mit Kakao und schwachem Tee, von denen wir hofften, daß sie uns für Frühstück und Aufstieg reichen würden.

Der leichte Schneefall hielt bis in die frühen Morgenstunden an. Am 12. Juni versuchten wir, um 4 Uhr aufzubrechen, aber die Kälte griff meine Hände und Füße so sehr an, daß ich nicht einmal in meine Stiefel kam, die, obgleich ich sie die Nacht bei mir im Schlafsack gehabt hatte, steif gefroren waren. Um 5.30 Uhr brachen wir schließlich auf, und da wir nur die allernötigste Ausrüstung mitführten, kamen wir rasch voran. Wir erreichten unser altes Lager (6115 m) gegen 10 Uhr und legten eine halbe Stunde Eßpause ein. Unser kleines Mahl bestand aus getrockneten Weintrauben und Biskuits, da wir alle längst erkannt hatten, daß schwere Kost in diesen Höhen nicht ratsam war. Da wir vor uns Anzeichen von Gletscherspalten entdeckten, seilten wir uns an. Alexis ging als erster, nach ihm Karbir, dann Henri, und als letzter kam ich. In südwestlicher bis südlicher Richtung stiegen wir an den unablässig steilen, aber alles in allem ziemlich gut zu bewältigenden Schneehängen empor. Mein Atem ging sehr rasch, und ich fühlte mich sehr schwach, war aber durch das Seil gesichert, so daß mir nichts passieren konnte. Die Schnee- und Eisböen, die über diesen Berghang fegten, schienen einen mit ihrer Heftigkeit manchmal fast zu lähmen, obwohl ich sicher bin, daß wir der Kälte besser als extremer Hitze standhielten. Zu Mittag — wir hatten inzwischen eine Höhe von 6400 m erreicht — wurde der Hang steiler; Alexis konnte seine kleinen Schneereifen, mit denen er bisher die Spur in den windgepreßten Schnee getreten hatte, nicht mehr gebrauchen und mußte sie abschnallen.

Ich begann zu bezweifeln, ob ich mit den anderen noch lange Schritt halten könnte. Doch Alexis und Karbir schienen recht guter Dinge, Henri erbot sich, mir durch Seilzug zu helfen. Ich überwand meinen Stolz und nahm seine gegen die Regeln verstoßende Hilfe dankbar an. Als die Hänge jene Steilheit erreichten, die den Bergsteiger am raschesten Höhe gewinnen läßt, unterbrachen wir unseren Aufstieg nur noch durch knappste Atempausen, und bald hatten wir — mit Ausnahme der Nanda Devi — alle Gipfel um uns herum überstiegen. Als wir uns dem Gipfel näherten, fiel der bitterkalte Westwind erneut über uns her, fuhr uns klirrend in die eiszapfenbehängten Bärte und drohte uns in Schneewirbeln zu ersticken. Plötzlich hörte der Hang auf, und Alexis drehte sich um und schrie mir etwas zu. Wir befanden uns auf einer flachen Schneekuppe, der Spitze jenes riesigen, dreieckigen Schneefeldes, das im spitzen Winkel an der Nordostflanke des Berges abfällt und über dessen Westrand wir aufgestiegen waren. Die Führer hielten diese Kuppe für den Gipfel, und Henri stieß seine Flagge, die er hartnäckig mitgeschleppt hatte, in den Schnee. Ich war jedoch noch nicht ganz zufrieden, da sich gegenüber von uns, jenseits einer Einsattelung im Gipfelgrat, eine herausfordernde Wächte erhob, die einige Meter höher zu sein schien und den Blick nach Süden versperrte. Ich glaube, ich übertreibe nicht, wenn ich sage, daß ich mich nur mit einer ganzen Portion an innerer Entschlossenheit in die mechanische Maschine hatte verwandeln können, die es bis hierher geschafft hatte. Natürlich war ich jetzt entsprechend erschöpft, doch ließ mich die Erregung, die mich nun erfaßte, alle Müdigkeit vergessen. Als ich merkte, wie die anderen zögerten, so spät noch weiterzugehen — es war immerhin schon 16 Uhr —, übernahm ich, da ich mir im Gipfelsturm kein Gehör verschaffen konnte, einfach die Führung und ging los. Ich kannte die Größe der Wächte nicht und mußte sie daher an ihrer Westseite ziemlich tief angehen. Da der Schnee steinhart gefroren war und ich als einziger Steigeisen trug, erhielt ich bald Anweisung, Stufen zu schlagen, was mir bei dieser kurzen Entfernung keine Schwierigkeiten bereitete. Es dauerte nicht lange, und ich kroch zum Wächtenrand und

schaute hinab — hinab auf den gewaltigen Südabsturz von Trisul, den zirka 2000 m tiefen Abbruch. Ich kann nicht sagen, daß mich der geglückte Aufstieg in irgendwelche Hochstimmung versetzt hätte. Vermutlich war ich dazu viel zu erschöpft. Doch als ich jetzt um mich blickte, wurde mir wie kaum je zuvor jener höhere Lohn zuteil, der uns für alle Mühen und Entbehrungen entschädigt und uns stets aufs neue in die Berge treibt. Abgeschieden von der Welt war die Einsamkeit hier vollkommen: Durch ungeahnte, nie geschaute Räume von der bewohnten Erde zu unseren Füßen getrennt, standen wir wie auf einem anderen Planeten. Der Aufruhr der Elemente um uns steigerte nur noch die unbeschreibliche Erhabenheit dieses atemberaubenden Anblicks.

Über die Vorberge im Süden hatte ein Sandsturm aus der Ebene eine kupferfarbene Dunstglocke gebreitet. Doch nach Westen schien mein Blick ins All selbst vorzustoßen — hinweg über das mächtige Dach des Himalaya, dessen Flanken sich in langgezogenen geschwungenen Firsten zu den weiten, durch nichts unterbrochenen Ebenen senkten, die den Fuß des Massivs umspülten wie der Ozean eines längst entschwundenen Zeitalters.

Die unerträgliche Kälte zwang uns fast sogleich zur Umkehr. Wir kehrten zum ersten Gipfel zurück, der sich schließlich doch als der höhere herausstellte. Es war bereits 16.30 Uhr, als wir mit dem Abstieg begannen.

Über die tatsächliche Höhe der Weltberge war man lange im unklaren oder einfach im Irrtum. Als 1897 der Aconcagua in Südamerika zum ersten Mal bestiegen wurde, meinte man den ersten Siebentausender erobert zu haben. Spätere Vermessungen ergaben, daß er nicht 7035 oder 7021, sondern 6960 mißt. Dann hielt man lange den Shilla in Spiti (Panjab-Himalaya) für den ersten von Menschen bestiegenen Siebentausender, bis sich in den fünfziger Jahren herausstellte, daß die höchsten Erhebungen des Spiti kaum 6500 m erreichen. Inzwischen steht fest, daß der Trisul im Garhwal-Himalaya der erste bestiegene Siebentausender ist.

Machapuchare   6997 m

Heiliger »Fischschwanz«

Nicht ganz 20 km nördlich von Pokhara erhebt sich im Nepal-Himalaya ein Gipfel mit außergewöhnlichen Formen: Von Süden aus gesehen, hat er Ähnlichkeit mit dem Matterhorn; betrachtet man ihn von Westen oder Osten, so erinnert der Gipfel an den Schwanz eines riesigen Fisches. Und tatsächlich heißt Machhapuchharé (Schreibweise der Landesvermessung) auf Nepalisch Fischschwanz. Die Chronisten bedienen sich der einfacheren Schreibweise Machapuchare. Die ersten beiden A werden lang, das letzte A wird kurz betont. Im Jahre 1963 hat die nepalische Regierung den Machapuchare als heilig erklärt und ein Besteigungsverbot erlassen. Deshalb gilt der Expeditionserfolg von 1957, von dem hier gleich berichtet werden wird, offiziell als Erstbesteigung.

Der Machapuchare steht in dem Grat, der von der Annapurna III in südliche Richtung über das Gabelhorn verläuft. Als die Briten 1953 unter Tilman an der Annapurna IV waren, erweckte der Machapuchare erstmals das bergsteigerische Interesse. Ein Teilnehmer dieser Expedition, Major James Owen Roberts, erkundete im Frühjahr die lange Schlucht des Flusses Modi Khola zwischen Machapuchare und der zentralen Annapurna-Gruppe. Roberts entdeckte eine schwache Stelle der Machapuchare-Westseite, die einen Aufstieg zum North Col zulassen müßte. (Im North Col setzt der vier km lange Nordgrat zum Gipfel an.)

Etwas später, 1957, hat »Jimmy« Roberts die Mannschaft für den Machapuchare: Roger Chorley, David Cox, Wilfried Noyce und Charles Wylie. Die Briten verlassen Pokhara am 18. April mit 50 Trägern. Der Anmarsch zum Berg in nördliche Richtung verläuft zunächst durch die gestuften Reisfelder der warmen Tieftäler. Bei der Ortschaft Chomrong folgen Kiefern- und Eichenwälder, danach Bambus und Rhododendron. Zwischendurch gibt es Schwierigkeiten mit den Einheimischen, denn der Machapuchare ist für sie ein heiliger Berg.

Die Modi-Khola-Schlucht ist nur durch einen schmalen Hirtenpfad erschlossen. Bambus hindert am zügigen Vordringen. In etwa 3000 m liegt bereits Schnee. Wilfried Noyce berichtet:

Das Basislager erreichten wir bei Schneefall am 24. April; es lag in einem hübschen Gletschertal in fast 4000 m Höhe, an die 200 m über dem Modi Khola. Wenn man die Moräne hochkletterte, hatte man (wenn auch nur morgens) einen ausgezeichneten Blick auf die Westflanke des Machapuchare. Eigentlich ein ziemlich hoher Berg, an dem man vom Basislager bis zum Gipfel tatsächlich dieselben Höhenmeter wie am Everest zurückzulegen hat, weil man vor dem Aufstieg zunächst einmal absteigen muß. Auch mit Schwierigkeiten war von Anfang an zu rechnen. Der ganze Bergfuß besteht aus einer Gruppe gigantischer Felsstürze und weist an nur einer Stelle eine Rinne auf. Die Hindernisse dieser Rinne waren zwar nicht einsehbar, konnten jedoch heikel sein. Glücklicherweise war die Rinne mit festem Schnee vollgepackt, und obgleich sie unter einem Überhang verlief und mit Felsblöcken bestreut war, ließ sie sich leicht durchsteigen; zum Glück schloß sich gleich rechter Hand ein Schneehang an — ein annehmbarer und zudem der einzige Ausstieg. Dreihundert Meter oberhalb errichteten wir am 27. April in 4880 m Höhe Lager I.

An diesem Punkt teilten wir uns, was unseren nepalesischen Verbindungsoffizier einigermaßen bestürzte. Jimmy und Charles zogen los, um eine Route auf den Ganesh zu erkunden, von dem wir uns einbildeten, wir könnten ihn als zusätzlichen Leckerbissen mitnehmen; David, Roger und ich wollten dagegen die North-Col-Route erkunden. Roger aber klagte im Lager I über kalte Füße und Schläfrigkeit, und nachdem er versucht hatte, weiter aufzusteigen, und drei Nächte im Lager zugebracht hatte, stieg er ab. Eine willensstarke Leistung, wenn man bedenkt, daß er, wie sich noch herausstellte, an Polio erkrankt war.

Inzwischen hielten sich David und ich, die wir natürlich nichts ahnten, oben im Lager II auf. Die Route zwischen der Rinne und Lager II war eine Moräne und ging später in den Gletscher über. Lager II befand sich unter einem kleinen Felsvorsprung. Darüber begann die Arbeit. Über eine 900 m hohe Firnflanke ging's steil bergan. Zu diesem Zeitpunkt wußten wir das allerdings noch nicht, da wir völlig auf den North Col (5950 m) fixiert waren. Wir machten die lange

Tour zu seinem Sockel, dann stiegen wir an einem etwas steilen, leicht gerieften Schneehang weitere 200 m auf. Es war der 1. Mai. Was wir auf der anderen Seite entdeckten, war — nichts. Später sahen wir, daß die Ostseite dieses Jochs buchstäblich aus überhängendem Fels besteht. Von dort führte »unser« Grat aufwärts, so scharf, beidseitig so überwächtet und so lang gezogen, wie man sich's nur vorstellen kann. Ganz weit drüben, jenseits der Gratürme, schien der Gipfelkeil jäh abzufallen. Vom »Schneebuckel« aus, dem ersten großen Höcker auf dieser Route in zirka 6100 m Höhe, sah die Lage auch nicht besser aus. Diesen Höcker bestiegen wir am nächsten Tag — er kostete uns mehr als zehn ermüdende Stunden. Zwei Beilhiebe, eine Stufe, zwei Beilhiebe, eine Stufe, und das den ganzen Aufstieg lang. Das passierte uns übrigens oft am Machapuchare. Als wir zum Basislager zurückkehrten, wurde uns klar, daß Roger ernstlich krank war. Sein linkes Bein war völlig gefühllos, und mit dem rechten Bein stand es auch nicht gut. Die anderen kamen am nächsten Tag zurück; sie hatten in schrecklich schwerem Schnee eine Route bis in 5950 m Höhe gelegt. Was Roger anging, so tippten wir nun alle auf Poliomyelitis, und wir faßten den Entschluß, Roger so rasch wie möglich hinunter zu bringen. Wir schickten einen Eilboten zu der wunderbaren englischen Frauenklinik in Pokhara. Miss Steel, eine Mittfünfzigerin, kam uns den halben Weg entgegen und traf die absteigende Gruppe, angeführt von Jimmy, in der Schlucht. Es muß ein Alptraum von einem Abstieg gewesen sein: dichtes Bambusgehölz und Felsen überall, unerträglich, wenn man jemandem auf den Rücken gebunden ist, wenn man nichts sieht und nicht einmal die zurückschlagenden Zweige abwehren kann. Später, als wir selbst diesen Weg zurücklegten, schien es uns unvorstellbar, daß Jimmy diese Strapaze geschafft und daß Roger sie überstanden hatte — denn endlos zog sich dieser Weg in die Länge.

Zurück blieben also David, Charles und ich, dazu drei Sherpas, da der vierte abgestiegen war. Eines war uns jetzt klar: Wir mußten näher am Gipfel auf den Grat gelangen, das heißt gleich links von einem kurzen, dicken Felspfeiler, der sich jedoch später, das war von unserem Standort nicht einzusehen, als eine Art »Felswaffel« entpuppen sollte. Die Frage war nur: Wo sollten wir kampieren? Vom Grat trennten uns über 900 m, bei schwierigem Gelände — und das Gelände war schwierig — unmöglich an einem Tag zu schaffen. Glücklicherweise wurde die ganze Flanke in Zwei-Drittel-Höhe vom »Schneebuckel« aus von einer Reihe Eisausbuchtungen gequert. Nun ist zwar ein Aufenthalt unter einer solchen Eisausbuchtung nicht sonderlich ratsam, doch kann die Oberseite durchaus zugänglich sein. So kam es, daß wir, nachdem wir eine ganze Menge Stufen geschlagen hatten, auf einer eindrucksvollen Ausbuchtung in etwa 6100 m Höhe den Platz für Lager III fanden. Später brachten wir in diesem Abschnitt 270 m fixe Manilahanfseile an: Sie sicherten steile Schneerippen, dann einen heiklen Quergang über Eis nach links.

Nachdem wir diese Route erkundet hatten, kam das große Hagelwetter über uns. An die nachmittäglichen Gewitter mit Hagel oder Schnee hatten wir uns bereits gewöhnt. Übersehen hatten wir jedoch, daß ein Lager am Fuß eines felsgeschützten Hangs eine gute Sache sein kann, wenn es schneit, aber gewiß nicht, wenn es hagelt. Um 16 Uhr herum brüllte jemand: »Der Hang kommt runter!« Und tatsächlich, mit einem leichten Zischen rutschte der ganze Hang, rutschte eine ganze Masse erbsengroßer Hagelkörner herab und begrub unsere Zelte unter sich. Den ganzen Abend lang räumten wir wie wild die Zelte frei — mit Schaufeln, Tellern, was uns gerade in die Finger kam; außer Charles allerdings, der, das hatte er beim Militär gelernt, ein gutes Stück weiter oben mit wissenschaftlicher Präzision einen Umleitgraben anlegte. Danach verlegten wir Lager II an einen netten, sicheren Platz zwischen einigen Spalten.

Die Sicherung mit fixen Seilen kostete uns einen weiteren Tag, dann konnten wir erfolgreich Lager III errichten; es fehlte uns nichts, außer Charles' Schlafsack, der zum Entlüften über einem Zelte gehangen hatte und plötzlich abgesegelt war, um 600 m unter uns, irgendwo beim Lager II, zu landen. Das nächste Problem war der Grat über uns, ein Aufstieg von zirka 200 m. Eine Rinne löste den ersten Teil

*Der Machapuchare (»Fischschwanz«) mit seiner
Südwand. Das Bild wurde in der Gegend von
Pokhara aufgenommen.*

des Problems; dann kam eine steile Rinne, das hieß Stufen schlagen und 60 m Fixseil anbringen; und nun, es war am 16. Mai, kam der erregende Augenblick für uns drei — der Blick nach Osten.

Der Ausblick auf den Hintergrund war herrlich: Die Annapurna II und III thronten über einer Wolkenbank, und mannigfache Gipfel lagen darunter. Doch der Vordergrund war für uns wichtiger, und da sah es weniger rosig aus. Der »Felspfeiler« zu unserer Rechten, der die Sicht zum Gipfel versperrte, sah aus wie ein Berg für sich und stürzte als wilder Messergrat zu uns herab. Da war nichts zu hoffen. Darunter aber, auf der anderen Seite, lag ein liebreizendes, kleines Schneefeld, glatt wie Seide, einladend wie ein Bad am Meer — wenn wir dorthin gelangten... Ich begann, eine Kerbe in die Wächte zu schlagen.

Wir brauchten einige Zeit, um einen Birkenpflock zu verankern, der beide Seiten hinreichend sicherte; dann seilten wir uns einer nach dem anderen mit 60 m Manilahanfseil in einer sehr steilen, schmalen Rinne ab, die in weniger schwierigem Gelände endete. Wie wir befürchtet hatten, war der Schnee, der nach Westen hin gewöhnlich von harter und guter Qualität gewesen war, hier auf der Ostseite weich und schrecklich, ja fürchterlich. Vom Seilende aus mußten wir, um das Schneefeld zu erreichen, zirka 400 m traversieren. Dazu brauchten wir über eine Stunde, und jeder Schritt war eine Qual. Manchmal fielen wir in den Hang regelrecht hinein; die Gefahr abzustürzen, bestand kaum. Wir waren erleichtert, als wir auf dem Schneefeld anlangten. Als wir auf derselben Route zurückkehrten, schneite es. Der Aufstieg zu unserer Kerbe war, wenn überhaupt, noch unangenehmer als der Abstieg: Es war ein senkrecht gehäufter Schneebrei, in dem der Fuß vergeblich nach Halt suchte. Doch schließlich schafften wir auch das.

Es war also zu schaffen, doch galt das auch für die Sherpas? Wir hatten drei, sie waren hervorragend: Ang Hyima, Tashi, ein großartiger Kanch-Sherpa, und Ang Tsering, der zwar jung, aber am vielversprechendsten war. Besorgt blickten sie von der Wächtenkerbe hinab, doch dann machten sie sich verbissen an die Arbeit, jeder an einem Kletterseil

gesichert. Die schweren Lasten ließen sich nur unbeholfen bewegen, so daß Ang Tsering einmal stürzte und geduldig warten mußte, bis man ihn entlastet hatte. Die Traverse war genauso schwierig, und die Sherpas hätten gut protestieren können. Trotzdem wurde Lager IV in 6220 m Höhe auf dem Schneefeld errichtet.

Das Photo, das Jimmy 1950 von der Annapurna IV aus von dieser Bergflanke aufgenommen hatte, vermittelte den Eindruck, als sei das Schneefeld direkt mit dem oberen Hauptgletscher verbunden, der ohne Schwierigkeiten zum letzten Steilhang vor dem Gipfel führt. In diesem Glauben brachen wir drei und die Sherpas am 18. Mai vollbeladen auf, mit dem Ziel, Lager V zu errichten. Wir kamen keine 200 m weit.

Vom Lager IV aus, das wir am Fuß jenes Felspfeilers errichtet hatten, kann man zwar den überragenden Gipfelobelisken einsehen, nicht aber das Gelände, das dazwischen liegt; es ist ein kurzer, ebener Messergrat, der den Blick auf die gesamte untere Partie versperrt und der den Abschluß eines größeren Grates bildet, welcher vom Felspfeiler in rechten Winkeln herabsteigt. Daß die andere Seite dieses kleinen Grats Hunderte von Metern steil ins Tal des Seti Khola abfällt, das hatten wir nicht erwartet. Der Gletscher, der weiter oben so glatt verläuft, bricht in dieser Höhe plötzlich ab und bildet eine ganze Reihe riesiger unterhöhlter Vorsprünge, die stückchenweise rumpelnd und polternd in die Schlucht hinabstürzen. Aber etwas rechter Hand und etwa 100 m unter unserem Standplatz (man hatte mich zur Erkundung abgeseilt) reichte ein Arm des Gletschers direkt am Berg in Form eines schneebedeckten Bandes herüber... Wenn wir da hinübergelangen könnten!

Vier Stunden lang versuchten David und ich dieses Band zu erreichen, während Charles diesen Kampf filmte. Zuerst kletterten wir den kleinen Grat entlang, um eine weitere Traverse zu versuchen, doch in dem von der Sonne schwer zugerichteten Faulschnee kamen wir nicht weiter. Wir versuchten, weiter oben auf den Grat und hinüber zu gelangen, aber auch hier war die Sache faul. Wir gaben uns geschlagen und kehrten zurück.

»Wenn wir 120 Seilmeter hätten, könnten wir uns zu diesem Band hinablassen«, meinte David. Wenn wir erst mal draufstanden, gab's, von den zwei großen Spalten vor dem letzten Steilhang abgesehen, kein ernsthaftes Hindernis mehr. Wir stiegen also wieder ab, um mehr Seil und eine Seilleiter zu holen.

Um diese Zeit war Jimmy von seinem Krankentransport zurück und er brachte die Dinge wieder ins Rollen, indem er ein Nachschubteam zum Lager III hinaufführte. Als am 29. Mai der Rest von uns aufstieg, war es das erste und einzige Mal, daß wir unverschneite Spuren vom Vortag benutzen konnten.

Als er die Fixseile sah, meinte Da Temba, unser vierter Sherpa, er fühle sich schwindlig, so daß ihn Jimmy wieder mit hinab nahm — dieser hatte sich übrigens großzügigerweise erboten, vom Lager III an nicht mit aufzusteigen, sondern die Vermessung des Beckens abzuschließen. Die anderen übernahmen die Last von Da Temba, wobei Spottreden auf die Darjeeling Sherpas geschwungen wurden, denn sie selbst waren Solo-Khumbu-Männer, die nichts erschüttern konnte.

Der nachmittägliche Schneefall deprimierte, da er stets einen frühen, kalten Aufbruch bedeutete. Doch hatten wir jetzt oben 90 m Fixseil angebracht, so daß der Abstieg von der Kerbe etwas von seinem Schrecken verloren hatte. Im Lager IV angekommen, machten wir uns noch am selben Abend — es schneite einmal nicht — an die Anbringung des Fixseils. Zuerst krochen wir rittlings auf dem Messergrat entlang, der sich an das Schneefeld anschließt, dann ließen wir unsere 8 m lange Strickleiter über dem kleinen Bergschrund hinab, so daß wir an dieser Seite leicht aufsteigen konnten. Diese Leiter hatte Tashi im Basislager mit geschickter Hand aus Manilaseil angefertigt, in das er Sprossen aus Birkenruten eingeflochten hatte. Die Leiter wurde oben mit Hilfe eines Ersatzeispickels verankert, und vom selben Pickel aus führten wir auf der anderen Seite die 90 Seilmeter hinab, in der Hoffnung, mit ihrer Hilfe auf das Band zu gelangen.

Am nächsten Tag waren wir mit der Arbeit fertig, und wir machten einen Probeversuch. Während die anderen oben warteten, wand ich mir das Fixseil um das rechte Handgelenk, und, vom Abseilseil gehalten, stieg ich ab. Ich mußte mich zu einem kleinen Schneepfeiler vorarbeiten (auf dem Weg direkt nach unten wäre ich im Seti gelandet), über diesen Pfeiler hinweg und eine steile Eisrinne hinab. Das war eine tückische, eine widerliche Stelle. Mit der Hand hielt ich mich eng am Seil, während meine Stiefel immer wieder abrutschten, wenn ich versuchte, auf der vereisten Oberfläche, die sich unter einer Schicht Pulverschnee befand, Fuß zu fassen. Es wurde steiler; ich war erleichtert, als ich endlich das Seilende erreicht hatte, und noch mehr erleichtert war ich, als ich entdeckte, daß das letzte Stück kletterbar zu sein schien. (Allerdings war das nicht ganz so einfach, denn am nächsten Tag mußten wir 6 m von unserem Kletterseil abschneiden.) Ein Stückchen weiter würden wir, so schätzte ich, mit knapper Not auch, bevor es ins Nichts abbrach, das ersehnte Band erreichen. Doch da mußte ich am Seil hoch- und zurückklettern, was die Arme ganz hübsch in Anspruch nahm.

Charles beschloß, mit Tashi im Lager IV zurückzubleiben, um den Rückzug zu sichern: Wir befürchteten, bei der Rückkehr zu erschöpft zu sein, um die letzte Strecke noch aus eigenen Kräften hochklettern zu können. David und ich wollten mit den Lasten für Lager V so weit wie möglich kommen, um am 2. Juni den Gipfelsturm zu versuchen. Am nächsten Tag waren wir deshalb bereits um 6.15 Uhr unterwegs. Auf dieser Seite des Berges war es wichtig, die annehmbare Schneequalität des Morgens zu nutzen. Trotzdem brauchten wir für den Abstieg am Seil mit rund 20 kg schweren Lasten über zwei Stunden und eine ganze Menge handfester Ausdrücke. Um 8.30 Uhr machten wir Rast, dann kletterten wir das Band entlang.

Rückblickend kommt uns dieses Band selbst wie ein monströser Alptraum vor. Durch nichts abgestützt, wird es eines Tages in den Seti hinabstürzen. Doch gelangten wir bald auf den Hauptgletscher, auf dem wir uns mit voller Kraft voranarbeiteten. Er wurde zweimal in seiner ganzen Breite von zwei gewaltigen Gletscherspalten unterbrochen, die uns zur Umkehr hätten zwingen können. Die erste Spalte war ganz links blockiert, während die zweite unvermutet von einer hübschen, bogenförmigen Schneebrücke überspannt wurde. Gleich darüber ließen wir uns erleichtert in den Schnee plumpsen; dort kampierten wir in 6400 m Höhe. »Gletschermattigkeit« und Durst hatten eingesetzt, und wir wollten am nächsten Tag in aller Frühe aufbrechen.

Es gibt wenige, die vor einem schweren Klettertag gut schlafen können. Ich wachte um 2 Uhr morgens auf, doch war uns das doch etwas zu früh. Um 3 Uhr aßen wir etwas Studentenfutter und brauten uns Tee. Um 3.50 Uhr mußten wir nur noch die Steigeisen anschnallen, wozu wir in der eiskalten Nacht zwanzig Minuten brauchten. Um 4.15 Uhr brachen wir auf. Wir hatten auf harten Schnee gehofft, doch wir sanken bis zu den Knöcheln und später bis zu den Knien ein. Es war ekelhaft. Trotzdem war es eine Wonne, in der großartigen Morgendämmerung aufzusteigen, einen Blick hinabzuwerfen auf den Felspfeiler und später auf den noch höheren Gratturm, einen Blick zurück über den Grat auf das Lager II und in das Tal mit dem Basislager. Um 7 Uhr hatten wir über einen steileren Anstieg den letzten Felsvorsprung erreicht, mit einem Ausblick auf das Durcheinander einer phantastischen Eiswüste.

Glücklicherweise sind Hänge, die man von vorn sieht, nie so steil, wie sie aussehen, denn dieser allerletzte Anstieg hatte immer einen fast vertikalen Eindruck vermittelt. Jetzt entdeckten wir, daß die Rippen in einem zwar steilen, aber doch annehmbaren Winkel von vielleicht fünfzig bis siebzig Grad emporführten. Doch sie bestanden aus reinem Eis! Wir gingen los.

Unterhalb eines kleinen Bergschrunds war der Schnee immer noch knietief; oberhalb gelangten wir nach leichtem Stufenschlagen zur ersten Schneeader. Darüber, am linken Gipfelgrat, hing eine gigantische, knollige Eismasse — »die Zwiebel«. Es dauerte eine Ewigkeit, bis wir sie passiert hatten. Inzwischen hatte sich der klare, blaue Himmel vom Südwesten her rasch mit einem Makrelenmuster bezogen. Die großen Gipfel, Dhaulagiri, Annapurna, Manaslu, verbargen ihre Häupter in langen, wurstförmigen Wolken. Es begann zu schneien, zunächst noch bei Sonnenschein, dann in dichten

Flocken aus einem grauen Himmel. Wir legten unser bestes Tempo vor.

Ungefähr um 11 Uhr bogen wir auf unsicherem Schnee um eine Rippe, die direkt zum Ziel hätte führen müssen: Der Gipfel sah so nah aus und lag in der Fallinie keine 50 m über uns. Doch immer noch trennten uns von ihm vier wunderschön glatt polierte Eisrippen. An manchen Stellen klebte etwas Schnee, der sich jedoch mit einer Handbewegung abstreifen ließ. Jede Rippe mündete in eine Gipfelrinne, und es war schwer zu sagen, welche nun die höchste war. Unser eigener Gipfelgrat, der sich immer noch gegen uns »aufzwiebelte«, half uns überhaupt nicht weiter.

Es muß wohl die Göttin vom Berge gewesen sein, die uns so listig angelockt hatte und nun, direkt unter dem Gipfel, eine höchst effektive Grenze zog. Ich schlug zwei, drei Stufen, und für jede brauchte ich Minuten; dazu kamen noch die entsprechenden Griffe. Ein langwieriger Job. So beschlossen wir, zwei ehrbare Ehemänner, die wir doch waren, diese Göttin in ihrem privatesten stürmischen Bereich in Ruhe zu lassen und stiegen ab. Die Talleute würden das zu würdigen wissen, und wir selbst waren's zufrieden. Ich grub die nepalesische Flagge und den Union Jack ein und versenkte einen Kletterhaken.

Das war der Punkt, an dem David im Schneefall beschloß, sich eine Pfeife anzuzünden. Je mehr ich mich über das Nylonseil ärgerte, das sich nicht entwirren lassen wollte, desto mehr ärgerte er sich über seine Pfeife, die sich, was gar nicht so verwunderlich war, nicht anzünden lassen wollte. Endlich brachen wir auf, den ersten Teil des Abstieges am Seil gesichert; noch einmal schlugen wir Stufen in den Schnee; wir fanden unsere Aufstiegsroute im Eis wieder. Wir kletterten wieder das Band entlang. In der Zwischenzeit mußte es eine Menge geschneit haben, denn unsere früheren Spuren, obgleich knietief, waren völlig verschwunden. Völlig blind mußten wir einen Kompaßkurs steuern. Um 14.30 Uhr sichteten wir erleichtert das halb zugeschneite kleine Zelt. Wir waren zehneinviertel Stunden unterwegs gewesen, und die Eiszapfen zierten weiß und ehrwürdig unsere Bärte.

Siniolchu   6891 m

Schönster Berg der Welt?

Im Frühjahr 1965 erschien in einer alpinen Zeitschrift das Ergebnis einer Umfrage nach dem schönsten Berg der Welt. Dabei fiel unter den Himalaya- bzw. Karakorumgipfeln dem K 2 die Krone zu. An zweiter Stelle folgte der Siniolchu. Schon 1899 hatte ihn der englische Alpinist D. W. Freshfield gesehen und ihn spontan den »schönsten Berg der Welt« genannt.

Bedingt durch seine isolierte Lage, den symmetrischen Gipfelaufbau und die faszinierenden Eiswände muß dem Siniolchu eine Sonderstellung eingeräumt werden. Für die buddhistischen Einheimischen ist er ein heiliger Berg. Er gehört zum Sikkim-Himalaya und erhebt sich ungefähr 16 km Luftlinie östlich des Kangchenjunga, 100 km nördlich von Darjeeling. In dieses Gebiet nun führt die »Deutsche Himalaya-Kundfahrt 1936«. Ihr Leiter, der Münchner Paul Bauer, kennt die Örtlichkeiten bestens von früheren Expeditionen her, als er mit seinen Leuten den Kangchenjunga angegangen war.

Weitere Mitglieder der Kundfahrt sind der 30jährige Physiker Dr. Karl Wien, dem die wissenschaftlichen und fotogrammetrischen Arbeiten obliegen, der Arzt Dr. Günther Hepp, der physiologisch arbeiten soll, und der vierundzwanzigjährige Münchner Adolf Göttner, einer der besten Alpinisten seiner Zeit.

Am 20. August 1936 schlägt die Expedition ihr Lager auf dem Zemu-Gletscher nordöstlich des Kangchenjunga auf.

Das Wetter ist so schlecht, daß nicht einmal der obere Siniolchu-Gletscher zu sehen ist — vom Siniolchu selbst gar keine Spur. Auch im Südosten, in dem bis dahin noch unbekannten Gebiet des Zumtu Gletschers, haben die Bergsteiger kein Wetterglück. Erst beim Rückmarsch reißt die Wolkendecke auf. Und das wird von Göttner und Hepp für die Besteigung des 5800 m hohen Liklo-Nordgipfels ausgenützt.

Erst in der zweiten Septemberhälfte können die Deutschen wieder ernsthaft an den Siniolchu denken. Nach einer sechstägigen Schlechtwetterperiode wird am 18. September ein Teil des Proviants vorausgeschafft. Der nächste Tag bringt bestes Wetter. Von der großen Moräne am Zemu-Gletscher aus studieren die Bergsteiger mit Hilfe eines Fernglases die Einzelheiten des geplanten Aufstieges. Karl Wien berichtet:

Am 19. September gegen Mittag verließen wir das Standlager mit allen verfügbaren Kräften, vier Sahibs und zwei Trägern. Wir alle sechs hatten ordentlich zu schleppen, als wir den Zemu-Gletscher überschritten. Es geschah dies zum ersten Male bei schönem Wetter, und so war es ein neues Erlebnis für uns, wenn hinter den schuttbedeckten Hügeln der Gletscheroberfläche das glitzernde Eis des Siniolchu in wundervoller Beleuchtung zum Vorschein kam oder sich in den kleinen Seen und Tümpeln spiegelte. Jenseits bezogen wir in einem geschützten Winkel neben der Moräne des Siniolchu-Gletschers ein Lager. Die Nacht brachte bei bedecktem Himmel leider nicht die erhoffte Kälte, und so war der Schnee am anderen Morgen nur oberflächlich gefroren. Wir brachen bald tief ein, und als der Schnee mit Erscheinen der Sonne vollständig weich wurde, kamen wir nur mehr langsam vorwärts und waren schließlich gezwungen, noch am Vormittag in etwa 5100 m Höhe ein Lager zu beziehen. Doch legten wir am Nachmittag noch eine Spur durch den Bruch, um am nächsten Morgen in den hartgefrorenen Stufen rasch emporzukommen.

So brachten wir am Morgen des 21. September, an dem wir noch in dunkler Nacht aufbrachen, den unteren Bruch rasch hinter uns und zogen über das große ebene Firnfeld bis zu Beginn des zweiten Bruches. Dieser war ziemlich schwierig zu überwinden, wir packten ihn an der rechten Seite an, wo uns ein Lawinenkegel bis nahe an die Felsen heranführte. Dort wurden wir in die Seracs und Brüche gedrängt, viel Hackarbeit fand sich und die Lasten der Träger mußten über einige steile Stellen in mühsamer Arbeit aufgeseilt werden. Auch unser Hund, der vergeblich versucht hatte, über die steilen Eiskamine emporzuklettern, wurde kurzerhand in einen Sack gesteckt und heraufgehißt. Oberhalb des Bruches, in etwa 5700 m Höhe, unmittelbar am Fuß der steilen, vom Kleinen Siniolchu abstürzenden Felswand lagerten wir. Es war ein kalter, unheimlicher Platz. Schon um 2 Uhr nachmittags war die Sonne hinter dem Grat des Kleinen Siniolchu verschwunden, Nebel und Schneefall setzte ein.

Hier mußten wir nun unsere Träger zurücklassen, um die letzten 1200 m bis zum Gipfel allein zurückzulegen. Ihrem

*Der Siniolchu gilt zu Recht
als einer der schönsten
Berge der Welt.*

technischen Können nach hätten uns die Träger auch hier überall folgen können, aber mit ihren Lasten hätten sie eines Weges bedurft, den zu bereiten und auszuhacken uns zuviel Zeit gekostet hätte. Das bedeutete, daß Zelte, Schlafsäcke, Primuskocher und vieles mehr zurückgelassen wurde und wir uns ganz auf unser Sturmgepäck stellen mußten. Ein Zeltsack für je zwei Mann, unsere warme Biwakausrüstung, ein wenig Proviant und zwei kleine Metakocher waren alles. So brachen wir am anderen Morgen zu viert auf, einige steile Stellen in der Rinne machten uns Arbeit, und dann begann ein äußerst anstrengendes Spuren in dem tiefen Schnee der steilen Rinne und auf den zum Grat leitenden Terrassen. Wir befanden uns auf der Nordseite des Berges, der Südwind hatte den Schnee über den Grat geblasen, so daß er hier stark angehäuft und wegen der fehlenden Sonneneinwirkung locker und pulvrig geblieben war. Um 14 Uhr erreichten wir den Grat in etwa 6200 m Höhe. Unglaublich steil stürzten die Flanken drüben ins Passamramtal ab, große Wächten hingen zur Zemuseite hin über den Grat hinaus. Über verschiedene Absätze dieses scharfen Grates kamen wir am Nachmittag noch etwa 200 m höher, bis uns die fortgeschrittene Tageszeit und ein Wächtenabbruch gegen Abend Einhalt geboten. Der Weg auf den Grat bedeutete stets ein Hin- und Herpendeln zwischen den Schwierigkeiten der nach unten an Steilheit zunehmenden Passamramseite und dem überhängenden Teil des Wächtengrates, der etwas weniger geneigt war. Es hieß vorsichtig mit dem Pickel sondieren, und bei einer solchen Gelegenheit brach einmal ein Stück der Wächte durch, entfesselte eine große Lawine, die auf der Zemuseite hinabfuhr und tief unten unsere Aufstiegsspur zuschüttete.

Auf einer luftig über den Abgründen gebauten Firnkanzel bauten wir uns die Sitze für unser Biwak aus dem Firn. Bei etwa –8 Grad saßen wir in unseren Zeltsäcken, die Füße im Rucksack, alles Wärmende am Leib und ließen die lange Nacht über uns dahinziehen. Es war nicht kalt, nur Bauer, der der Gratschneide am nächsten saß, mußte den kalten Wind abfangen, der von dort kam, und hat gefroren.

Der Morgen des 23. September fand uns schon um 6 Uhr auf dem Weitermarsch. Steile Gratstücke wechselten mit flacheren, aber stets gab es weit überhängende Wächten, die uns in die Südflanken hinunterdrängten. Gegen 8 Uhr erreichten wir die Scharte zwischen Vor- und Hauptgipfel. Bleistift und Leicakamera bekamen viel Arbeit, um das festzuhalten, was sich im Süden unserem Auge darbot, ein klares Panorama der Berge und Gletscher, zwischen uns und dem Talungtal, die zum Teil noch niemand gesehen hatte. Pandim, Kabru, Talung-Peak und der Hauptgipfel des Kantsch standen im Hintergrund als große Richtpunkte dieses Blickfeldes. Wir trennten uns hier in zwei Abteilungen. Die eine, Bauer und Hepp, blieb in Bereitschaft zurück, um uns den Rückzug zu decken, Göttner und ich machten uns auf den Weiterweg. Ein Entschluß, der fast ohne Worte den Gegebenheiten entsprechend dort oben gefaßt wurde, um das Ziel sicher zu erreichen. Der Erfolg beruht ja bei allen Himalayaunternehmungen auf dem Einsatz aller, auf deren Schultern der steht, dem es vergönnt ist, den letzten Pickelhieb in die Stufenreihe zum Gipfel zu führen.

Ein steiler schwerer Abbruch von 60 m Höhe hielt uns zunächst auf, darüber führte dann ein scharfer Wächtengrat weiter, bis wir gegen 12 Uhr am Fuß des eigentlichen Gipfelaufbaues anlangten. Das Wetter hatte sich außerordentlich gut gehalten, während unter uns die Nebel brandeten, standen wir selbst in klarer Sonne, und nur ein schwacher Wind wehte von Süden. Die Schneebeschaffenheit am Grat wechselte stark je nach der Ausgesetztheit.

Im Gipfelaufbau verliert sich der Westgrat. Über steile Firnhänge, auf denen die Steigeisen, teilweise in blankem Eis, das der Firn nur oberflächlich verdeckte, nur einen schwachen Halt fanden, arbeiteten wir uns langsam empor, jeder von uns abwechselnd eine Seillänge führend. Um 14 Uhr hatte Göttner den Durchstieg durch die Wächte geschlagen, und eine Seillänge höher war der höchste Punkt des Siniolchu erreicht. Die steilen, scharfen Grate, die wildabstürzenden Flanken, trotz ihrer Steilheit von rillendurchfurchtem Firn bedeckt, vereinigen sich in dem wächtengekrönten Gipfel zu einem Punkt von unsäglicher Wildheit. Die ganze Freude des Sieges erfüllte uns hier oben.

Amai Dablang   6856 m

VI. Schwierigkeitsgrad

Die Amai Dablang — so der neueste Name nach Peter Aufschnaiter — hieß bis 1966, als die vortreffliche Khumbu-Himal-Karte (1:50 000) von Erwin Schneider erschien, Ama Dablam — »Mutter Medaillon«. Der allseits schroffe, 15 km südwestlich des Mount Everest über dem oberen Khumbu-Tal aufragende Eisthron, ist für die Österreicher Kuno Rainer und Ernst Senn der »schönste Berg der Welt«. Er wirkt von allen Seiten abweisend und kann sich trotz der wesentlich höheren Berge (Nuptse, Lhotse, Mount Everest) der Umgebung gut behaupten. Die zweifellos schönste Ansicht ist der Blick vom Kloster Thyangboche auf die prachtvolle Eispyramide mit ihrem gigantischen Wandabbruch.

Im Herbst 1958 waren erstmals Bewerber an der Amai Dablang aufgetaucht. Und zwar eine britisch-italienische Expedition, der neben anderen auch der 76jährige Piero Ghiglione angehörte. Sie gingen damals den Südgrat an, von dem Charles Evans 1953 meinte, er sei begehbar. Die Bergsteiger Cunningham und Pirovano kamen aber nur bis zum »Gelben Turm« und scheiterten dort an einem Überhang in 5790 m.

Tragisch endete der Versuch einer britischen Expedition 1959 unter Leitung von Emlyn Jones auf der Nordseite: Harris und Fraser wurden zuletzt in 6700 m gesehen. Seitdem sind sie verschollen. Hatten sie den Gipfel erreicht?

Am November 1960 arbeitet unter der 1000 m hohen Ostwand der Amai Dablang eine Gruppe von Wissenschaftlern des britischen »Medical Research Council«. Das Team, dem auch Bergsteiger angehören, will unter Leitung von Dr. Griffith Pugh »die Auswirkungen eines längeren Aufenthaltes in großen Höhen auf Menschen« erforschen. Bald werden die ersten grundlegenden Ergebnisse bekannt: Der Druck, der den Sauerstoff von den Lungen in das Blut preßt, nimmt mit dem Erreichen zunehmender Höhen ab. Um Schaden abzuwenden, wird mehr Luft und folglich mehr Sauerstoff durch die Lungen gepumpt, außerdem nimmt die Zahl der roten Blutkörperchen zu und damit auch die Menge des im Blut beförderten Sauerstoffes. Am empfindlichsten reagieren die Gehirnzellen auf Sauerstoffmangel. Die Vermehrung der roten Blutkörperchen kann die Neigung zur Thrombose fördern, da das Blut in großen Höhen sehr zähflüssig wird. Das Herz hat dann Mühe, die Zirkulation aufrechtzuerhalten. In diesem Zusammenhang stehen auch Erfrierungen, und zwar unabhängig vom Wärmeschutz der jeweiligen Körperteile.

Bei der Überwinterung in der sogenannten »Silberhütte« — sie wog etwas mehr als eine Tonne und war mit Drahtseilen festgemacht —, dem höchstgelegenen (5790 m) Laboratorium der Welt, beobachten die Bergsteiger Michael Ward, Wally Romanes (England), Barry Bishop (USA) und Michael Gill (Neuseeland) aufmerksam den Südgrat der Amai Dablang. Michael Ward berichtet:

Wally, der den ganzen Winter hindurch von unschätzbarem Wert gewesen war (es schien nichts zu geben, was er nicht reparieren oder herstellen konnte), brach am 19. Februar mit Gumen Dorje auf und errichtete in zirka 5640 m Höhe ein Lager, und zwar genau an der Stelle, ab der das Erklettern des Südgrates schwierig wurde. Der über den Grat dahinfegende Wind störte sie dabei etwas. Am nächsten Tag traversierten sie den Grat zum Fuß des »Gelben Turms« und stiegen zu dem Vorsprung hinauf, bis zu dem Cunningham vorgestoßen war. Nun boten sich zwei verschiedene Routen an, entweder gerade hinauf über einen Überhang zum Grat oder eine lange, schwierige Rechtstraverse entlang der exponierten Flanke des Turms. Wally hielt dies für eine gute und schwierige Route bei normaleren Höhen. Da er nicht zu Übertreibungen neigt, war ich keineswegs optimistisch. Am 23. Februar brachen Barry Bishop und ich mit Pemba Tensing und Gumen Dorje von der Grünen Hütte auf und erreichten, nachdem uns der äußerst starke Wind ein paarmal umgeworfen hatte, das etwas beengt aber geschützt gelegene Lager I. Hier verbrachten wir eine angenehme Nacht, während der Wind dicht über unseren Köpfen dahinbrauste. Am nächsten Tag nahmen Barry und ich den »Gelben Turm« in Angriff. Wally hatte sehr wenig über diesen Grat gesagt, und zu unserer Überraschung sahen wir uns anstelle einer verhältnismäßig einfachen Kletterei einem

Das Bild der Amai Dablang
wurde vom Kloster Thyangboche aus fotografiert;
im Vordergrund buddhistische Gebetsfahnen.

sehr exponierten, engen, gezackten, kurzum echt alpinen Grat gegenüber. Die Route lag die ganze Zeit über klar und unausweichlich vor uns, Alternativen gab es nicht. Wir kamen an einem Nylonseil vorbei, das Cunningham an einem der Türme zurückgelassen hatte; es machte einen kräftigen Eindruck, und so ließen wir es hängen. Danach kamen einige Stufen, die mit fixen Seilen gesichert werden mußten. Kurz vor Erreichung des »Gelben Turms« verengte sich der Grat, so daß wir uns etwa viereinhalb Meter rittlings fortbewegen mußten; unter dem »Gelben Turm« befand sich ein kleiner Hängegletscher, der sich als idealer Lagerplatz erwies. Auf dem Vorsprung oben auf dem Turm sicherten wir uns mit Seilen ab, und ich machte mich daran, die lange Rechtsquerung zu untersuchen. Etwa die ersten sechs Meter gingen an der Flanke entlang. Nachdem ich einige Haken geschlagen hatte, kam ich oben auf einem diamantförmigen Felsen an. Danach wurde eine sehr ausgesetzte Traverse nach rechts zu einem einfacher ausschauenden Gelände notwendig. Wir dachten, daß es, sobald die ersten drei Meter überwunden waren, hinterher leichter ginge. Ängstlich brachte ich die Traverse hinter mich und trat dann links in eine rechtwinklige Ecke zurück und dann weiter hinauf zu dem Überhang, der Cunningham aufgehalten hatte. Nach einigen Versuchen kam ich wieder herunter. Nun stieg Barry hinauf, wobei es ihm gelang, den Überhang zu erklettern. Bezüglich des nun kommenden Abschnitts war er recht zuversichtlich. Am nächsten Tag errichteten wir ein Lager auf dem Hängegletscher am Fuß des »Gelben Turms« und starteten am 26. von neuem. Dieses Mal stieg ich mit Hilfe von Steigleitern zum Überhang hinauf und darüber hinweg. Wir befanden uns knapp zwei Meter vom Gratrand entfernt, doch sie schienen, zumal bei dem lockeren und überhängenden Gestein, fast unbegehbar. Ich stieg bis zum Vorsprung des diamantförmigen Felsens hinunter und schlug zwei Haken. In den zweiten hängte ich eine Steigleiter ein und traversierte nach rechts. Ich sicherte, und Barry nahm das sogenannte leichte Stück in Angriff. Der letzte Riß vor dem Grat war tatsächlich überraschend schwierig. Ich folgte nach, und ein paar Minuten später befanden wir uns beide

oben auf dem »Gelben Turm«. Wir kletterten weiter auf den daneben gelegenen »Roten Turm«; von dort konnten wir in die Scharte hineinsehen. Sie trennte den Südgrat vom eigentlichen Berg. Von der Scharte führt eine senkrechte, von einem Riß durchzogene Stufe zu einem Steilgrat. Diese Felsstufe würde offensichtlich Schwierigkeiten bereiten; wir kehrten zum oberen Teil des »Gelben Turms« zurück und befestigten an einem günstig gelegenen Gratturm eine Leiter. Sie reichte bis zu dem Vorsprung, und wir benutzten sie von nun an immer zum Auf- und Abstieg. An diesem Nachmittag trafen Wally, Pemba Tensing und Gumen Dorje im Lager II ein.

Am 27. schauten wir uns den Pfeiler an, der aus der Scharte hinausführte und den wir nun erste Stufe nannten, da wir weiter oben einen weiteren, steilen Pfeiler gesehen hatten. Der Wind blies heftig auf dem Hang zum Fuß des Risses hinauf, so daß wir froh waren, auf der dem Wind abgekehrten Seite Schutz zu finden. Wally stieg bis zur Mitte des Risses hinauf und verbrachte dann einige Zeit damit, Haken für den überhängenden, oberen Teil zu schlagen. Dann stieg Barry hinauf und schlug ebenfalls noch einige Haken, bevor wir dann alle zusammen zu unseren Zelten zurückkehrten. Am nächsten Tag setzte Barry noch die letzten Haken und erklomm die Stufe mit Hilfe von Steigbügeln. Nun übernahm ich die Führung; wir stiegen in steilem, exponiertem, aber nicht zu schwierigem Fels bis zu einem günstig gelegenen Absatz. Von hier bis zum Fuß der zweiten Stufe führte die Route über einen Eisgrat. Wir dachten, daß wir diese Stufe durch eine linker Hand gelegene, unangenehme und einen unsicheren Eindruck machende Rinne umgehen könnten. Die am günstigsten gelegenen Stellen sicherten wir auf dem Rückweg mit Seilen. Bei unserer Rückkehr zum Lager trafen wir auf Mike Gill, der nun nicht länger als Testperson für die letzte Versuchsreihe in der Silberhütte benötigt wurde.

Am nächsten Tag, dem 1. März, versuchten er und Wally über die zweite Stufe hinauszukommen, während Barry und ich Lasten zu dem Vorsprung unterhalb der zweiten Stufe hinaufschafften. Außerdem brachten wir oben am Riß eine weitere etwa 15 m lange Leiter an. Mike und Wally gelang es, durch die unangenehme Rinne links an der zweiten Stufe vorbei hinaufzuklettern und den Fuß eines Schneegrates zu erreichen, der zu dem Eisvorsprung führte, den wir für unseren nächsten Lagerplatz etwa 460 m unter dem Gipfel vorgesehen hatten.

Mike Gill verbrachte die nächsten Tage damit, Brennstoff und Proviant zum Lager II hinaufzuschaffen und das Gelände, soweit wir gekommen waren, mit fixen Seilen abzusichern. Barry Bishop, Wally und ich stiegen zur Grünen Hütte hinab. Ich setzte den Abstieg bis nach Mingbo fort, um zu sehen, was ich zur Behebung der Schwierigkeiten, die wir mit unseren Primuskochern hatten, tun könnte. Außerdem war es einem Flugzeug zwar gelungen, auf unserem Flugplatz zu landen, es kam jedoch beim Anflug recht schwanzlastig herein, so daß bei der Landung ein Laufrad verlorenging und der Flugzeugschwanz geknickt wurde. Da sich außer Captain Motwani niemand dort befand, hielt es Griff Pugh für angebracht, daß jemand hinunterstieg um nachzusehen, wie die Dinge standen.

Am 6. März waren Wally, Barry und ich wieder bei Mike Gill. Wir sahen uns den Berg noch einmal an. Während unserer Abwesenheit hatten Mike und die Sherpas rund 45 kg Lebensmittel und Ausrüstungsmaterial zu der Scharte hinaufgebracht. Auf Mikes Vorschlag beschlossen wir, unser jetziges Lager auf den »Roten Turm«, an den Rand der Scharte zu verlegen. Er begründete seinen Vorschlag damit, daß wir, bis wir die zweite Strickleiter hinter uns gebracht hätten, müde wären, was die Hoffnung bis zu dem noch recht weit entfernten Eisfeld zu kommen, stark sinken ließ. Unsere Route war immerzu sehr stark exponiert und trotz der beiden Strickleitern schwierig; hinzu kam, daß unsere beiden Sherpas den Berg überhaupt nicht mochten und ihnen das Klettern an Strickleitern Angst einjagte. Wir wollten deshalb die Lasten für das Hochlager selbst tragen. In dieser Nacht fielen etwa 6—7 cm Schnee, die das Vorankommen am Fels verlangsamten und recht gefährlich machten. Wir warteten bis der Schnee ein wenig geschmolzen war und machten uns dann daran, das Lager zu verlegen, indem wir un-

sere Ausrüstung die erste Stufe hinaufschleppten. Sechs Mann benötigten den ganzen Tag, um unser Lager rund 61 m höher und knapp 2 km grataufwärts zu verlegen.

Am nächsten Tag versuchten Mike und Wally bis zu dem Eisfeld vorzustoßen, während Barry und ich die Route mit Seilen sicherten und weitere Lasten zu dem Vorsprung unterhalb der zweiten Stufe schafften. Mike und Wally kamen recht bedrückt zurück. Oberhalb der zweiten Stufe führe ein Grat zu dem Eisfeld. Davor läge ein etwa 90 m langer Abschnitt mit ungewöhnlichen, pilzförmigen, nach beiden Seiten überhängenden Eistürmen, die den Gratkamm blokkierten. Unterhalb dieser Eistürme wären die Gratflanken zu steil und zu gefährlich, um dort entlangklettern zu können. Außerdem befände sich am Rand des Eisfeldes eine kleine, aber steile, gut 6 m hohe Eiswand, die mit technischen Hilfsmitteln erklettert werden müsse. Sie waren der Meinung, daß dieser Abschnitt zwar begehbar wäre, aber viel Zeit in Anspruch nähme. Etwas Ermutigendes hatten sie jedoch zu berichten: sie glaubten, daß es möglich wäre, auf dem Eisfeld eine Eishöhle zu graben und sie als unser letztes Lager zu benützen; wir müßten dann die Zelte nicht mitnehmen, wodurch wir erheblich weniger zu tragen hätten.

Am 9. März brachen Barry und ich zum Eisfeld auf, während Mike und Wally weiterhin Lasten schleppten. Die Rinne, durch die die zweite Stufe traversiert wurde, war eine sehr unsichere, unangenehme Stelle. Wir kamen jedoch gut voran und hatten bald die Stufe und den waagrechten Grat hinter uns gebracht. Das »Pilzgebiet« bot einen furchterregenden Anblick. Bei näherer Untersuchung stellten wir fest, daß der eigentliche Grat, auf dem sie balancierten, fest genug schien, und so gingen wir los. Glücklicherweise konnten wir immer, wenn auch streckenweise auf sehr unsicherem Grund, in geeigneten Spalten oder Rissen das Seil befestigen und uns somit bei gefährlichen Stellen gegenseitig absichern. Schließlich erreichten wir das Eisfeld. Wir erstiegen es mit Hilfe einiger Haken, eines Steigbügels und eines straffen Seils. Das Eisfeld eignete sich vorzüglich als Lagerplatz. Es war etwa 4000 Quadratmeter groß, leicht abfallend und trotz des weiter oben überhängenden Gletschers leitete ein Grat die niederstürzenden Eismassen, die eine oder andere Wand hinunter. Am erfreulichsten war jedoch, daß sich der Schnee hervorragend zum Bau einer Schneehöhle eignete.

Nachdem das Wetter, wenn man von dem kalten, stürmischen Wind absah, fast die ganze Zeit über gut gewesen war, gab es nun, als wir abstiegen, Anzeichen für einen Wetterumschwung. Große, schwarze Kumuluswolken türmten sich auf, und der Wind wurde kälter. Auf dem Felsvorsprung trafen wir auf Mike und Wally, die Kerosin holten, da es in Lager II knapp wurde.

Während Barry und ich am 10. März weitere Lasten zu dem Felsvorsprung hinaufbrachten und die neben der zweiten Stufe entlanglaufende Rinne mit Seilen sicherten, gelang es Mike und Wally zwei volle Traglasten zu dem Eisfeld hinaufzuschaffen. Wir hatten ursprünglich damit gerechnet, daß sie die Lasten bis über die zweite Stufe hinaufbrächten, und dieses unerwartete Plus war für uns alle am nächsten Tag sehr von Nutzen, als wir mit unseren Lasten für das letzte Lager zu dem Eisfeld hinaufstiegen. Wir kamen hier nachmittags um 16.00 Uhr an und machten uns sofort daran, unter Wallys Anleitung eine Eishöhle zu graben. In einer Höhe von etwa 6400 m war dies wirklich harte Arbeit. Zu Anfang kann immer nur ein Mann arbeiten bis der Eingang breit genug ist, dann wird ein kleiner Raum gegraben, dessen Boden etwas unterhalb des Eingangs liegt. Schließlich errichteten wir knapp einen Meter über dem Boden eine Liegefläche, auf der wir alle schlafen konnten. Abends um 21.30 Uhr hatten wir es geschafft und legten uns nach einem kargen Abendessen gegen Mitternacht zum Schlafen nieder. Ein herrlicher Sonnenuntergang hatte alles wettgemacht. Am 12. März blieben Mike und Barry zurück, um die Höhle etwas bewohnbarer zu machen, während Wally und ich auszogen, um die oberen Hänge des Berges zu erkunden. Zuerst mußten wir eine Lawinenrinne überqueren — dies war die einzige gefährliche Stelle auf dem ganzen Berg. Sie bestand aus reinem Eis, und nachdem Wally sich geschickt mit Steigeisen vorgekämpft hatte, mußten wir ein paar Stufen schlagen. Wir sicherten sie mit Seilen und bewegten uns

auf einen kleinen Felspfeiler zu, der, wie sich herausstellte, recht brüchig war. Nun führte ein etwa 90 m breiter Schneehang zum rechten Rand des Hängegletschers, der nun allein noch zwischen uns und den letzten oberen Kannelüren der Amai Dablang lag. An günstig gelegenen Stellen schlugen wir Eishaken, um am nächsten Tag Zeit zu sparen. Der Hang ging in einen kleinen, waagrechten Grat über, dann überquerten wir eine weitere Eisrinne und befanden uns nun auf Felsblöcken über dem Gletscher. Noch zwei Stufen, und wir hatten den Hang über dem Gletscher erreicht. Wir stiegen ein Stück weiter hinauf und konnten zwischen uns und dem Gipfel kein echtes Hindernis mehr entdecken. Es hing alles von den Schneeverhältnissen ab. Sollten sie gut sein, müßten Auf- und Abstieg in angemessener Zeit zu schaffen sein, waren sie schlecht, so hatten wir wenig Hoffnung.

Am nächsten Morgen brachen wir nach einem guten, von Mike Gill bereiteten Frühstück um 8.30 Uhr auf. Den ersten Teil brachten wir dank unserer am Vortag geschlagenen Stufen schnell hinter uns. Bei den Kannelüren angekommen, waren wir angenehm überrascht, eine kleine, gefurchte Kannelüre vorzufinden, die sich von rechts unten bis hinauf zum Gipfel ohne Unterbrechung hinzog. Wir folgten ihr. Wally und ich hatten vom Lager aus die Führung übernommen und fühlten uns, nachdem wir die ersten beiden Kannelürenstufen hinter uns gebracht hatten, recht müde, so daß Mike und Barry die Führung zum Gipfel übernahmen. Die Neigung betrug zwischen 40 und 50 Grad. Die Schneeverhältnisse waren nahezu ideal, und wir erreichten den Gipfel um 14.30 Uhr. Er bestand aus einer zirka 90×27 m breiten, von einem Spalt durchzogenen Schneekuppe. Wir konnten ohne Schwierigkeiten die »Silberhütte« erkennen und fragten uns, ob sie uns wohl gesehen hatten. Wir schauten auch über den Nordgrat hinab, dessen oberer Teil einen sehr schwierigen Eindruck machte. Von Mike Harris oder George Fraser fanden wir keine Spur. Die hohen Makalu-, Everest-, Lhotse- und Cho-Oyu-Gipfel wurden durch graue Kumuluswolken verdeckt, so daß wir etwa nach einer dreiviertel Stunde wieder zu unserer Eishöhle hinabstiegen.

199

Textnachweis

10–22 aus: John Hunt, The Ascent of Everest. Hodder and Stoughton Ltd., London. Deutsche Ausgabe: Mount Everest, Kampf und Sieg. Ullstein Verlag, Berlin 1954, S. 222–235

24–34 aus: Ardito Desio, K2 – zweiter Berg der Erde. Aus dem Italienischen von Karl August Horst. Nymphenburger Verlagshandlung GmbH, München 1956, S. 162–174

35–42 aus: The Alpine Journal 60 (1955) S. 220–225. Aus dem Englischen von Edwin Ortmann

42–48 aus: Die Alpen 33 (1957) S. 9–12

49–53 aus: La Montagne et Alpinisme N. F. 81 (1955) S. 113–115. Aus dem Französischen von Christoph Himminghoffen

56–59 aus: La Montagne et Alpinisme N. F. 86 (1960) S. 305–308. Aus dem Französischen von Christoph Himmighoffen

60–66 aus: Sangaku 51 (1958) S. 76–88. Aus dem Japanischen von Mariko Deguchi

67–71 aus: Jahrbuch des Österreichischen Alpenvereins, Alpenvereinszeitschrift 80 (1955) S. 100–102

73–87 aus: Hermann Buhl, 8000 drüber und drunter. Nymphenburger Verlagshandlung GmbH, München 1958, S. 322–337

91–103 aus: Maurice Herzog, Annapurna. Ullstein Verlag, Berlin 1955, S. 129–144

104–107 aus: The American Alpine Journal 11 (1959) S. 169–171. Aus dem Amerikanischen von Edwin Ortmann

108–115 aus: Hermann Buhl, 8000 drüber und drunter. Nymphenburger Verlagshandlung GmbH, München 1958, S. 336–343

116–121 aus: Österreichische Alpenzeitung 75 (1957) S. 33–37

122–127 aus: Der Bergsteiger 32 (1964/65) S. 378–382

128–139 aus: The Himalayan Journal 22 (1959/60) S. 56–60. Aus dem Englischen von Edwin Ortmann

143–144 aus: The Alpine Journal 49 (1937) S. 22–25. Aus dem Englischen von Edwin Ortmann

145–152 aus: The Alpine Journal 63 (1958) S. 161–168. Aus dem Englischen von Edwin Ortmann.

153–158 aus: The Alpine Journal 58 (1951) S. 11–15. Aus dem Englischen von Marion Henrich

159–177 aus: D. M. Satulowski, In Firn und Fels der Siebentausender. VEB F. A. Brockhaus Verlag, Leipzig 1961, S. 96–105, 370–378, 47–54

178–182 aus: The Alpine Journal 24 (1908) S. 116–120. Aus dem Englischen von Edwin Ortmann

183–189 aus: The Alpine Journal 62 (1957) S. 114–119. Aus dem Englischen von Edwin Ortmann

190–193 aus: Zeitschrift des Deutschen und Österreichischen Alpenvereins 68 (1937) S. 21 ff.

194–199 aus: The Alpine Journal 66 (1961) S. 352–357. Aus dem Englischen von Marion Henrich

Bildnachweis

Wolfgang Axt, St. Johann/Pongau: 105, 156
Adito Desio, Mailand: 25
Deutsche Himalaja-Stiftung, München: 38, 192
Deutsches Institut für Auslandsforschung, München, Georg Ritter: 83
Informationsagentur Nowosti (IAN), Köln, D. Tschjernowa: 161, 176
Kurt Diemberger, Ponterivabella (Italien): 17, 26, 155
Dietrich von Dobenek, München: 61, 89
Fédération Française de la Montagne, Paris: 52

Ludwig Greißl, Icking: 29
Bildarchiv Hiebeler, München: 129 o., 175
Wolfgang Nairz, Innsbruck: 51, 62
Österreichische Himalaya-Gesellschaft, Wien: 106, 117, 118
Erich Reismüller, Berg am Starnberger See: 69, 90, 100, 123, 124, 130, 135, 136, 142, 180, 196
Royal Geographical Society, London, H. Ruttledge: 141
Günter Sturm, Starnberg: 129 u.
Süddeutscher Verlag, Bilderdienst, München, V. Sella: 191

Jürgen Winkler, Penzberg: 13, 18, 37, 45, 46, 57, 58, 70, 77, 78, 84, 99, 111, 147, 148, 179, 185, 186, 195, Umschlag-Titel, Umschlag-Rückseite
Fritz Wintersteller, Salzburg: 30, 112
Wsjesojusnij Sowjet Dobrovolnich Sportivnich Obschtschectw Profsojusow, Moskau, L. Dobrowolski: 162, 167, 168

Die Übersichtskarte auf dem Vorsatz zeichnete Wolfgang Bayer, Röhrmoos.